VERBAND DER
GEMEINSCHAFTEN
DER KÜNSTLERINNEN UND
KUNSTFREUNDE E. V.

Autorinnen der GEDOK
■ eine Dokumentation

**Herausgegeben von
Irma Hildebrandt und
Renate Massmann**

Ich schreibe, weil ich schreibe

GEDOK

Herausgeber: GEDOK –
Verband der Gemeinschaften
der Künstlerinnen und Kunstfreunde e.V.
Präsidentin: Dr. Renate Massmann
Bundesfachbeirätin für Literatur: Irma Hildebrandt

Dieses Projekt wurde gefördert durch Mittel des
Bundesministeriums des Inneren und unterstützt vom
Ernst Klett Verlag für Wissen und Bildung GmbH.

Für die Abdruckgenehmigung der bereits veröffentlichten
Texte sowie für die der Fotos dankt die GEDOK den Verlagen
und Fotografen. Die Rechte der übrigen Einzelbeiträge liegen
bei den Autorinnen und dem Autor.

Verlag Julius Weise's Hofbuchhandlung
Alle Rechte vorbehalten
Fotomechanische Wiedergabe
nur mit Genehmigung des Verlages
© Verlag Julius Weise's Hofbuchhandlung,
Stuttgart 1990
Printed in Germany
Satz: Steffen Hahn, Kornwestheim
Druck: Wilhelm Röck, Weinsberg
Einband: Wilhelm Röck, Weinsberg

CIP-Titelaufnahme der Deutschen Bibliothek

Ich schreibe, weil ich schreibe:
Autorinnen der GEDOK; eine Dokumentation/
GEDOK, Verb. d. Gemeinschaften d. Künstlerinnen u. Kunst-
freunde e.V.
Hrsg. von Irma Hildebrandt u. Renate Massmann
– Stuttgart: Weise's Hofbuchh., 1990
ISBN 3-9802213-1-8
NE: Hildebrandt, Irma [Hrsg.]; Gedok-Verband der
Gemeinschaften der Künstlerinnen und Kunstfreunde

Inhalt

Vorwort 7

Was ist, was will die GEDOK? 9

Die GEDOK stellt sich vor 10
Ida Dehmel, Gründerin der GEDOK 16
Die GEDOK – eine Idee im Dauertest 18
Gedanken über die Frau als Künstlerin 27
Antworten auf »weibliches« Schreiben 33

Die Preisträgerinnen der GEDOK 39

GEDOK-Literaturpreis 40
GEDOK-Förderpreis 84

Verzeichnis der Autorinnen 105

Aktivitäten und Preisvergaben der GEDOK 275

GEDOK-Literaturpreis und -Förderpreis 276
Prämienstiftung 277
Internationaler Wettbewerb für
Komponistinnen 279
Bundesweite Ausstellungen der Gruppen
Bildende Kunst und Kunsthandwerk 281
Sprechkunst 284
Regionale literarische Projekte 286

Wichtige GEDOK-Adressen 291

Örtliche GEDOK-Gruppen 292
Geschäftsführender Vorstand 318
Bundesfachbeirätinnen 319
Gruppen und Vorsitzende 321

Register 323

Autorinnen und Preisträgerinnen
alphabetisch geordnet 324

VORWORT

»Ich schreibe, weil ich schreibe« – Hilde Domin hat diesen kurzen und bündigen Satz geprägt, der weitere Fragen nach der Schreibmotivation überflüssig macht. Wichtig ist, *daß* geschrieben wird, daß *gut* geschrieben wird, und wichtig ist auch, daß das Geschriebene an die Leser kommt. Hier möchte die GEDOK Hilfestellung geben mit der vorliegenden Dokumentation. Sie soll einen Überblick über das literarische Schaffen von GEDOK-Autorinnen und Preisträgerinnen ermöglichen und als Nachschlagewerk rasche Orientierung über einzelne Literatinnen, örtliche Gruppen und die Zielsetzungen der GEDOK bieten. Der Registerteil erleichtert Buchhandlungen und Bibliotheken, Schulen, Institutionen und literarisch interessierten Kreisen eine Kontaktaufnahme mit Autorinnen, die zu Lesungen, Werkstattgesprächen und Projekten bereit sind. Auch für Verlage, Redaktionen und Rundfunkanstalten könnten sich Anregungen für eine Zusammenarbeit ergeben.

Die Zusammenstellung der Dokumentation wäre nicht möglich gewesen ohne die finanzielle und organisatorische Hilfe des Bundesministeriums des Inneren und des Ernst Klett Verlages. Herrn Ministerialrat Dr. Hartmut Vogel und Ursula Baumhauer und Sanja Ančić, die die redaktionelle Überarbeitung der Texte besorgten, sei dafür herzlich gedankt. Dank gebührt auch den Fachbeirätinnen, die sich mit der Beschaffung der Unterlagen große Mühe gemacht haben, und den Preisträgerinnen und Verlagen, die Beiträge unentgeltlich zur Verfügung stellten.

Die Herausgeberinnen haben sich über die gute Zusammenarbeit mit allen beteiligten Stellen und allen Mitarbeiterinnen gefreut und hoffen, daß die Dokumentation ihren Zweck erfüllt und innerhalb und außerhalb der GEDOK ausgiebig genutzt wird.

Irma Hildebrandt	Dr. Renate Massmann
Bundesfachbeirätin für Literatur	Präsidentin der GEDOK

Vlotho/Wuppertal, im April 1990

Was ist, was will die GEDOK?

Die GEDOK stellt sich vor

Die GEDOK, Verband der Gemeinschaften der Künstlerinnen und Kunstfreunde e.V., wurde 1926 von Ida Dehmel in Hamburg gegründet. Sie ist der Verband, der in allen Kunstsparten speziell die Interessen von Künstlerinnen wahrnimmt. Die GEDOK hat die wichtige Aufgabe, die künstlerische Arbeit der Frau sowie junge talentierte Künstlerinnen zu fördern, die Interessen der Künstlerinnen zu wahren und ihnen den Weg in die Öffentlichkeit zu erleichtern.

In der GEDOK sind spartenübergreifend alle künstlerischen Disziplinen zusammengeschlossen: Sie umfaßt die Fachgruppen Musik, Literatur, Bildende Kunst, Kunsthandwerk, Darstellende Kunst und Rezitation, die sich gegenseitig im Austausch befruchten. Über die Aufnahme als Künstlerin entscheidet eine Jury.

Den Fachgruppen steht die nicht unbedeutende Gruppe der Kunstfreunde gegenüber, deren Aufgabe es ist, die Künstlerinnen im Sinne der Zielsetzung der GEDOK durch aktive Mitarbeit und finanzielle Hilfe sowie ideelle Unterstützung mit ihrer ehrenamtlichen Tätigkeit nach bestem Können zu fördern. Kunstausstellungen, Ausstellungs- und Atelierbesuche, Werkstattgespräche, Besuche von Autorenlesungen und Konzerten, gemeinsame Kunstfahrten verbunden mit persönlichen Begegnungen mit Künstlerpersönlichkeiten bereichern und festigen die Verbindung zwischen Künstlerinnen und Kunstfreunden.

Allen Kunstinteressierten steht die Mitgliedschaft in dieser Gruppe offen.

Heute zählt die GEDOK mehr als 4000 Mitglieder, die in der Bundesrepublik Deutschland, Berlin(-West) und Wien insgesamt 19 Gruppen bilden. Diese Gruppen arbeiten selbständig, bleiben aber dem gemeinsamen Ziel verpflichtet.

Die GEDOK gehört mit dem Deutschen Künstlerbund und dem Bundesverband Bildender Künstler (BBK) der Internationalen Gesellschaft der Bildenden Künste (IGBK), Sektion Bundesrepublik Deutschland und Berlin(-West) an, deren Gründungsmitglied (Mai 1957) sie ist. Die GEDOK ist Mitglied im Deutschen Musikrat (1985), im Deutschen Frauenrat (Januar 1977). Die GEDOK ist eines der Gründungsmitglieder des Kunstfonds, ferner ist sie in den Gremien der VG-Bildkunst (Verwertungsgesellschaft) und dem Sozialwerk der VG-Bildkunst vertreten. Hier werden die wichtigen sozialen Interessen der Künstlerinnen wahrgenommen.

Was verbirgt sich hinter den *fünf* Buchstaben *GEDOK*? Welche Wandlung hat dieses Kürzel im Laufe der Geschichte der GEDOK erfahren? 1926 – wie eingangs schon bemerkt – fand die Gründung durch Ida Dehmel in Hamburg statt. Die offizielle Bezeichnung vom 22. November 1927, als sich Österreich anschloß, lautete Gemeinschaft Deutscher und Österreichischer Künstlerinnenvereine aller Kunstgattungen (GEDOK).

Im 64. Jahr ihres Bestehens hat die GEDOK als Organisation nichts an Aktualität verloren, im Gegenteil, wurde doch damals in Hamburg das tragfähige Fundament für eine Breitenbasis gelegt, die zahllosen Künstlerinnen innerhalb dieser 64 Jahre interdisziplinär zum Forum werden sollte.

1932 erfolgte die Umbenennung in »Reichs-GEDOK«. Das bedeutete: Weiterführen der Aktivitäten der GEDOK, aber unter zunehmend erschwerten Bedingungen. Es gehört zu ihrem historischen Hintergrund, daß Käthe Kollwitz, die sich – was bis heute Gültigkeit hat – auch für die schwierige Lage der oft *doppelt* belasteten Künstlerinnen engagierte, bereits an der ersten großen Verkaufsausstellung in der Hamburger Galerie Commeter mit 500 Exponaten mitwirkte. In der Nazi-Ära erhielt sie Berufsverbot. Die GEDOK dankte ihr diese Haltung, als sie 1936 und 1942 je eine Ausstellung in Frankfurt am Main mit Zivilcourage zeigte. Erlaubnis hierzu mußte speziell bei der Reichskulturkammer erbeten werden. Die Kollwitz konnte alle Werke verkaufen.

Ida Dehmel schied 1942 freiwillig aus dem Leben.

Ab 1948 bezeichnete sich die GEDOK als: Verband der Gemeinschaften der Künstlerinnen und Kunstfreunde e.V.

Zahlreiche bedeutende Künstlerinnen schlossen sich der GEDOK an oder haben ihre Ziele wesentlich unterstützt.

Aufgezählt seien nur einige Künstlerinnen – Vollständigkeit ist nicht auszumachen – deren Namen sicherlich geläufig sind und im Zusammenhang mit der GEDOK gesehen werden müssen: Mary Wigman, Gertrud Eysold, Luise Dumont, Gertrud von le Fort, Irene Triesch, Ina Seidel, Mechthild Lichnowsky, Annette Kolb, Ricarda Huch, Grete von Zieritz, Li Stadelmann, Elena Gerhard, Elly Ney, Ida Kerkovious, die Poworina, Charlotte Berend-Corinth, Clara Westhoff-Rilke, Grete Jürgens, Marie Luise Kaschnitz, Ingeborg Drewitz, Rose Ausländer.

Der Fördergedanke der GEDOK zeichnet sich durch bundesweite Aktivitäten aus.

Der 1968 gestiftete *GEDOK-Literaturpreis* (früher: *Ida-Dehmel-Preis*) wird alle drei Jahre an eine deutschsprachige Autorin verliehen. Sinn dieses Preises – 1989 erstmals dotiert mit 10 000 DM – ist es, die literarischen Leistungen von Frauen innerhalb des deutschen Sprachraumes zu würdigen. Er soll Anerkennung von Spitzenleistungen sein. Bisher ging der Preis an Hilde Domin, Erika Burkart, Margot Scharpenberg, Rose Ausländer, Ingeborg Drewitz, Barbara Frischmuth, Eva Zeller und im Jahr 1989 an Brigitte Kronauer. Die Laudatio auf Brigitte Kronauer hielt Eva Zeller, die letzte Preisträgerin. Sie sagt: »Einzelgängerisch, unangepaßt, mit geduldiger artistischer Folgerichtigkeit schreibt Brigitte Kronauer ihre Romane und Erzählungen. Nicht der Stoff, nicht die Handlung versetzt den Leser in eine eigentümliche Spannung, vielmehr die Eindringlichkeit und Genauigkeit der Sprachhandhabung. Der Preis gebührt einer Autorin, die es mit der Tradition der Moderne hält, denn sie setzt auf die Modernität der Tradition.«

Gleichzeitig mit dem *GEDOK-Literaturpreis* wird der *GEDOK-Förderpreis* – 1989 erstmals dotiert mit 6000 DM – an eine noch unbekannte Schriftstellerin verliehen. Hilde Domin, Ehrenmitglied der GEDOK, hat immer wieder mahnend auf die Schwierigkeiten hingewiesen, die junge Autorinnen haben, um veröffentlicht zu werden, und hat den Förderpreis dringend angeregt. Dieser Preis wurde 1971 erstmals vergeben an Katrine von Hutten, dann an Ute Zydek, Ingeborg Görler und Zsuzsanna Gahse. 1989 erhielt ihn Verena Nolte. Irma Hildebrandt – Autorin und Bundesfachbeirätin der GEDOK für Literatur – sagt in ihrer Laudatio über Verena Nolte: »Das breite Spektrum ihrer literarischen Tätigkeit und der souveräne Umgang mit der Sprache zeigen Professionalität und berechtigen zu großen Hoffnungen.«

Die Bundes-GEDOK bemüht sich auch um Veröffentlichungen, die das Schaffen der GEDOK-Literatinnen repräsentieren. Beispiel dafür ist die hier vorliegende Dokumentation. 1991 erscheint im S. Fischer Verlag eine Anthologie zum

Thema »Kindheit«, die Prosa- und Lyrikbeiträge von 40 GEDOK-Autorinnen und Preisträgerinnen enthält.

Die 1974 ins Leben gerufene *GEDOK-Prämienstiftung* ermöglicht alljährlich zwei jungen Musikerinnen eine 14tägige Konzerttournee durch die Städte, in denen örtliche GEDOK-Gruppen etabliert sind – einschließlich Berlin(-West) und Wien. Sie treten mit einem gleichbleibenden Programm ihrer Wahl auf, das jedoch ein Werk einer zeitgenössischen Komponistin enthalten muß, um ihnen zu Konzertroutine und Podiumsreife zu verhelfen. Dies ist mit einer Rundfunkaufnahme verbunden. Traute Gravert, Beate Berthold, Daniela Steinbach, Birgitta Wollenweber (alle Klavier), Macha Deubner (Gesang) und Franziska Pietsch (Violine) sind die vier letzten Preisträgerinnen, um nur einige von den zahlreichen zu nennen.

Einen *internationalen Komponistinnenwettbewerb* schreibt die GEDOK alle fünf Jahre aus. Er hatte im Jahr 1989 40jähriges Jubiläum. Die Kompositionen fließen – und hier sei wieder das Spartenübergreifende der Künste hervorgehoben – in den GEDOK-Prämienspielwettbewerb ein. Höhepunkt ist jeweils das Festkonzert mit den preisgekrönten Werken. Eine umfassende Komponistinnendokumentation erschien dazu auch erstmals 1989. An dieser Stelle seien die Namen einiger Komponistinnen genannt, deren Bedeutung sich aus ihrem bisherigen Schaffen ableiten läßt: Alma Mahler(-Werfel), Philippine Schick, Violetta Dinescu, Sigrid Ernst, Alice Samter, Brunhilde Sonntag, Ruth Zechlin.

Bundesweite Kunstausstellungen mit repräsentativen Katalogen finden jährlich statt. Hervorzuheben ist »Gegenlicht« – 60 Jahre GEDOK (1926–1986), eine Ausstellung aus diesem Anlaß in der Staatlichen Kunsthalle Berlin, die große Beachtung fand. Eine bundesweite Ausstellung mit dem Werk von ausschließlich drei aus der gesamten Künstlerinnenschaft der GEDOK Ausgewählten wurde im Dezember 1989 in Berlin eröffnet. Wert wird bei dieser Ausstellung auf die umfassende Darstellung des bisherigen Œuvres dieser Künstlerinnen – Martina Alt-Schäfer, GEDOK Rhein-Main-Taunus, Edith Seibert, GEDOK Karlsruhe, Gisela Weimann, GEDOK Berlin – gelegt. Der hierzu erstellte Katalog, beinhaltend drei Einzelkataloge im Schuber, soll das Werk der Künstlerinnen dokumentieren und ihnen gleichzeitig die Möglichkeit geben, sich der Öffentlichkeit über die Dauer der Ausstellung hinaus zu präsentieren.

Performance in der GEDOK: Erinnert wird in diesem Zusammenhang an das Performance-Festival der GEDOK »Schattengrenze – Grenzsprengung«, das in der Weserburg in Bremen als bedeutsames Ereignis erlebt wurde, wie auch die Performance anläßlich der Bundestagung der GEDOK 1989 in Stuttgart. Performance-Künstlerinnen wie Ulrike Rosenbach, Marie-Luise Schnettler, Li Portenlänger, Sigrid Ernst, Elisabeth Jappe sind hier stellvertretend zu benennen.

1990 findet erstmals eine bundesweite umfassende Ausstellung für Angewandte Kunst *Fantasie und Form* in Köln statt. Drei Preise sind ausgesetzt.

Im Bereich der Sprechkunst liegen abendfüllende Programme vor. Das Repertoire der Rezitatorinnen umfaßt alle Epochen und unterschiedlichste Autoren und Autorinnen mit persönlichen Schwerpunkten; diese konzentrieren sich bei vielen auf die Moderne, das schriftstellerisch Aktuelle, vor allem auch auf das Werk der in dieser Dokumentation aufgeführten GEDOK-Literaturpreisträgerinnen.

Kontakte zu den schon genannten und darüber hinaus auch zu anderen Künstlervereinigungen betrachtet die GEDOK als wichtig und pflegenswert.

Die Hauptaufgaben der GEDOK werden in den örtlichen Gruppen bewältigt, die koordinative Tätigkeit des Präsidiums schafft notwendige überregionale Kontakte und verwirklicht im gegenseitigen Konsens mit den Bundesfachbeirätinnen der jeweiligen Sparten die bundesweiten Projekte. Die Aktivitäten der GEDOK spielen sich heute vorwiegend in der Öffentlichkeit ab. Ein Zusammenschluß von Künstlerinnen und Kunstfreunden dieser Art ist einmalig auf der Welt. Die politisch und konfessionell ungebundene GEDOK fördert die gesellschaftliche Anerkennung der künstlerisch schaffenden Frau, den Abbau von Ressentiments und die vorurteilsfreie Bewertung der Frau als Künstlerin in unserer Gesellschaft.

Die Verbesserung und Festigung des Status der Künstlerinnen ist eine ständige Aufgabe der GEDOK. Dazu hat sie bisher Wesentliches beigetragen. Kontakte zu DDR-Künstlerinnen sind aufgenommen. Im Juni 1990 sind zehn DDR-Künstlerinnen zu ersten Kontakten und Gesprächsaustausch einer Einladung der GEDOK nach Köln gefolgt. Im Zuge der kulturpolitischen Gegebenheiten und im Hinblick auf den sich konstituierenden europäischen Binnenmarkt 1992 ist die Entwicklung für die Möglichkeiten von Künstlerinnen wachsam zu verfolgen; nicht nur die rein wirtschaftlichen Interessen sondern auch die ideellen, individuellen und künstlerischen müssen – dieses wurde auch anläßlich eines Gespräches mit Professor Dr. Rita Süßmuth deutlich – zukünftig grenzüberschreitend vertreten werden.

Renate Massmann

IDA DEHMEL (1870–1942), Gründerin der GEDOK

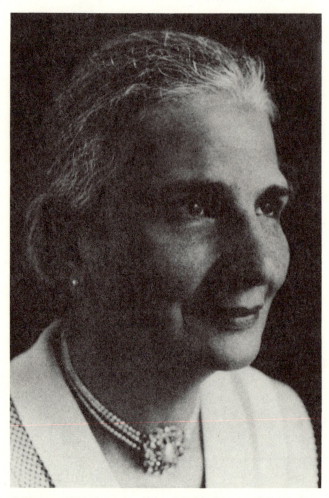

© Photo und Unterlagen aus: Dehmel-Archiv, Staats- und Universitätsbibliothek Hamburg; GEDOK-Archiv.

Aus den Aufzeichnungen Ida Dehmels

Aus dem Manuskript des autobiographischen Romans DAIJA:

Tagebuchnotiz 1905: Es gilt als ein Beweis von »Streben nach dem Hohen«, wenn man ewig unzufrieden ist. Ja, Zufriedene werden geradezu als beschränkt und enggeistig bezeichnet. Wenn ich mein Leben überblicke, muß ich doch nun aber sagen, daß ich erreicht habe, was ich mir je wünschte.

Tagebuchnotiz 1906: Ich will auf der Erde weiterleben, so weit die Macht meiner Persönlichkeit reicht; eine mir gehörige, aber von mir trennbare Seele kann ich mir nicht vorstellen. Gibt es einen herrlicheren Lohn, als vielen Reihen von Menschen eine schöne Vorstellung zu sein? Ich denke an Ruth: sie war keine Heldin, war nur holdselig, und ist uns heute noch nach Tausenden von Jahren unvergeßlich. Ich denke an die griechischen Schönen, an die Mutter der Gracchen, an Beatrice, an unzählige Erscheinungen, die wir alle kennen. Sie haben sich nur darum dem Gedächtnis der Menschheit eingeprägt, weil sie das, was sie waren, vollkommen waren. Ich bin eine ganz und gar glückliche, ganz beglückte, schon im Leben selige Frau. Je deutlicher ich das zum Ausdruck bringe, je glaubhafter, je vielseitiger – je länger wird der Gedanke an mich andre Menschen mutig zum Glück machen.

Aus dem GEDOK-Buch *Die deutsche Künstlerin* (Leipzig 1933, Vorwort Ida Dehmel): Die Gemeinschaft der Künstlerinnen und Kunstfreundinnen ist aus zwei gleich starken Quellen entsprungen: der Liebe zur Kunst und der Verehrung für den schöpferischen Menschen. Wir begrenzen und vertiefen die aus dieser Einstellung sich ergebenden Aufgaben, indem wir der Arbeit der kunstschaffenden *Frau* dienen.

Aus einem Brief an die Münchner Reichs-GEDOK-Vorsitzende Baronin von Fremery, April 1933:

Unsere Organisation ist aufgebaut auf dem Prinzip der absoluten politischen und konfessionellen Neutralität, wie ich im Rundschreiben Nr. 12 erneut betont habe. Ich habe gehofft, daß unsere bewußt unpolitische, ganz und gar auf Hilfsbereitschaft und Liebe zur Kunst aufgebaute Gemeinschaft als über allen Parteien stehend dauernd anerkannt werden würde…

Die GEDOK – eine Idee im Dauertest

Hätte sich Ida Dehmel, als sie im Jahre 1926 die GEDOK ins Leben rief, wohl träumen lassen, daß dieser ganz eigenwillig konzipierte Verband mehr als 60 Jahre später noch besteht? – Und gleich eine zweite Frage: Wenn die Gründerin heute im Archiv die Jahresberichte studierte – wäre sie zufrieden mit dem, was hier geleistet wird? Entspräche es ihren Vorstellungen? Wie sahen diese Vorstellungen überhaupt aus?

Blenden wir zurück ins Gründungsjahr 1926, in den Hamburger Frauenclub am Neuen Jungfernstieg, wo der »Bund Hamburgischer Künstlerinnen und Kunstfreundinnen«, die Keimzelle der heutigen GEDOK, unter der Leitung von Ida Dehmel tagt. Ida Dehmel ist nicht nur eine kunstbegeisterte Frau und ambitionierte Kunsthandwerkerin, sie hat auch Organisationstalent und Ideen, die sie entschlossen in die Tat umsetzt. Erfahrungen im Kulturbetrieb hat sie genügend sammeln können: Sie war mit Stefan George eng verbunden, und zum Freundeskreis ihres Mannes, des Dichters Richard Dehmel, gehörten der Kunstkritiker Meier-Graefe, der Kulturphilosoph Harry Graf Kessler und der Architekt van de Velde. Eine Männergesellschaft mit den entsprechenden jahrhundertalten Spielregeln. Nicht daß man Frauen bewußt diskriminiert hätte, man war weit entfernt von den borniertern und gehässigen Bemerkungen eines Otto Weininger oder Professor Bischoffs, der den Frauen aufgrund ihrer geringeren Gehirnmasse jede Intellektualität und Kreativität absprach. Man wollte im Gegenteil die Frauen auch in ihren künstlerischen Bestrebungen unterstützen. Nur – wo lagen diese? Die künstlerisch tätigen Frauen hatten noch nicht gelernt, ihre eigenen Vorstellungen zu artikulieren. Ihre in der Frauenbewegung politisch und sozial aktiven Geschlechtsgenossinnen waren ihnen da weit voraus. Ida Dehmel selbst hatte einer kämpferischen Gruppe für das Frauenwahlrecht angehört, bevor dieses 1918/19 den Frauen gewährt wurde.

Die politische Gleichberechtigung war also erreicht, nun galt es, diese in der Praxis zu realisieren, die neuen Freiräume mit sinnvollen Aktivitäten zu füllen. Allenthalben begannen Frauen sich zu organisieren oder alte Organisationen neu zu beleben. Die Zeit dafür war günstig: Die Jahre der ständigen politischen Unruhen und der Inflation waren vorbei, als Deutschland 1926 dem Völkerbund beitrat und die alte Feindschaft zu Frankreich begraben schien. Die sogenannten Goldenen Zwanziger Jahre brachten nicht nur die neuen Medien Film und Rundfunk und damit die Möglichkeit, Massen zu mobilisieren, sondern auch ungewöhnliche Aufbrüche in der Kunst, Literatur und Musik. Die Skala reichte vom Bauhaus und der Neuen Sachlichkeit bis zum Surrealismus und den Exzessen der Dadaisten. Wie sollten sich die in der Regel noch immer mangelhaft ausgebildeten Künstlerinnen in dieser Vielfalt von Stilen und Strömungen, von Reformbewegungen und neuen Techniken zurechtfinden? Wie sich in der Öffentlichkeit durchsetzen?

Hier sah Ida Dehmel ihre Aufgabe. Sie hätte sich ja – und das wäre für sie bequemer gewesen – einem der schon bestehenden Frauenverbände anschließen können. Dem in Hamburg stark vertretenen »Verband für deutsche Frauenkleidung und Frauenkultur« beispielsweise, der für eine vielseitige Frauenbildung eintrat und einen erweiterten weiblichen Kulturbegriff definierte: Kultur umfaßt nicht nur bedeutende Kunstwerke und vom Alltag abgehobene Leistungen, sondern auch bewußt gestaltete Dinge des täglichen Bedarfs. Diese Idee von »Demokratisierung« der Kunst, die später auch in der GEDOK auftaucht, müßte Ida Dehmel eigentlich entsprochen haben – aber sie will mehr, und ihre Vorstellungen lassen sich in drei Hauptgedanken zusammenfassen:

1. Es sollten sich in der GEDOK nicht in erster Linie interessierte Laien, sondern professionelle Künstlerinnen der verschiedensten Sparten zusammenschließen. In Gesprächen und Diskussionen sollten sie sich mit Problemen und Fragestellungen der andern vertraut machen und gleichzeitig den eigenen Standpunkt formulieren lernen. Eine Gedankenlobby gewissermaßen, solidarisch in der Grundrichtung, aber sehr differenziert in der Formulierung der Einzelziele. »Neue Wege zur Gemeinschaft« wollte Ida Dehmel den Künstlerinnen weisen, wohl wissend, wie schwer die um das eigene künstlerische Schaffen Kreisenden aus der selbstgewählten Isolierung herauszuholen sind.

2. Zu den professionellen Künstlerinnen zählte Ida Dehmel auch die Kunsthandwerkerinnen, damals noch Kunstge-

werblerinnen genannt. Angewandte Kunst war für sie nicht zweitrangig, analog dem erweiterten Kunstbegriff, den gerade Frauen anstrebten. Sie selbst bezeichnete sich allerdings nie als Künstlerin, sondern als Kunstgewerblerin und Autodidaktin, als »armes Huhn, das in Berlin der Aufnahme nicht teilhaftig werden konnte«, wie sie in ihrer Mannheimer Rede von 1927 schreibt. Ida Dehmel war klar, daß sie mit der Aufnahme von Kunsthandwerkerinnen in die GEDOK zwar einen Beitrag zur Demokratisierung der Kunst leistete, aber gleichzeitig es der »Frauenkunst« schwerer machte, aus dem Odium des Kleinkarierten, Hausbackenen herauszukommen. Sie forderte deshalb einen strengen Qualitätsmaßstab, eine Forderung, die bis heute nichts an Aktualität und Brisanz eingebüßt hat.

3. Nicht nur Künstlerinnen und Kunsthandwerkerinnen sollten sich unter dem Dach der GEDOK zusammenfinden, sondern auch Kunstfreundinnen: kulturell interessierte Frauen, die die Künstlerinnen in allen organisatorischen Belangen unterstützen sollten. Ida Dehmel war überzeugt, daß Künstler niemals ihre eigenen Manager sein können, daß sie von merkantilen Dingen nichts verstehen und deshalb der Hilfe bedürfen. Es sollte eine Hilfe auf Gegenseitigkeit sein, die herkömmliche Wohltätigkeit, bei der es immer ein Oben und ein Unten gab, war ihr verhaßt. Durch die praktische Hilfsbereitschaft der Kunstfreundinnen bei Ausstellungen und Öffentlichkeitsarbeit, bei Hauskonzerten und Dichterlesungen ergaben sich persönliche Kontakte zu den Künstlerinnen, die für beide Seiten fruchtbar waren.

Diese enge ideelle, aber auch zweckdienlich nüchterne Verbindung von Berufsfrauen und ehrenamtlich Tätigen unterschied die GEDOK von andern Verbänden, die ebenfalls der gemäßigten bürgerlichen Frauenbewegung angehörten – wobei »gemäßigt« nicht zahm und zurückhaltend bedeutet. Das revolutionäre Potential in der bürgerlichen Frauenbewegung darf nicht unterschätzt werden, die Übergänge zum radikalen Flügel der Frauenrechtlerinnen und Pazifistinnen waren fließend. Daneben existierte noch die proletarische Frauenbewegung, die, eng mit der Arbeiterbewegung verbunden, sich um die untersten in der sozialen Hierarchie, die Industriearbeiterinnen, kümmerte. Hier ging es nicht um Kulturvermittlung oder emanzipatorische Fragestellungen, hier ging es um das nackte Überleben: 11-Stundentag, Kinderarbeit, Ausbeutung der Heimarbeiterinnen. Mit solchen harten Tatsachen war die bürgerliche Frauenbewegung nicht konfrontiert. Um so mehr stand es ihr an, ihre Privilegien verantwortungsvoll zu nutzen, wie dies etwa Käthe Kollwitz tat, die sich über Standes- und Klassenschranken hinwegsetzte und im bürgerlichen wie im proletarischen Lager segensreich wirkte.

Auch Ida Dehmel dachte nicht in engen Standesgrenzen. Die für einen bürgerlichen Frauenverband kühne Idee der GEDOK scheint sich in der Praxis zu bewähren: Bereits Ende 1927 sind dem Verband im ganzen Reichsgebiet und in Österreich 15 örtliche Gruppen angeschlossen.

Aber die künstlerische Arbeit und das Verbandsleben werden zunehmend erschwert durch die mit dem Börsenkrach von 1929 hereingebrochene Weltwirtschaftskrise. Auch die politische Lage spitzt sich immer mehr zu. Parteienkämpfe, Regierungskrisen und vor allem die beängstigend zunehmende Arbeitslosigkeit beherrschen die geschwächte Weimarer Republik. Der hoffnungsvolle Aufbau der GEDOK gerät ins Stocken, aber die GEDOK-Idee besteht ihre erste Bewährungsprobe. Die Mitglieder erweisen sich tatsächlich als Solidargemeinschaft: Künstlerinnen, die ums Überleben kämpfen, weil die Aufträge ausbleiben, werden zu Erholungsaufenthalten aufs Land eingeladen, Basare und Mittagstische werden organisiert, warme Arbeitsplätze zur Verfügung gestellt – und alles ohne den von Ida Dehmel so verabscheuten Wohltätigkeits-Beigeschmack.

Nur vier Jahre später steht die GEDOK vor der zweiten Belastungsprobe, und es ist die härteste, die sie durchzumachen hat: die Zeit des Nationalsozialismus. Nach der Umbenennung in Reichs-GEDOK verliert sie ihre Autonomie, ein Schicksal, das nahezu alle Verbände ereilt, die sich mit der Machtübernahme Hitlers nicht selbst auflösen.

Ida Dehmel, Jüdin, war im April 1933 während einer GEDOK-Sitzung von uniformierter SA gezwungen worden, den Verbandsvorsitz niederzulegen. Das wäre der Zeitpunkt gewesen, wo sich die Mitglieder geschlossen vor ihre Leiterin hätten stellen müssen – so denken wir heute mit unserem Wissensvorsprung und unserer politisch geschärften Sensibilität. Wie hätten wir damals reagiert? – Ida Dehmel schied im Jahre 1942 freiwillig aus dem Leben. Die zu ihrer Zeit 7000 Mitglieder zählende GEDOK schrumpfte um fast die Hälfte zusammen, einige Gruppen lösten sich auf, andere versuchten, passiven Widerstand zu leisten.

Die GEDOK hatte sich immer als nicht politisch definiert – und wurde von der Politik, die das öffentliche und private Leben durchwirkte, doch auf üble Weise eingeholt. Es dezimierte sich vor allem die Zahl der Kunstfreundinnen, von denen viele jüdischer Herkunft waren und emigrieren mußten oder im KZ verschwanden. Gerade sie hatten ihre Häuser in besonders gastfreundlicher Weise für Lesungen, Konzerte oder Gesprächsrunden geöffnet. – Aufgeben? Weitermachen? Eine Frage, die wohl in einer Reihe von Gruppen gestellt wurde. Man dachte dabei auch an die in Not geratenen Künstlerinnen, denen man in einer Organisation besser helfen konnte als auf privater Ebene. Veranstaltungen fanden unter erschwerten Bedingungen noch bis 1943 statt, dann machten Bombenangriffe, Evakuierungen, Transport- und Versorgungsschwierigkeiten jede Verbandstätigkeit unmöglich.

Erst drei Jahre nach Kriegsende finden sich die versprengten GEDOK-Mitglieder auf Anregung der Nichte Ida Dehmels, Marianne Gärtner, wieder zusammen. Der Kreis wächst stetig – ein Zeichen dafür, daß Ida Dehmels Leitgedanke »Wenn alle geben, werden alle empfangen« noch nicht überholt ist, auch wenn in extremen Belastungssituationen die Zivilcourage einzelner stärker zu Buche schlägt als eine Verbandslosung. Nach der Währungsreform geht es in den Gruppen vorerst weniger um neue Positionsbestimmungen als um praktische Aufbauarbeit, die sich bis in die fünfziger Jahre hinzieht. Das Mäzenatentum alter Prägung ist weggefallen und muß durch modernes Verbandsmanagement ersetzt werden. Die Aktivitäten verlagern sich aus Privathäusern mehr und mehr in die Öffentlichkeit oder in verbandseigene Räume mit Werkstattcharakter.

Nun werden auch internationale Kontakte geknüpft. Von London bis Haiti, von Indien bis Beirut laufen Ausstellungen, die GEDOK gehört zu den Gründungsmitgliedern der IGBK, der Internationalen Gesellschaft der Bildenden Künste. Die

Gefahr der Provinzialität und der im Dritten Reich praktizierten Abkapselung des deutschen Kunstbetriebs von den weltweiten Strömungen scheint gebannt.

Nach dieser Konsolidierung auf internationaler Ebene muß das Augenmerk wieder auf die innere Entwicklung des Verbandes gelenkt werden, auf das Selbstverständnis der Mitglieder, auf die Einordnung in die bundesrepublikanische Kulturszene, auf das Verhältnis zu den anderen Frauenverbänden und zur neuen Frauenbewegung, einschließlich der erstarkenden feministischen Strömungen und der durch sie hervorgerufenen Gegenreaktion. Wenn Ingeborg Drewitz auf der Bundestagung in München 1963 dem Mann eine revolutionäre Ausdrucksform zuschreibt, die in eine Sackgasse führe, und der Frau einen evolutionären Weg prophezeit, so täuscht sie sich hinsichtlich der Frauengruppen in der legendären APO. Zwar sind nicht alle jungen Frauen der 68er Generation so militant, aber ein starkes Bedürfnis nach Gleichziehen mit den Männern, ein politisches Aufbegehren und Unzufriedenheit mit dem Erreichten bestehen vor allem bei den Studentinnen, aber auch bei vielen jüngeren Schriftstellerinnen, die ihren Unmut in aggressiven Anklagen gegen die Gesellschaft formulieren. Es ist die Zeit der Pamphlete und Postulate, der hochfliegenden Hoffnungen und ernüchternden Resignation, wie sie Ursula Krechel im Gedicht »Jetzt ist es nicht mehr so« festhält:

> Jetzt haben wir plötzlich Zeit
> zu langen Diskussionen in den Betten.
> Verschwitzt, aber kalt bis in die Zehen
> sehen wir zum ersten Mal das Weiße
> in unseren Augen und erschrecken.

Die Frauen fühlen sich doppelt betrogen, um ihre gesellschaftlichen Hoffnungen und um ihre emanzipatorischen: wieder hatten sie nur Zubringerdienste geleistet, den Revolutionären auf den Barrikaden Kaffee gekocht und Flugblätter getippt. Und die zentrale Frage in der neuen Frauenbewegung ist nun tatsächlich die von Ingeborg Drewitz schon aufgeworfene: Wollen wir diese Art von gewaltsamer Veränderung der Gesellschaft eigentlich? Ist es unser Weg? Haben wir uns nicht wieder von männlichen Normen bestimmen lassen, statt über uns selbst zu bestimmen? Eine Frage, die zu Ida Dehmel zurückführt. (Allerdings wäre heute undenkbar, von »Frau Gustav Mahler« oder »Frau Gerhart Hauptmann« zu sprechen, wie es in den GEDOK-Protokollen von 1930 nachzulesen ist!)

Im April 1963, nach der GEDOK-Jahresversammlung in München, hatte die Süddeutsche Zeitung noch geschrieben: »Ob es heute noch einen Sinn hat, daß kunstschaffende Frauen ihre Arbeiten in künstlicher Isolierung von ihren männlichen Kollegen ausstellen, ist eine Frage, die man auch in der GEDOK einmal ernsthaft stellen sollte.« Und ein Jahr später, im Juni 1964, nach der Hamburger Jahrestagung, doppelt Gottfried Sello im Hamburger Abendblatt nach: »Die Emanzipation unter frauenrechtlerischen Vorzeichen ist auch in der GEDOK zu Ende und die Eingliederung der Künstlerinnen so vollkommen, daß es längst nicht mehr darauf ankommt, spezifisch weibliche Merkmale zu akzentuieren.« – Prognostizierten Funktionsverlust nennt man das im Bereich der Technik. Hat sich die GEDOK tatsächlich überlebt? – Wieder eine Testsituation. Aber die GEDOK lebt weiter, sei's aus souveränem Selbstbewußtsein, sei's aus trägem Beharrungsvermögen.

Und dann postuliert Ingeborg Drewitz auf der Jahrestagung in Göppingen 1969 gegen den – noch – herrschenden Trend der Simone de Beauvoirschen »Gleichheit« trotzig und lapidar: »Die Frau ist anders, erlebt anders, formuliert anders.« Wie sich dieses Anderssein ausdrückt, darüber hatte sich schon Mathilde Drechsler-Hohlt in einem GEDOK-Jahrbuch von 1929 Gedanken gemacht: Intuitives Erkennen, instinktsicheres Handeln, Unmittelbarkeit des Erlebens zeichne sie aus und eine »erdgebundene, kosmisch verwurzelte Lebensnähe«. Ähnliche Formulierungen können wir interessanterweise ein halbes Jahrhundert später in den Romanen Barbara Frischmuths finden, oder, etwas schnoddriger, bei der DDR-Autorin Irmtraut Morgner. Und nicht erst seit »Kassandra« gilt Christa Wolf als Apologetin einer neuen Weiblichkeit. Im Vorwort zu Maxie Wanders Interviewsammlung »Guten Morgen, du Schöne« schreibt sie schon 1977: »Aber wir werden uns daran gewöhnen müssen, daß Frauen nicht mehr nach Gleichberechtigung, sondern nach neuen

Lebensformen suchen. Vernunft, Sinnlichkeit, Glückssehnsucht setzen sie dem bloßen Nützlichkeitsdenken und Pragmatismus entgegen – jener ›Ratio‹, die sich selbst betrügt.«

Doch während die Diskussion um eine eigene weibliche Ästhetik – auch in GEDOK – noch im Gange ist, während über Matriarchat und biologisch bedingte Andersartigkeit der Frau nachgedacht wird, stößt man im Katalog der Jahrestagung 1987 in Schleswig schon wieder auf eine neue Herausforderung: das androgyne Geschlecht. Die herkömmliche, den Männern zugeschriebene »Rationalität«, das »Geistige« wird auch für Frauen eingefordert, umgekehrt möchte Gislind Nabakowski die Männer ebenfalls teilhaben lassen an den sogenannt weiblichen Werten. »Sollten die Frauen die Hüterinnen der Phantasie und des Nicht-Realen bleiben, die archaischen Hüterinnen des Feuers?« fragt sie provokativ. Sie sieht im androgynen Menschenbild die Polarität zwischen den Geschlechtern aufgelöst, in der androgynen Gesellschaft (frei nach Herrad Schenk) die Arbeitsteilung nach Geschlecht weitgehend aufgehoben. Ein drittes Geschlecht – Chance? Utopie? Und wieder stellt sich für uns die Frage: Wollen wir das eigentlich? – Gleichgültig, zu welchem Schluß wir kommen, es ist die Möglichkeit, eingefahrene Denkmuster zu verlassen, die uns mit dieser Ausstellung geboten wird. Eine Einladung zur Utopie.

Utopien sind notwendig, gerade in unserem so heillos verfahrenen Jahrhundert. Wir dürfen sie nur nicht als Heilsbotschaften zelebrieren, sondern müssen sie als experimentelle Denkmöglichkeiten begreifen.

Die GEDOK kann hier ihre Daseinsberechtigung unter Beweis stellen, indem sie seismographisch neue Strömungen aufspürt und ihnen Raum gibt – im ganz wörtlichen und im geistigen Sinne – ohne sich von ihnen völlig absorbieren zu lassen. Wir haben gesehen, wie oft im Laufe der über 60jährigen GEDOK-Geschichte Stile wechselten, Ideen sich überlebten, wie oft wir unsere Positionen neu überdenken mußten. Dies soll kein Plädoyer sein für die stromlinienförmige Anpassung an den jeweiligen Zeitgeist – aber auch kein Plädoyer für die Heilsgewißheit festgefügter Ideologien.

Kunst kann nie ein abgeschlossener Prozeß sein. 1929 formulierte Else Froelich im Jahresbericht der GEDOK Hannover eher beiläufig eine immer noch gültige Aussage: »Die feststehende Form der GEDOK – wir haben sie noch nicht. Wir sind auf der Suche, auf Entdeckungsfahrt...«

Auf der Suche sind wir mehr als 60 Jahre später immer noch, und das ist gut so. – Nehmen wir den Weg als Herausforderung.

Irma Hildebrandt
Aus einem Vortrag
zur 60-Jahrfeier der GEDOK
Hannover 1987 (Katalog)

Gedanken über die Frau als Künstlerin

Niemand spricht heute mehr über die Emanzipation der Frau. Sie ist vollzogen, gesetzlich abgesichert. Alle Ausbildungswege stehen der Frau offen, junge Mädchen bevölkern die Universitäten, Frauen setzen sich in allen Berufen durch. Die klavierspielende höhere Tochter vom Anfang des Jahrhunderts ist aus der Mode gekommen, die Suffragettenbewegung eine blasse, ein wenig belächelte Erinnerung. Amerikanische Frauengruppen auf Europareise mit ihrem Übereifer und ihrer zu jugendlichen Eleganz werden nicht ohne Mitleid registriert. Aber auch die Frauen in aufgeplusterten Arbeitshosen und mit den abgemüdeten Gesichtern der Überanstrengung, wie wir ihnen in den Ostblockstaaten begegnen, wenn sie Gleise aufschütten oder Straßenarbeiten durchführen, fordern unser Erstaunen, wenn nicht Mitleid heraus.

Was ist das, die Emanzipation der Frau? Nicht ohne Absicht nenne ich extreme Verwirklichungen, nicht ohne Absicht spiele ich darauf an, daß die Emanzipation der Frau in erster Linie ein Problem der Gesellschaft ist. Die Durchsetzung des Wahlrechts, des Frauenstudiums waren Ziele, die zu Anfang des Jahrhunderts immer wieder formuliert wurden und in manchen Ländern noch werden, der Anspruch auf die gleiche Entlohnung für gleiche Arbeit ist noch heute offen, die Frauen in den Parlamenten sind zu zählen, die Frauen in gehobenen, also verantwortlichen Stellungen sind eine Minderheit, der Prozentsatz der im Studium scheiternden Studentinnen übersteigt den Prozentsatz der scheiternden Studenten, Ehescheidungen berufstätiger Frauen sind häufiger als die abhängiger Hausfrauen.

Was ist also erreicht? Ist die Emanzipation der Frau nur halb geleistet wie etwa die Emanzipation der schwarzen Bevölkerung in den U.S.A.? Oder muß die Frage lauten: Ist die Emanzipation der Frau der richtige Weg gewesen, den Platz der Frau in der modernen Industriegesellschaft zu sichern? Hat die rasche Industrialisierung, die das Individuum abschleift, um es einzuordnen, nicht die Idee von der Emanzipation der Frau, die noch auf Ausformung des Individuums zielt, überholt? Oder nötigt gerade dieser Verschleiß, den Begriff Individuum neu zu reflektieren, den in der Überlieferung geschlechtsloses Begriff zu differenzieren und – auf unser Thema bezogen: den sehr anderen Individuationsprozeß der Frau zu erkennen und zu bejahen?

Sicher ist neben der politisch gesellschaftlichen Zielsetzung der Frauenbewegung das Bild der künstlerisch schöpferischen Frau nie aus dem Gedächtnis gekommen, ja, sind Künstlerinnenvereinigungen gleichzeitig mit den politischen Frauenverbänden entstanden, und hat um die Wende zu diesem Jahrhundert die Entdeckung der Kulturleistung der Frau geradezu eine Umwertung der Kulturgeschichte herausgefordert – geschichtlich übrigens recht folgenlos, wenn die negative Konsequenz der Mutterschaftsverherrlichung in der Nazi-Ära den Platz zuweist, der ihr im rückwärts orientierten Gesellschaftskonzept der Propagandisten zusteht. Daß das jedoch möglich war, ja, daß es noch heute der Traum vieler berufstätiger Frauen ist, nichts als Frau und Mutter zu sein, darf nicht übersehen werden. Die biologischen Voraussetzungen lassen die Frau noch im Arbeitssaal oder in der Fabrikhalle Einzelgängerin sein. Jedem Gruppenerlebnis zum Trotz bleibt der Frau die geschlechtstypische Erfahrung der Erwartung eigen, die sie vereinzelt. Ihr Ich-Bewußtsein ist leichter zu beschädigen als das des Mannes. So ist das Ich–Du-Verhältnis wesentlich von dieser Erwartung geprägt, wird die Beschädigung des Ich dem Partner, nicht der Umwelt angelastet. Erst Schwangerschaft und Sorgenpflicht für das Kind verändern die Beziehung zur Umwelt, ohne die Partnerbindung jedoch abzulösen.

Weil die Individuation der Frau sich partnerabhängig vollzieht, wird der Einbruch, den die Emanzipation darstellt, vorerst als Störung des Ich–Du-Verhältnisses durch die Umwelt erlebt, als atypischer Individuationsprozeß, als eine Gefahr, die viele Frauen instinktiv fürchten.

Die Industrialisierung ging über dieses Dilemma der Frau hinweg. Die Nutzbarmachung ihrer Arbeitskraft war der politischen Emanzipation vorausgewesen. Daneben aber setzte das aufstrebende Kleinbürgertum des späten 19. Jahrhunderts die Tradition der Kunstpflege, wie sie vorher das Bürgertum vom Adel übernommen und den Frauen vorbehalten hatte, fort.

Kunstpflege als Hausaufgabe für die Frau, ein Mißverständnis, sicher, doch auch ein tastender Versuch, ihre Eigentümlichkeit auszumessen. Gesellschaftsveränderungen finden ja schubweise und oft genug fragmentarisch statt. Wir wissen von Käthe Kollwitz' Schwierigkeiten, einen Akademieplatz zu bekommen, wir wissen von Annette von Droste-Hülshoffs fast hilfloser Bindung an die Familie, wir wissen von Clara Schumanns übermenschlicher Energie, sich trotz der Kinder und trotz der Sorge um den kranken Robert Schumann als Pianistin durchzusetzen. Sicher, die mittleren Begabungen, die die Abhängigkeit von der Umwelt nicht als schmerzlich empfanden, kamen schon zurecht. Den großen Begabungen blieb die Doppelbelastung, das Leben als Frau und als Künstlerin zu leisten, also die geschlechtstypische Erfahrung durchzuhalten und im Werk zu reflektieren.

Gleichzeitig mit der Emanzipation der Frau vollzog sich die Institutionalisierung des Kunstbetriebes als Anpassung an die Industriegesellschaft – nicht plötzlich und kaum schon konsequent. Doch verlangte die Durchlässigkeit der bis dahin so festen elitären Schicht des kunstinteressierten Bürgertums das Management, das in früheren Zeiten für den Künstler niemals von so entscheidender Bedeutung gewesen war, solange nämlich das Verhältnis Mäzen – Künstler bestanden hatte. Die als Künstlerin emanzipierte Frau sah sich also sofort der neuen Belastung durch den Kunstbetrieb ausgesetzt, eine physisch-psychische Anpassung, der nur wenige standhielten.

Die moderne Industriegesellschaft hat sich anders, als es zur Zeit der Frauenemanzipation schon abzusehen war, zu einer hochdifferenzierten Leistungsgesellschaft entwickelt, in ihrer sozialistischen Struktur ähnlich wie in ihrer kapitalistischen Struktur. Sie ist vom Wettkampf mit dem Ziel der Prestige-Steigerung beherrscht, der weitgehend individuumsfeindlich und voraussehbar, wenn nicht planbar ist. Der freie Spielraum zur schöpferischen Leistung ist also von allen Seiten eingezwängt, Kraftanstrengung, Glück, List, Beziehungen sind in höherem Maße als früher Voraussetzung, diesen Spielraum zu gewinnen.

Die Frau aber schenkt ihrer Natur nach die Jahre ihrer physischen Höchstleistungsfähigkeit den Kindern; Jahre, in denen der Mann, der künstlerisch tätige Mann in der Umwelt und mit der Umwelt ringt.

Im Erlebnisraum der Familie ist die Emanzipation also nur wie ein Echo wirklich, das den Lebensrhythmus geringfügig ändert. Mit dem Heranwachsen der Kinder werden jedoch Kräfte der Frau freigesetzt, die im vortechnischen Zeitalter durch die Großfamilie und ihre Betreuung verbraucht wurden. Die Frau und die Künstlerin sehen sich angesichts der Aufgabe, die Errungenschaften der Emanzipation für sich selbst einzulösen, sowie des Vorrangs der Jugend in der Gesellschaft viel zu spät erst in der Lage, ihre schöpferische Potenz ungestört zu nutzen. Die künstlerische Frau hat wie jede andere Frau dem Wettlauf um das Prestige, der den Mann schon zwanzig Jahre seines Lebens gefordert hat, zugesehen – interessiert, kaum ganz beteiligt. Ihr Wunsch zur Selbstverwirklichung erscheint ihr anachronistisch. Ihre Gefühlserfahrung nimmt dem Anspruch jedoch die Schärfe. Sie hat ja den geschlechtsspezifischen Individuationsprozeß schon geleistet. Ihr obliegt es, die frauliche Erfahrung mit der zu vollziehenden künstlerischen Arbeit in Übereinstimmung zu bringen. Die Krisenhaftigkeit solchen Hinüberwachsens ist verständlich. Noch ist der Vorgang der Gesellschaft zu fremd. Noch sind die Selbständigkeit und das Anderssein der Frau den jahrhundertealten Gepflogenheiten zu fremd. Zu fremd ist sie selbst den Geläufigkeiten der vom Manne geprägten Wettkampfsituation.

In dieser Krise erfährt die Frau ihr Leben als gespalten, als schmerzhaft zerrissen. Oft genug gelingt es ihr nicht, die Gespaltenheit in Doppelheit zu verwandeln, und sie flüchtet in Neurosen oder sehnt sich in die Zeit vor der Emanzipation zurück und verhält sich entsprechend.

Wichtig ist es, das doppelte Leben der Frau anzuerkennen und in den gesellschaftlichen Zusammenhang hineinzunehmen. Das ist noch nirgends ganz bewußt geschehen. Die »frauliche« Lebensphase der Frau (ich benutze bewußt die Duplizität der Wertung!) wird noch immer und muß noch immer als verlorene Zeit gewertet werden, wenn die Potenz der Frau die Norm überschreitet. Die berufliche Anknüpfung ist dadurch für viele Frauen erschwert. Ihr selbst wird die Doppelheit noch immer eher zur Last als zur Erfüllung.

Viele künstlerisch befähigte junge Frauen verzichten auf den fraulichen Individuationsprozeß, um der vom Manne geschaffenen Wettkampfsituation gewachsen zu sein.

Es liegt nahe, zu fragen, ob Organisationen wie die von Ida Dehmel gegründete GEDOK dieser gegenwärtigen Situation noch gewachsen sind, ob der emanzipatorische Impetus der Gründerinnengeneration heute noch von Bedeutung ist, um die künstlerische Eigenart der Frau zu fördern oder ob eine solche Organisation hinter der Entwicklung zurückbleibt. Reicht es noch zu, die Künstlerin zu fördern, weil sie Frau ist?

Organisationsstrukturen sind zum Altern ebenso verurteilt wie Ideen. Bedarf die Gedok, die in den Jahren nach ihrer Gründung voll leistungsfähig war, nicht der Überprüfung ihrer Konzeption, wenn sie dem doppelten Leben, das die Künstlerin zu leisten hat, wirklich entsprechen will? Diese Frage aufzuwerfen heißt, mit der Zukunft der Organisation zu rechnen, ihr Aufgaben zuzugestehen, die sie noch zu leisten hat. Daß es zum einen um die Modernisierung des Managements geht, haben die vorausgegangenen Überlegungen gezeigt. Zum anderen aber geht es darum – und dies ist meines Erachtens weit vordringlicher –, die Andersartigkeit der fraulichen schöpferischen Potenz innerhalb der Gesellschaft zu artikulieren und sie in ihrer Korrespondenz mit der schöpferischen Potenz des Mannes zu erkennen. Keineswegs sollte die kämpferische Attitüde der Emanzipationsgeneration noch praktiziert werden. Jedoch ist wohl heute die Gefahr des Ausweichens ins Private, in die rasche Befriedigung durch Anerkennung im kleinen Kreis ernster zu nehmen, weil hier so leicht die Unsicherheit, ja Indifferenz der Industriegesellschaft gegenüber der Kunst übergangen wird, weil hier so leicht noch die Illusion vom guten Verhältnis des Künstlers – in unserem Fall der Künstlerin – zur Gesellschaft gepflegt wird, das nicht mehr besteht, das aber nicht das Ende der Kunst anzeigen sollte.

Die Gesellschaft, in der wir leben, will ja entdeckt sein, weil sie in der radikalsten Veränderung, die wir denken können, begriffen ist: weil sie das Individuum auszulöschen sich anschickt. Die Krisen, die daraus entstehen werden, sind in ihren Folgen zwar kaum schon absehbar; sie fordern aber auch und vielleicht insbesondere die Frau heraus, denn eine der Erfahrungen, die sie ins Spiel bringen könnte, ist ihr vorbehalten: Sie hat Gefühlsbindungen zu verteidigen, und sie hat die Chance, in dem doppelten Leben, das ihr zugewachsen – wenn auch kaum voll zuerkannt – ist, aus diesem Erlebnisvorrat weiterzugeben: Als Künstlerin immer der Erfahrung vom doppelten Leben näher als dem Erleiden der Gespaltenheit sollte sie der Auseinandersetzung mit den die Veränderung der Gesellschaft begleitenden Krisen nicht ausweichen, sich aber auch nicht verleugnen. Ihr dabei zur Seite zu stehen, kann Aufgabe einer solchen Organisation wie der GEDOK sein. Wir sollten darüber weiterhin nachdenken. Wir sollten die einmal ganz zeitadäquate Organisation an den heutigen Gegebenheiten prüfen.

Die Frau ist anders, erlebt anders, formuliert anders.

Ingeborg Drewitz
Aus einem Vortrag
an der Jahrestagung der GEDOK
in Göppingen 1969

Antworten auf »weibliches« Schreiben

Seit 1968, seit 21 Jahren also, verleiht die GEDOK den Ida-Dehmel-Preis und seit etlichen Jahren auch den Förderpreis. Seit 1983 leistet das Bundesinnenministerium einen finanziellen Beitrag zu beiden Preisen. Worin liegt, angesichts von gegenwärtig rund 270 jährlich vergebenen Literaturpreisen, das eigenständige Gewicht der GEDOK-Preise, wo deren heute und künftig tragende Zielsetzung? Ich will versuchen, aus meiner Sicht eine Antwort zu geben. Beginnen möchte ich mit Zitaten aus drei literarischen Texten:

Zitat 1

Inwieweit gibt es wirklich »weibliches« Schreiben? Insoweit Frauen aus historischen und biologischen Gründen eine andere Wirklichkeit erleben als Männer. Wirklichkeit anders erleben als Männer, und dies ausdrücken. Insoweit Frauen nicht zu den Herrschenden, sondern zu den Beherrschten gehören, jahrhundertelang, zu den Objekten der Objekte, Objekte zweiten Grades, oft genug Objekte von Männern, die selbst Objekte sind, also, ihrer sozialen Lage nach, unbedingt Angehörige der zweiten Kultur; insoweit sie aufhören, sich an dem Versuch abzuarbeiten, sich in die herrschenden Wahnsysteme zu integrieren. Insoweit sie, schreibend und lebend, auf Autonomie aus sind.
Da begegnen sie dann den Männern, die auf Autonomie aus sind. Autonome Personen, Staaten und Systeme können sich gegenseitig fördern, müssen sich nicht bekämpfen wie solche, deren innere Unsicherheit und Unreife andauernd Abgrenzung und Imponiergebärden verlangen.

Zitat 2

Erklär mir, Liebe!

Der Pfau, in feierlichem Staunen, schlägt ein Rad,
die Taube stellt den Federkragen hoch,
vom Gurren überfüllt, dehnt sich die Luft,
der Entrich schreit, vom wilden Honig nimmt
das ganze Land, auch im gesetzten Park
hat jedes Beet ein goldner Staub umsäumt.

Erklär mir, Liebe!

Wasser weiß zu reden,
die Welle nimmt die Welle an der Hand,
im Weinberg schwillt die Traube, springt und fällt.
So arglos tritt die Schnecke aus dem Haus!

Ein Stein weiß einen anderen zu erweichen!

Erklär mir, Liebe, was ich nicht erklären kann:
sollt ich die kurze schauerliche Zeit
nur mit Gedanken Umgang haben und allein
nichts Liebes kennen und nichts Liebes tun?
Muß einer denken? Wird er nicht vermißt?

Du sagst: es zählt ein anderer Geist auf ihn...
Erklär mir nichts. Ich seh den Salamander
durch jedes Feuer gehen.
Kein Schauer jagt ihn, und es schmerzt ihn nichts.

Zitat 3

Der Weg unter Mathias Roths Füßen bekam an dieser Stelle eine Konkurrenz zu seinem horizontalen Erstrecken. Je länger die Augen auf der Farnflanke ruhten, desto verlockender bot sich die leicht geneigte Vertikale an, man mußte dabei gar nicht ein Bein vor das andere setzen, es war eine andere Art von Beschreiten, ein Aufspringen aus dem Lebensweg, der Geschichte seiner Lebensereignisse, den er doch vorhin hier gegangen war, der nur eine, für alle verbindliche, Richtung kannte, von der Geburt bis zum Tod mit den üblichen, allenfalls unterschiedlich gemischten Fakten als Weggenossen. Manchmal wandten die Farnschleier ihre Rückseiten nach oben und zeigten die braunen Ketten ihrer Sporenhäufchen. Er sah sie an in den Stadien ihrer Entrollung, die sich schließlich im äußersten Zustand in die vollentfaltete aber gegensätzliche Krümmung drängte. Plötzlich begriff er, daß er vor einem riesigen Regal mit gefüllten Köchern stand, vollgestellt mit gefiederten Pfeilen, die darauf warteten, loszuschnellen ›von der Sehne zum Himmelsgewölbe‹, alle noch unbenutzt… Sie lauerten darauf, mit ihrer Flugbahn leuchtende Korridore herzustellen, er spürte ihr Verlangen unter dem Himmel des weit geöffneten Tals. Er spürte es in den Sternen und Lippen der kleinen Blumen, in der Ebene, die einer Heidelandschaft glich, in den künstlichen und natürlichen Stufen der pilgerpfadähnlichen Treppe, die er nun behutsam hinabstieg. Er verstand es ja jetzt! Er konnte Handlanger der Dinge werden.

Das erste Zitat steht in Christa Wolfs 1983 publizierten Frankfurter Poetikvorlesungen: *Voraussetzungen einer Erzählung: Kassandra*. Die Zitate zwei und drei sind, wie ich es sehe, gleichsam Antworten, sind literarische Bestätigungen zu Christa Wolfs Fragen und Thesen zur Wirklichkeit »weiblichen Schreibens«.

Die erste, früh vorweggenommene Antwort gibt Ingeborg Bachmann in ihrem Gedicht »Erklär mir, Liebe!«, das 1956 erstmals in der ZEIT veröffentlicht und dann in den im selben Jahr erschienenen Gedichtband »Anrufung des Großen Bären« aufgenommen wurde. Die zweite Antwort finden Sie in Brigitte Kronauers 1986 publiziertem Roman »Beritterner Bogenschütze«. Sie ist eine vertrackte, sozusagen dialektisch aufgehobene Antwort auf die Frage nach dem »weiblichen« Schreiben. Denn der da sieht, mit neuem Bewußtsein in die Dinge sieht, der die Natur »entrollt«, ihr durch benennende Worte zu magischer Sinngebung verhilft, be- und ergreifend zum »Handlanger« wird, ist ein Mann, gebildet in den Gefühlen und Gedanken einer Frau.

Ich sprach von einer dialektisch aufgehobenen Antwort, die uns allen evident macht, worin sich weibliches Schreiben unterscheidet von der auch von Christa Wolf mit Unbehagen angesehenen »Frauenliteratur«. Nicht um ein gruppensektiererisches Sichabgrenzen geht es. Nicht darum, das »Männliche« zu bekämpfen, wie zum Beispiel in Elfriede Jelineks Roman *Lust*, ist es Brigitte Kronauer zu tun. Hier begegnet uns vielmehr die Literatur einer autonomen Frau. Sie verfügt über genügend Souveränität und Kompetenz, um sich – wie in ihren 1987 erschienenen *Aufsätzen zu Literatur* geschehen – ebenso einfühlsam wie fördernd mit Texten von Hugo von Hofmannsthal, Hubert Fichte, Robert Walser und Ror Wolf auseinandersetzen. Es ist dies jene Souveränität, die der männlichen und weiblichen Anteile in jedem von uns innegeworden ist, sie für sich bekennt und bei anderen erkennt. Und nicht zufällig, so scheint mir, hat Brigitte Kronauer sich in ihren Aufsätzen Persönlichkeiten zugewandt – Marlon Brando, Klaus Sandler, Tania Blixen und Jane Bowles gehören auch dazu – deren männlich-weibliche Ambivalenz auf den ersten oder spätestens zweiten Blick augenfällig wird.

Aber auch Ingeborg Bachmanns Antwort einer Frau, ihre bedauernde, beklagende Feststellung über das Anderssein dessen, der sich allein durch Geist und Gedanken für den Gang durch das Leben, durch das Feuer gestählt und gepanzert hat, gilt fort.

(...) sollt ich die kurze schauerliche Zeit nur mit Gedanken Umgang haben (...)
Du sagst: es zählt ein anderer Geist auf ihn... (...) Ich seh den Salamander durch jedes Feuer gehen. Kein Schauer jagt ihn, und es schmerzt ihn nichts.

Mit meinen Anleihen bei drei Autorinnen, die man mit Fug zu den bedeutendsten deutschsprachigen in der zweiten Hälfte unseres Jahrhunderts zählen darf, versuchte ich deutlich zu machen, weshalb die Literatur-Preise der GEDOK notwendig sind und weshalb ihnen öffentliche Förderung gebührt. Es ist heute gewiß nicht mehr vonnöten, noch einmal besonders auszuweisen, daß Frauen Literatur von hoher Qualität schreiben können. Bei dem bislang siebenmal verliehenen Preis des *Kranichs mit dem Stein* des Deutschen Literaturfonds gab es drei Preisträgerinnen und vier Preisträger. Ähnlich lag und liegt es beim Klagenfurter *Ingeborg Bachmann-Preis* und vielen anderen Literaturpreisen. Doch es bleibt wichtig, einem Preis Profil zu geben, dasjenige Profil, für das man als Stifterin einsteht. Daß Ihnen das gelungen ist, bezeugen die bislang von Ihnen ausgezeichneten Preisträgerinnen, bezeugen die Profile autonomer Frauen wie Hilde Domin, Rose Ausländer, Ingeborg Drewitz, Eva Zeller und jetzt Brigitte Kronauer.

Aber es geht der GEDOK auch noch um mehr: Sie nimmt sich – und das unterscheidet sie von anderen Kunst-, Musik- und Literaturverbänden – spartenübergreifend in besonderem Maße der beruflichen und sozialen Belange der Künstlerinnen und Autorinnen an. Denn noch immer sind die gesellschaftlichen Rahmenbedingungen für das künstlerische Schaffen der Frauen noch ungünstiger, als sie es für Künstler und Autoren insgesamt ohnehin sind.

Hierzu nur ein Beispiel: Seit 1981, dem Beginn seiner Arbeit, sind beim Deutschen Literaturfonds 2605 Stipendienanträge eingegangen. Nur ein knappes Drittel der Anträge (30,3%) kam von Autorinnen. Auf der anderen Seite zeigen die Zahlen von 296 bewilligten Stipendien, darunter 88 (30%) für Autorinnen, daß das Verhältnis bei den qualifizierten Anträgen zwischen Männern und Frauen ausgeglichen ist, wenn wir denn der Urteilsfähigkeit und geschlechtsneutralen Objektivität des mit 7 Männern und 2 Frauen besetzten Kuratoriums, des Vergabegremiums, vertrauen. Es spricht darum auch nichts dagegen, daß wir eines Tages ein Normalverhältnis von 50 : 50 bei Anträgen und Bewilligungen erhalten werden, wenn die Rollenkonflikte zwischen Ehe, Elternschaft und Beruf nicht länger mehr so einseitig zu Lasten der Frauen gelöst sein werden, wie das gegenwärtig noch geschieht. Die frühere GEDOK-Präsidentin, Gräfin Waldersee, hat sich bei allen in Bonn geführten Gesprächen und Anhörungen zu beruflichen und sozialen Fragen der Künstler und Autoren große Verdienste erworben. Ich bin sicher, daß ihre Nachfolgerin, Frau Dr. Massmann, diese Tradition fortsetzen wird.

Nicht isoliert für sich stehen also die musikalischen Veranstaltungen, die Ausstellungen, Lesungen, Wettbewerbe und Preisverleihungen der GEDOK, sondern in einem gesellschaftspolitischen Kontext. Das gilt auch für die Dokumentation über die der GEDOK angehörenden Autorinnen und der Preisträgerinnen, die mit der Unterstützung durch das Bundesinnenministerium erstellt werden kann. Dies alles ist notwendig, solange unsere »immer noch« männerbestimmte Gesellschaft, zwar zuzugestehen bereit ist, daß einzelne Frauen Außerordentliches zu leisten vermögen, daß sie jedoch von einer generellen Anerkenntnis der Gleichwertigkeit der Tätigkeit von Mann und Frau in allen Bereichen unseres beruflichen und privaten Lebens noch weit entfernt ist.

Sicher hat sich das Selbstverständnis der GEDOK gegenüber dem der Zeit Ida Dehmels fortentwickelt. Und es mag auch der Tag kommen, wo die GEDOK sich neuen Fragen stellen und über neue Formen ihrer Organisation und Arbeit nachdenken wird.

Neue Antworten geben sollten allerdings nicht nur die Frauen, die Künstlerinnen und Autorinnen. Aufgerufen, alte Gegensätze aufzuheben, sollten sich auch die Männer, die Künstler und Autoren, fühlen.

Ministerialrat Dr. Hartmut Vogel leitet im Bundesinnenministerium das Referat »Sprach- und Literaturförderung, kulturpolitische Planung sowie berufliche und soziale Fragen der Künstler und Autoren«. Der vorstehende Text ist die in Teilen überarbeitete Fassung einer anläßlich der Verleihung des Literatur-Preises und des Förderpreises bei der GEDOK-Jahrestagung 1989 in Stuttgart gehaltenen Ansprache.

# Die Preisträgerinnen der GEDOK

Hilde Domin ■ GEDOK-Literaturpreis 1968

Vita Hilde Domin, 1912 in Köln geboren, studierte zunächst Jura, dann politische Wissenschaften, Soziologie und Philosophie (Karl Jaspers, Karl Mannheim). Dott. scienze pol., Florenz. War als Universitätslehrerin, Übersetzerin, Fotografin und Mitarbeiterin ihres Mannes, Erwin Walter Palm, tätig. Kehrte nach 22jährigem Exil 1954 nach Deutschland zurück. Lyrik seit 1951, Veröffentlichungen seit 1957. Lesungen, Vorträge, Diskussionen an Universitäten und literarischen Gesellschaften des In- und Auslandes. Mitglied des PEN, der Deutschen Akademie für Sprache und Dichtung, Ehrenmitglied der Heinrich-Heine-Gesellschaft, Düsseldorf. Ehrengast der Villa Massimo 1986. Wintersemester 87/88 Dozentur für Poetik, Universität Frankfurt.

Preise: GEDOK-Literaturpreis 1968, Meersburger Droste-Preis für Dichterinnen 1971, Heinrich-Heine-Medaille der Düsseldorfer Heine-Gesellschaft 1972, Roswitha-Preis der Stadt Bad Gandersheim 1974, Rainer Maria Rilke Preis für Lyrik 1976, Nelly-Sachs-Preis 1983.

Veröffentlichungen *Nur eine Rose als Stütze.* Lyrik. S. Fischer 1959 ■ *Rückkehr der Schiffe.* Lyrik. Ebd. 1962 ■ *Hier.* Lyrik. Ebd. 1964 ■ *Höhlenbilder.* Lyrik. Hildebrandt 1968 ■ *Das zweite Paradies.* Roman in Segmenten. Piper 1968. Neufassung Ebd. 1968 ■ *Wozu Lyrik heute.* Theorie. Serie Piper 1968 ■ *Ich will dich.* Lyrik. Piper 1970 ■ *Die andalusische Katze.* Prosa. Eremiten 1971 ■ *Von der Natur nicht vorgesehen.* Autobiographisches. Serie Piper 1974 ■ *Aber die Hoffnung.* Prosa. Piper 1982 ■ *Das Gedicht als Augenblick von Freiheit.* Frankfurter Poetik – Vorlesungen. Ebd. 1988 ■ Als Herausgeberin: *Doppelinterpretationen.* Das zeitgenössische Gedicht zwischen Autor und Leser. Athenäum 1966. Fischerbücherei ■ *Nachkrieg und Unfrieden.* Gedichte als Index 1945–1970. Sammlung Luchterhand, vergriffen ■ *Spanien erzählt.* Fischer TB 1963, vergriffen ■ *Nelly Sachs.* Bibliothek Suhrkamp 1977

Neue Wege

Neue Wege möchte ich finden
schmerzhaft ungegangene
vom Du zum Ich.

Keine Handbreit an mir
die deinem Eintritt
widersteht.

Aus: Gesammelte Gedichte.
S. Fischer 1987

Vaterländer

Soviel Vaterländer wie der Mensch hat
vaterlandslos
heimatlos
jede neue Vertreibung
ein neues Land macht die Arme auf
mehr oder weniger
die Arme der Paßkontrolle
und dann die Menschen
immer sind welche da
die Arme öffnen
eine Gymnastik
in diesem Jahrhundert
der Füße der Arme
unordentlicher Gebrauch unserer Glieder
irgend etwas ist immer da
das sich zu lieben lohnt
irgend etwas ist nie da

Aus: Gesammelte Gedichte.
S. Fischer 1987

Tokaidoexpreß

Wie ein Tokaidoexpreß
sind wir durch die Geschichte gefahren
und kaum noch zu sehen
Ich rede in der Vergangenheitsform
während ich atme sehe ich mir nach
ich bin das Rücklicht
Als Rücklicht
leuchte ich vor euch her
euch Dichtern eines vielleicht zweifachen
Zuhauses
des Bodens auf dem ihr bleiben dürft
euer Land wird immer größer werden
wenn die Erdoberfläche sich zusammenzieht
und die Grenzen zurückweichen
unter den Flügeln der Menschen
ihr könnt gehen und doch bleiben
und im Worte wohnen
vielleicht im Worte vieler Sprachen zugleich
doch im deutschen zuerst
im deutschen
an dem wir uns festhielten
Ich der letzte
kämpfe für euch alle
um den Stempel in diesem Paß
um unsern Wohnsitz im deutschen
Wort

Aus: Gesammelte Gedichte.
S. Fischer 1987

Erika Burkart ■ GEDOK-Literaturpreis 1971

© Photo: J. Stenz Muri

Vita Erika Burkart wurde 1922 in Aarau geboren. Ihre Kindheit und Jugend verlebte sie im Haus Kapf in Althäusern, wo sie, verheiratet in zweiter Ehe mit dem Schriftsteller und Lektor Ernst Halter, heute noch lebt. Von 1942–1946 besuchte sie das Lehrerinnenseminar in Aarau und wirkte nachher 12 Jahre lang als Stellvertreterin an verschiedenen Volksschulen. Mit 32 erleidet sie einen Herzanfall, was ihrer Lehrerinnentätigkeit ein Ende setzt. Sie widmet sich nun ganz der Dichtung. Im Verlauf von 36 Jahren erscheinen 20 Bücher, Gedichte und Prosa. Reisen führten sie nach England, Irland, Frankreich, Deutschland, Spanien, Österreich und Italien. Ihrer anfälligen Gesundheit wegen ist sie von diesen Fahrten stets gerne wieder ins heimatliche Freiamt zurückgekehrt. Sie gehört zu den Autoren, denen Schreibenkönnen Lebendürfen bedeutet.

Gedichte schreiben?
Ich kann dir nicht erklären,
warum und wozu.

Aus dem Berg quillt das Wasser,
der Strom verliert sich ins Meer.

Auszeichnungen: 1956 Preis des International Lions Club, 1957 Meersburger Droste-Preis (erstmals verliehen), 1961 Conrad-Ferdinand-Meyer-Preis der Stadt Zürich, 1964 Kulturpreis der Pro Argovia, 1970 Ehrengabe der Stadt Zürich, 1971 GEDOK-Literaturpreis, 1972 Werkjahr für Aargauer Kunstschaffende, 1978 Johann-Peter-Hebel-Preis, 1979 Werkbeitrag des Kantons Zürich, 1980 Literaturpreis des Kantons Aargau, 1986 Werkauftrag der Pro Helvetia.

Veröffentlichungen *Der dunkle Vogel*. Gedichte. Tschudy, St. Gallen 1953 ■ *Sterngeführten*. Gedichte. Ebd. 1955 ■ *Bann und Flug*. Gedichte. Ebd. 1956 ■ *Geist der Fluren*. Gedichte. Ebd. 1958 ■ *Die gerettete Erde*. Gedichte. Ebd. 1960 ■ *Mit den Augen der Kore*. Gedichte. Ebd. 1962 ■ *Ich lebe*. Gedichte. Artemis, Zürich 1964 ■ *Die weichenden Ufer*. Gedichte. Ebd. 1967 ■ *Moräne*. Roman. Walter, Olten 1970 ■ *Fernkristall*. Ausgewählte Gedichte. Verlag an der Hartnau, Tobel (TG)

1972 ■ *Jemand entfernt sich.* Erzählung. Benziger, Zürich 1972 ■ *Die Transparenz der Scherben.* Gedichte. Ebd. 1973 ■ *Rufweite.* Prosa. Artemis, Zürich 1975 ■ *Das Licht im Kahlschlag.* Gedichte. Ebd. 1977 ■ *Augenzeuge.* Ausgewählte Gedichte. Ebd. 1978 ■ *Der Weg zu den Schafen.* Roman. Ebd. 1979 ■ *Die Freiheit der Nacht.* Gedichte. Ebd. 1982 ■ *Sternbild des Kindes.* Gedichte. Ebd. 1984 ■ *Die Spiele der Erkenntnis.* Roman. Ebd. 1985 ■ *Schweigeminute.* Gedichte. Ebd. 1988

Palermo

Bis hierher reicht Europa, von hier
Afrika bis zum Kap
der Verlorenen Hoffnung.

Nicht spurlos sind verschwunden
die aus Arabien, aus Spanien,
Normannen, Römer, der Grieche.
Kein Punkt, an dem sich nicht Fäden kreuzen,
Scheherezade kannte das Muster.
Durch Gassen erreichbar
die andere Zeit, die Zeit der Andern,
barocke Bürgerpaläste;
der Tourist aus dem Norden
denkt: Mafiaburg; wie finster die Fenster,
und steckt den Daumen unter den Gurt,
der seine Noten enthält –
um zwei Ecken rum und er riecht
vermummte Schergen, flieht Häuser,
die Pestkreuze tragen, sucht rote Ampeln.
Alles wird hier auf der Strasse gemacht.
Fast alles. Im Ehebett auf Pflaster im Basso
schlafend ein Kind. Murillo, Carpaccio,
draussen der Macchine-Maelstrom.
Der Vater, falls es ihm gut geht,
bedient am andern Ende der Stadt
eine Espressomaschine. Vielleicht aber ist

er ausgewandert und schickt
aus Zürich Grüsse und Geld.
Niemand im Gastland befragt ihn
nach den ausgesparten Kapellen,
innengoldenen Muscheln.

Dreipaarig geflügelte Engel treten
aus schimmernden Wänden, azurnen Nischen,
begehn und befliegen
das in eine byzantinische Druse ein-
gewachsene Firmament. Ihre Augen
blicken wie Mondsegmente herab, sie schwimmen
über dich weg, denn tiefer als sie
bist du unter Tag
in dieser Totenstadt, Sonnenstadt, Schlammstadt,
diesen Fluchtschluchten, schwarzen Adern.
Bis in den Traum
begleitet dich die zerzauste Palme,
schwingt sich die Linie des Pilgerbergs,
folgt dir das Meer, das mit Schaum
füllt den Luftwurzeltempel
des indischen Feigenbaums, wo
kürzlich einer erschossen wurde,
aus dem Hinterhalt, gegen Morgen.

unveröffentlicht

Beharrungsvermögen

Du, die ganze Gestalt,
Schale um etwas,
das sich entfremdet.

Füsse wie unter Wasser,
eine Hand vor der Sonne,
auch die Stimme höre ich noch,
ein Stottern im Hirn, es fehlt der Herzton.

Von rückwärts seh ich dich manchmal,
bevor der Schlaf
die Leuchter senkt,
die Leitungen kappt.

Aus dem Dunkel die Drehung. – Die Augen.
(Die Augen bleiben am längsten.)
Man spräche von einem Sternbild,
wär man nicht selber erblindet.

Unter Nebel das Land,
wo das Vergessen gelernt wird,
hinter dem Nebel
die Wand, ich möchte
mit dem Kopf durch die Wand.

unveröffentlicht

Der Mond von einst

Aus dem Berg rollt der Mond,
Elfengold, rot,
in C. D. Friedrichs
einsamen Eichen.

Mondesaufgang.

Indem er, steigend,
weiss wird über dem Nebel,
treibe ich untermeerisch im Sog
einer heimlichen Strömung,
die das Klima der Inseln
bestimmt.

unveröffentlicht

Margot Scharpenberg ■ **GEDOK-Literaturpreis 1975**

Vita Margot Scharpenberg, 1924 in Köln geboren, aufgewachsen und bis zur Auswanderung als wissenschaftliche Bibliothekarin tätig. 1957–58 erster USA-Aufenthalt, 1960–62 in Ottawa, Kanada (als Instructor im Sprachlabor der Carleton University), seit 1962 in New York, jährlich zweimal ein längerer Deutschlandaufenthalt, mit Lesungen, aber auch Lesungen in Amsterdam, London, Quito sowie bei Universitäten und Goethe-Instituten in USA und Kanada. In den USA jährliche Reisen, meist zu indianischer Felskunst im Westen, ein mit dem Mediziner-Ehemann geteiltes Interesse, das auch nach seinem Tod, genau wie der New Yorker Wohnsitz, beibehalten wurde. Außer vielen Beiträgen in Zeitungen, Zeitschriften und Anthologien (dazu gelegentlich übersetzte oder original englische Gedichte) seit 1957 19 Lyrik- und 3 Prosabände. Mitglied des PEN. 1968 Georg-Mackensen-Literaturpreis für die beste dt. Kurzgeschichte, 1975 GEDOK-Literaturpreis, 1988 Robert L. Kahn – Lyrikpreis für das beste Gedicht in deutscher Sprache.

Veröffentlichungen *Gefährliche Übung.* Lyrik. Piper, München 1957 ■ *Spiegelschriften.* Lyrik. Ebd. 1961 ■ *Brandbaum. Das Neueste Gedicht 22.* Lyrik. Bläschke, Darmstadt 1965 ■ *Schwarzweiß.* Hundertdruck II. Lyrik. Hildebrandt, Duisburg 1966 ■ *Vermeintliche Windstille.* Lyrik. Verlag der Galerie am Bismarckplatz, Krefeld 1968 ■ *Mit Sprach- und Fingerspitzen.* Lyrik. Gilles & Francke, Duisburg 1970 ■ *Spielraum.* Lyrik. Verlag der Galerie am Bismarckplatz, Krefeld 1972 ■ *Spuren.* Lyrik. Gilles & Francke, Duisburg 1973 ■ *Bildgespräche mit Zillis.* Lyrik. Beuroner Kunstverlag 1974 ■ *Neue Spuren.* Lyrik. Gilles & Francke, Duisburg 1975 ■ *Veränderungen eines Auftrags.* Lyrik. Ebd. 1976 ■ *Fundfigur.* Lyrik. Ebd. 1977 ■ *Bildgespräche in Aachen.* Lyrik. Ebd. 1978 ■ *Fundort Köln.* (Römisch-Germanisches Museum). Lyrik. Ebd. 1979 ■ *Domgespräch.* Lyrik. Ebd. 1980 ■ *Moderne Kunst im Bildgespräch.* Lyrik. Ebd. 1982 ■ *Fallende Farben.* Lyrik. Ebd. 1983 ■ *Windbruch.* Lyrik. Ebd. 1985 ■ *Verlegte Zeiten.* Lyrik. Ebd. 1988 ■ *Ein Todeskandidat und andere Erzählungen.* Prosa. Fischer, Frankfurt 1970 ■ *New York.* Moewig Reisebuch 1980 ■ *Fröhliche Weihnachten und andere Lebensläufe.* Prosa. Langen Müller, München 1974

Kindheit

I

Jeder
hat sie gehabt
und wie es scheint
verloren
fast jeder ist ihr gut

sie ist der Kern
aus Eis und Feuer innen
den man nicht erreicht
er speist die Quellen
hält die Glut am Brennen

ein letzter Rückgriff
noch dem Ärmsten
wenn er Schuld begleicht
wie eingenähtes
Gold im Kleid
verstoßner Kinder

mit diesem Vorzug
fängt ein jedes an
sich in die Welt
ganz allererst
als Leibgast einzukaufen

ein Pfund zum Wuchern
Kindheit lebenslang
sie unser oder wir
ihr Unterpfand

Kindheit

III

Ich fiel in alle Brunnen
verwuchs mit jedem krummen
Machandelbaum

ich füllte das Tränenkrüglein
und band ins bleiche Tüchlein
die Knöchlein ein

Joringel ach und Jorinde
weh dem verstoßenen Kinde
dem Schwesterlein weh

mit Fallada bin ich gehangen
mit Hänsel und Gretel gefangen
war weißer als Schnee

versteckte mich zitternd in Uhren
verstreute vergeblich Spuren
wurd däumlingsklein

spräng mir der Reif doch vom Herzen
könnt ich die Dornen verschmerzen
sag endlich
war alles Traum

Kindheit

VI

Zwei Häuser weiter
als ich klein war
gab es immer frische Locken
aus Holz

die Sprüche stellten sich
noch selber vor:
wo gehobelt wird
da fallen Späne

manchen Sprüchen
wies ich schreiend
ihre Lüge nach
auch bellende Hunde
beißen

ich war schon früh
ein gebranntes Kind
und spielte doch weiter
mit Feuer

aber die Wünsche im Märchen
die man mir frei gab
ließ ich alle verfallen

ich wollte weder
die Feen noch mich
an ihre Erfüllung binden

Aus: Zyklus: Kindheit I–VI
unveröffentlicht
Geschrieben Mai/Juni 1989

Rose Ausländer ■ **GEDOK-Literaturpreis 1977**

© Photo: Modeste von Unruh, Frankfurt

Vita Rose Ausländer, 1901 in Czernowitz unter dem Namen Rosalie Scherzer geboren, studierte zunächst Literatur und Philosophie. Nachdem sie das Studium aufgeben mußte, wanderte sie 1921 mit ihrem späteren Ehemann Ignaz Ausländer in die USA aus. Dort arbeitete sie in verschiedenen Berufen, bis sie 1931 nach ihrer Scheidung nach Czernowitz zurückkehrte. Als Jüdin verfolgt überlebte sie die Nazi-Herrschaft 1941–44 und kehrte nach dem Krieg in die USA zurück. Bis 1963 arbeitete sie als Sekretärin, Korrespondentin und Übersetzerin in New York und schrieb gleichzeitig englischsprachige Gedichte für Zeitschriften und Rundfunkanstalten. 1963 verließ sie die Vereinigten Staaten. Zwei Jahre später erschien in Wien ihr zweiter Gedichtband. Ab 1965 lebte die Lyrikerin in Düsseldorf, nach einem Unfall 1972 im Nelly-Sachs-Altersheim, das sie zuletzt bis zu ihrem Tod 1988 nicht mehr verlassen konnte.

Nach Nelly Sachs und Marie Luise Kaschnitz gilt sie als die bedeutendste englisch- und deutschsprachige Lyrikerin der älteren Generation.

Auszeichnungen: Ehrenpreis der Wagner Coll. Staten Island/New York 1957, Silberner Heine-Taler 1966, Meersburger Droste-Preis 1967, GEDOK-Literaturpreis 1977, Andreas-Gryphius-Preis 1977, Ehrenpreis des Kulturkreises im BDI 1978, Roswitha-Gedenkmedaille 1980, Literaturpreis der Bayrischen Akademie der Schönen Künste 1984, Buchpreis des Deutschen Verbandes Evangelischer Büchereien 1986. Seit 1968 Mitglied des PEN-Zentrums Bundesrepublik Deutschland und 1978 Mitglied der Deutschen Akademie für Sprache und Dichtung.

Veröffentlichungen Gesammelte Werke: *Die Erde war ein atlasweißes Feld.* Gedichte 1927–1955. S. Fischer ■ *Die Sichel mäht die Zeit zu Heu.* Gedichte 1956–1965. Ebd. ■ *Hügel aus Äther/unwiderruflich.* Gedichte und Prosa 1966–1975. Ebd. ■ *Im Aschenregen/die Spur deines Namens.* Gedichte und Prosa 1976. Ebd. ■ *Ich höre das Herz/des Oleanders.* Gedichte 1977–1979. Ebd. ■ *Wieder ein Tag aus Glut und Asche.* Gedichte 1980–1982. Ebd. ■ *Und preise die kühlende/Liebe der Luft.* Gedichte seit 1983. Ebd.

Als auf den Fensterscheiben
die Blumen blühten
kochte die Mutter
Es gab Kälte und Wärme
auch Honig in klarem Kristall

Wir lachten uns alle
ins Fäustchen
Kam der Fuchs
und stahl Kälte und Wärme
und Honig in klarem Kristall

Das Lachen blieb
im Fäustchen
Angst und salzige Tränen
füllten die Augen

Aus: Ich zähl die Sterne meiner Worte.
Gedichte. Fischer TB 1985

März

Ich bin ein Kind

Schneemänner
Windfurien
Speere aus Eis

Ich bin ein Kind
und spiele
März
mit Kinderschatten

im mutterlosen
Land

Aus: Mein Venedig versinkt nicht.
S. Fischer 1982

Das Weißeste

Nicht Schnee

Weißer die Zeichen
die der Einsiedler
auf die Tafel der Einsamkeit
schreibt

Das Weißeste
Zeit

Aus: Mutterland in Gesammelte Werke.
Ich höre das Herz des Oleanders.
S. Fischer 1984

© Photo: Renate von Mangoldt, Berlin

Vita Geboren 1923 in Berlin-Moabit. Abitur 1941, Arbeitsdienst, Kriegshilfsdienst (eingezogen), Studium und Fabrikarbeit. Heirat mit Bernhard Drewitz 1946 in Berlin-Schöneberg, drei Töchter. Anfangs dramatische Arbeiten und Zusammenarbeit mit einer der vielen kleinen Theatergruppen im Nachkriegsberlin.
1950 1. Preis der Wolfgang-Borchert-Bühne, Berlin
1952 Carl-Zuckmayer-Preis (aus dem Goethepreis für zehn junge deutsche Autoren)
1955 Jochen-Klepper-Plakette
1963 Ernst-Reuter-Preis
1970 Georg-Mackensen-Preis
1980 GEDOK-Literaturpreis
1980 Carl v. Ossietzky-Medaille
1981 Prof. e. h.
1981 Gerrit-Engelke-Preis
1983 Buchpreis des Deutschen Verbandes Evangelischer Büchereien.
Ab 1965 Vorsitzende des Schutzverbandes deutscher Schriftsteller, Berlin. 1969 Mitbegründerin des Verbandes deutscher Schriftsteller VS. Bis 1980 stellvertretende Bundesvorsitzende, dann Amtsniederlegung. Seit 1964 Mitglied des PEN-Zentrums der Bundesrepublik Deutschland. Seit 1966 im Präsidium des PEN-Zentrums der Bundesrepublik Deutschland. Seit 1974 im Gründungspräsidium der Neuen Gesellschaft für Literatur NGL e.V., Berlin, Amtsniederlegung 1980. In den frühen 60er Jahren Vorsitzende der GEDOK Berlin. Bis 1977 zur Amtsniederlegung Bundesfachbeirätin für Literatur der GEDOK. Abschiedsgabe: die Ausstellung *Frauen in der deutschsprachigen Literatur seit 1945*. Sie starb im November 1986 in ihrer Heimatstadt Berlin.

Veröffentlichungen *Bettina von Arnim – Romantik Revolution Utopie*. Biographie. TB München 1969 und 1978, Nachauflagen ■ *Die Literatur und ihre Medien*. Essays. Hrg. und Mitarbeit. Köln/Düsseldorf 1972 ■ *Wuppertal – Portrait der Stadt*. Essay. Wuppertal 1973 ■ *Wer verteidigt Katrin Lambert?* Roman. Stuttgart 1974, Nachauflage Fischer TB Frankfurt 1976, Neuauflage Düsseldorf 1978 ■ *Das Hochhaus*. Roman. Stuttgart 1975, Neuauflage Düsseldorf 1978, Nachauflagen TB 1979 ■ *Der eine der andere.* Erzählung. Stuttgart 1976, Neuauflage Düsseldorf 1978, TB 1981 ■ *Die Samtvorhänge...* Drewitz-Reader. Siebenstern TB, Gütersloh 1978 ■ *Gestern war Heute – Hundert Jahre Gegenwart.* Roman. Düsseldorf 1978, Neuauflagen 1979 und 1980, TB ■ *Hoffnungsgeschichten.* Hrg. Gütersloh 1979 ■ *Schatten im Kalk – Lyrik und Prosa aus dem Knast.* Hrg. Stuttgart 1979 ■ *Mit Sätzen Mauern eindrücken – Briefwechsel mit einem Strafgefangenen.* (Drewitz/Buchacker). Düsseldorf 1979 ■ *Märkische Sagen.* Hrg. und Einführung, Köln/Düsseldorf 1979 ■ *Mut zur Meinung.* Hrg. und Mitarbeit zus. mit W. Eilers. Frankfurt TB 1980 ■ *Strauß ohne Kreide.* Hrg. Rowohlt TB, Reinbek 1980 ■ *Zeitverdichtung.* Essays, Kritiken, Portraits. Wien, München, Zürich 1980 ■ *Die zerstörte Kontinuität.* Exilliteratur und Literatur des Widerstandes. Wien, München, Zürich 1981 ■ *Kurz vor 1984.* Polit. Reden u. Aufsätze. Stuttgart 1981 ■ *Eis auf der Elbe.* Roman. Düsseldorf 1982 ■ *Schrittweise Erkundung der Welt.* Reiseberichte. Wien, München, Zürich 1982 ■ *Unter meiner Zeitlupe.* Wien 1984 ■ *Hinterm Fenster die Stadt.* Aus einem Familienalbum. Claassen, Düsseldorf 1985 ■ *Eingeschlossen.* Roman. Ebd. 1986 ■ Außerdem zahlreiche Hörspiele und Filme. Mitarbeit an vielen Zeitschriften des In- und Auslandes.

Deine Stadt – Meine Stadt

Du zweifelst längst nicht mehr, daß du mit der Stadt zu tun hast und die Stadt mit dir. Bist ihren wechselnden Szenerien und Szenen nicht entkommen. Hast sie manchmal gehaßt, wie du schon als Kind die schwarzgeteerten Hintern der Häuser gehaßt hast oder die Kohlenplätze mit den schiefen Bretterzäunen und dem breiigen Grus, der an den Sohlen klebte, oder die Müllplätze mit den verschmutzten Matratzen und dem rostigen Blech und dem bloßliegenden Gedärm alter Kühlschränke, Sofas, Autos und Waschmaschinen, zwischen denen Brennesseln und wilde Kamille wuchsen. Hast die falschen Helden gehaßt und die Große-Worte-Macher, die Karriere-Macher, Katzbuckler, Jobber und Schwafler. Aber die bunte Wäsche vor den Küchenfenstern in den Höfen, die überheizten Buden auf den Kohleplätzen, die Henkelmänner der Lastträger, die Asternbeete neben den Müllplätzen, die sauber gestrichenen Fenster der Lauben haben dem Haß die Schärfe genommen. Das Rot der Kiefern im Grunewald und Tegeler Forst sommerabends, die steinernen Ufer der Spree, die strengen Silhouetten der Baukräne, das Gelächter in den Kneipen, die flinke Eleganz der Mädchen, die kühn dekorierten Schaufenster, der hohe wasserblaue oder fischige Himmel, der trockne Witz der Omnibusschaffner und die gelassene Heiterkeit der jungen Mütter haben dich immer wieder verführt, diese deine Stadt zu lieben, den Geschichten, die sie dir erzählt, nachzuhängen. Deine Geschichten mit ihren Geschichten zu verknüpfen.

Du weißt doch, ihr fuhrt mit der Straßenbahn zum Dönhoffplatz, sie ließen dich noch nicht von der Hand. Ihr gingt zur Stallschreiberstraße. Unvergeßlicher Name. Die Straße ist fremd geworden. Dort war die Großmutter aufgewachsen, dort hatte der Urgroßvater aus Polen, der's zum Werkmeister bei Loewe brachte, seine Petroleumlampe noch nachts brennen, denn er zeichnete und bastelte nach der Fabrikarbeit abends (da gab es noch keinen Achtstundentag!), wollte das Perpetuum mobile erfinden, Narrentraum, über dem er hinstarb. Dort war der Großonkel Paul aufgewachsen, den sie aufs Luisenstädtische Gymnasium schickten, der sich in London und Paris mit Stundengeben durchschlug und mit den unruhigen Köpfen der neunziger Jahre zusammenkam und in Moskau und Petersburg in die Aufstände des vorrevolutionären Jahrzehnts geriet und, noch nicht vierzigjährig, trotz Doktorhut und Leutnantspatent eine Anarchistenseele, an Tuberkulose starb. Wie oft hat die Urgroßmutter von ihm erzählt, holte die Geschenke des Sohnes aus den so fremden Städten aus der Vitrine und ließ dich behutsam darüber streichen, schwarze, bemalte Kästchen aus Rußland, aus England ein Barometer und aus Paris eine Uhr. Erzählte auch von der Oder, wo sie her war, von ihrem Vater, der bei Treibeis ertrunken war, als er einen Jungen hatte retten wollen; vom Krieg 70/71, von Notzeiten, nassen Wohnungen; und nahm die braunen ovalen Fotos von der Wand, Zuwandrer, junge Arbeiter sie alle, die nach Berlin gekommen waren mit einem Bündel auf dem Rücken und einer großen Hoffnung, die in Gesangvereinen ihre Jahresfeste feierten, Bälle, Hochzeiten und die Landpartien nach Wilmersdorf, nach Friedrichshagen. Vergiß nicht, Kind...

Nein, ich habe das nicht vergessen, auch die Straße am Circus nicht, wo die Großmutter väterlicherseits wohnte, die dunkle Nische und den Blick zum Schiffbauerdamm, wenn man sich aus dem Fenster beugte. Und ihren Gastod nicht, weil ihre Träume auf der Weidendammer Brücke nicht zu Ende zu träumen waren und ihre Phantasie die Wirklichkeit verfehlt hatte. Weil einer Wohlfahrtsempfängerin niemand mehr hinter hersieht.

Herkünfte. Keine Adelsprädikate. Kein Stammbaum einer bürgerlichen Familie, der Sicherheit gibt, Geschichten von Phantasten und Querköpfen und fleißigen Leuten, von der Stadt geprägte und verschlissene Leben. Meine Urgroßmutter war stolz, daß sie den alten Kaiser gesehen hatte. Mein Großvater war Armenpfleger in Moabit. Mein Vater kam spät, erst als Sechziger, dazu, seinen Transformator in der Transformatorenfabrik Karl Liebknecht in Oberschöneweide zu bauen. Das Foto zeigt ihn neben dem Dinosaurier, der zur Leipziger Messe verladen wird. Er hat immer geglaubt, daß mit der Elektrizität das Licht in jeden Winkel der Welt kommen und das Glück bringen müsse. Meiner Mutter war der energische, leichte Anschlag und das Repertoire von der frühen Hoffnung auf eine Pianistenlaufbahn geblieben. Beethoven, Schubert, Chopin, Liszt, auch Schumann, Busoni. Sie hatte einmal in der Philharmonie gespielt und versuchte nun, uns Kindern die Läufe beizubringen auf den gelben Tasten des alten Klaviers. Nie wurde ihr Wunsch, einen Flügel zu besitzen, erfüllt. Und wo hätte er auch stehen sollen in den Zimmern, in denen wir Kinder unsere Schlafstätten hatten? Sie hatte ihre Freunde verabschieden müssen, die alten Levis, die jungen Levis, die alten Wolffs, die jungen Wolffs, die Baums, die Goldschmidts. Und nach dem Krieg kam keine Antwort mehr. Sie war noch zu den Wohnungen gegangen. Sie verstand es nicht. Für sie habe ich die Szenen in der Frauenbaracke geschrieben. Sie hat die Aufführung nicht mehr gesehen.

Gefährdete Wörter, bestechliche Erinnerungen, die sich überlagern, wiederholen, verändern.

Wann war das, die Stadt hinterm Fenster? Dieser Augenblick wie eine Umarmung? Patinakuppeln im Frühlingslicht, die klebrigen Knospen im Kastanienwäldchen, der herrliche Fries des Zeughauses, die klaren Fassaden und das gebändigte preußische Barock der Palais, die klassizistischen Auffahrten und märkischen Altantreppen? Der Augenblick, in dem ich meine Stadt dachte, fühlte? Gilly, Schinkel, die Stadt, in der die Ratio die Träume geformt hat. In der der alte Schelling zum Schwätzer wurde, in der die Revolutionen gedacht und vorbereitet wurden und scheiterten. Moabit und der Beusselberg, Oberschöneweide und die braunen Vorstadthäuser der Wilhelminenhofstraße, als Kinder haben wir Himmel und Hölle auf dem Pflaster gespielt – und später? Später? Die böse Euphorie der Feuernächte, die Plünderungen, die Menschenschlangen, die Menschenschlachten, die Sightseeing-Pracht. Und mitten im Trubel ein alter Mann mit einer Mundharmonika, schnell weggewaschenes Blut der täglichen Verkehrsopfer und Selbstmörder. Und irgendwo der Balkon, zu dem ich – wie oft – zurückgewinkt habe, bis er an der Ecke außer Sicht kam ...

Und da ist das Foto von der Wattwanderung dazwischengeraten, wo Licht hineingekommen ist. Hat nichts mit der Stadt zu tun. Ein Augenblick, den sie nie schenkt: losgelöst aus der Wirklichkeit, so ein Augenblick ohne Weißt-du-noch.

Weißt du noch. Die Erleichterung des Benennens. Der harte Trost der Genauigkeit, die die bestechlichen Erinnerungen auseinanderhält. Schreiben. Leben und Schreiben in meiner Stadt.

Aus: Hinterm Fenster die Stadt.
Aus einem Familienalbum.
Claassen, Düsseldorf 1985

Barbara Frischmuth ■ **GEDOK-Literaturpreis 1983**

© Photo: Renate von Mangoldt, Berlin

Vita Barbara Frischmuth, geboren 1941 in Altaussee, Steiermark. Studium der Sprachen Türkisch und Ungarisch am Dolmetsch-Institut der Universität Graz, in Erzurum und Debrecen. Von 1964–1967 Orientalistikstudium in Wien. Von da an freie Schriftstellerin und Übersetzerin, lebt seit 1977 wieder in Wien.

Auszeichnungen: Österreichischer Förderungspreis für Kinder- und Jugendbücher 1972, Literaturpreis des Landes Steiermark 1973, Anton-Wildgans-Preis 1974, Förderungspreis der Stadt Wien 1975, Förderungsgabe des Kulturkreises der deutschen Industrie 1975, Ehrenliste des Hans-Christian-Andersen-Preises 1975, Sandoz-Preis für Literatur 1977, Literaturpreis der Stadt Wien 1979, GEDOK-Literaturpreis 1983.

Veröffentlichungen *Die Klosterschule.* (Frankfurt 1968), Residenz 1978 ■ *Amoralische Kinderklapper* (Frankfurt 1969). Ebd. 1984 ■ *Tage und Jahre.* Sätze zur Situation. Ebd. 1971 ■ *Rückkehr zum vorläufigen Ausgangspunkt.* Erzählungen. Ebd. 1973 ■ *Haschen nach Wind.* Erzählungen. Ebd. 1974 ■ *Die Mystifikation der Sophie Silber.* Roman. Ebd. 1976 und 1984 ■ *Amy oder die Metamorphose.* Roman. Ebd. 1978 ■ *Kai und die Liebe zu den Modellen.* Roman. Ebd. 1979 ■ *Bindungen.* Erzählung. Ebd. 1980 ■ *Die Ferienfamilie.* Jugendbuch. Ebd. 1981 ■ *Die Frau im Mond.* Roman. Ebd. 1982 ■ *Traumgrenze.* Erzählungen. Ebd. 1983 ■ *Kopftänzer.* Roman. Ebd. 1984 ■ *Herrin der Tiere.* Erzählung. Ebd. 1986 ■ *Über die Verhältnisse.* Roman. Ebd. 1987

Auf mich kannst du dich verlassen

Noch bevor er die Augen aufmachte, hörte er, daß es regnete.

Der Vorhang war ein wenig zur Seite geschoben, er sah nach seinen Zehen und hob den Kopf. Das Dracula-Gebiß lag im Wasserglas und die Spritzpistole unter dem Kopfpolster.

Ob sie noch da war?

Er versuchte so angestrengt etwas zu hören, das wie Schritte oder die unvermeidlichen Handgriffe klang, daß er zu atmen vergaß und sich verkutzte.

Und da war plötzlich wieder dieses grauenhafte Geräusch aus dem Heizkörper, so als gäben die einander Zeichen, in einer geheimen, bedrohlichen Sprache, unverschämt laut, weil er es ohnehin nicht verstehen konnte. Und dazu rülpsten sie noch und schmatzten, jawohl, es war ein Rülpsen und ein Schmatzen, und kein Mensch konnte es ihnen verbieten. Und sie taten überhaupt, als hätten sie ihn und alles andere in der Hand. Er hatte es ihr schon zu sagen versucht, aber sie lachte nur darüber. Und wenn sie da war, klangen die ganz anders, harmlos und fast natürlich. Und immer wieder ließ sie sich täuschen.

Sie war also nicht mehr da. Es sei denn, sie hätte sich versteckt, stände regungslos hinter der Schranktür, um ihn zu erschrecken, wenn er auf der Suche nach ihr ganz nahe an den Schrank herangekommen wäre, und ihn abzuküssen, wenn er wirklich erschrocken war. Aber das spielten sie schon lange nicht mehr.

Da war auch ein Zettel, den sie an die Tür gesteckt hatte. Die Buchstaben übergroß und doch anders als in dem Buch, wo sie so schön gleichmäßig gedruckt waren. Er schaute gleich wieder weg. Sicher waren die Buchstaben einer anders als der andere. Sie konnte ihm doch sagen, was sie ihm sagen wollte. Und wenn er sich nun verlas und ganz etwas anderes machte, als auf dem Zettel stand, wer war dann schuld? Oder wenn der Zettel gar nicht von ihr war? Wenn einer von denen aus der Heizung gekrochen war, während er noch geschlafen hatte? Wenn er mit ihrem Namen unterschrieben hatte, so daß er gar nicht wissen konnte, ob sie es war, die etwas von ihm wollte, oder die da drinnen? Wenn sie ihm zum Beispiel aufgeschrieben hatten, er solle ruhig mit zwei Stricknadeln gleichzeitig in die Löcher der Steckdose hineinstechen?

Er würde einen Bogen um den Zettel machen. Selbst wenn ihm die Buchstaben zuwinkten und sich ganz von selber zu Wörtern zusammenstellten. Er wollte gar nicht wissen, wie sie hießen. Was konnte schon groß draufstehen, wenn sie den Zettel geschrieben hatte?

Ich komme zu Mittag wieder. Oder: Geh nicht aus der Wohnung! Laß niemanden ins Haus! Stell nichts an! Spiel und denk an mich! Immer dasselbe. Aber wenn einer von denen den Zettel geschrieben hatte, war es am besten, gar nicht erst hinzusehen.

Sie hatte gesagt, sie müsse arbeiten, damit sie etwas zu essen hätten. Er brauchte doch gar nichts zu essen. Und schon gar kein Brot mit Hagebuttenmarmelade. Der Pfefferminztee schmeckte ihm auch nicht. Wozu also ging sie aus dem Haus? Arbeiten konnte sie doch auch, wenn er in der Schule war.

Er holte sich ein großes Glas mit Essiggurken aus dem Kühlschrank, ging damit in ihr Zimmer und drehte den Fernseher an. Aber da war nur das Suchbild. Er legte sich in ihr Bett und aß eine Gurke. Dabei machte er die Decke mit der Marinade, die aus dem Glas schwappte, naß. Er sammelte die Senfkörner und warf sie wieder ins Glas, die Decke würde von alleine trocknen.

Anziehen, hörte er eine Stimme in seinem Kopf oder ganz nah an seinem Kopf sagen. Er zuckte. Wer hatte da »anziehen« gesagt? Und wozu? Wozu sollte er sich anziehen, wenn ohnehin niemand da war? Er würde, bis sie wiederkam, im Pyjama bleiben. Sie sollte sehen, daß es keinen Sinn hatte sich anzuziehen, wenn ohnehin niemand da war. Und was überhaupt sollte er anziehen, bitteschön? Sie hatte ihm nicht einmal etwas hingelegt. Also gut, dann würde er anziehen, was er wollte, und dann konnte sie sagen, was sie wollte, von wegen Regen und kühl. Er würde sich ganz bestimmt nicht mehr umziehen.

Da war jemand an der Tür. Gerade hatte er noch Schritte gehört. Jetzt war alles still. Da war jemand an der Wohnungstür und horchte, ob er sich bewegte. Ob er da war. Ob er allein hier drinnen war. Ob er vielleicht noch schlief und gar nichts merken würde. Was nicht merken würde? Ihm war heiß, und er getraute sich nicht, das Gurkenglas in die Küche zu tragen.

Er könnte sie anrufen. Natürlich könnte er sie anrufen. Sie würde fragen: Ist etwas passiert? Und er würde sagen: Nein, noch nicht. Und sie würde sagen: Aber was soll denn passieren, um Gottes willen? Und dann: Mach es mir nicht so schwer! Und: Zu Mittag komme ich wieder.

Plötzlich redete jemand auf dem Gang. Er konnte mehrere Stimmen unterscheiden. Sie sprachen miteinander, lachten, und er hörte, wie ihre Schritte sich entfernten.

Er stellte sich den Stuhl ans geschlossene Fenster und schaute auf die Straße hinunter. Er konnte förmlich das

Zischen des Wassers hören, wie es unter den Autoreifen hervorspritzte, obgleich das alles sehr viel weiter unten geschah.

Wo kommst du denn her, sagte er, als er plötzlich den alten Plüschhasen auf seinem Arm sitzen sah. Er drückte ihn fest an sich. Lieber, lieber Lolo, wo hast du nur gesteckt? In ihrem Bett, na klar, wo denn sonst? Und ich hab dich die ganze Zeit gesucht. Und wie ich dich gesucht habe. Ich hab gesucht und gerufen und gerufen und gesucht.

Den Hasen zwischen den Zähnen, kroch er auf allen vieren in sein Zimmer zurück. Der Zettel erschien nicht in seinem Blickfeld. Sie sagt, daß ich schon lesen kann. Ich will gar nicht lesen. Ich will gar nicht wissen, was sie mir aufgeschrieben hat. Sie oder die anderen.

Ein scharfer, hallender Ton drang aus dem Heizkörper. Er fuhr zusammen und wartete darauf, daß endlich etwas geschah. Irgendwann mußten sie sich zeigen. Einmal mußte sich doch herausstellen, was sie wollten. Warum sie einander diese Zeichen gaben. Oder warum sie ihm diese Zeichen gaben, die er nicht verstand. Die Pistole war jedenfalls noch da.

Lange geschah nichts. Den Ellbogen auf den Hasen gestützt, richtete er sich langsam auf und griff sich mit der anderen Hand ein Auto. Er erschrak vor seiner eigenen Stimme, als sie wie ein Motor zu brummen begann, ließ sich aber nicht beirren und fuhr mit dem Autor in einem Halbkreis um seinen Arm und den Hasen herum. Und als er das mehrmals getan hatte, griff er sich noch ein zweites Auto und überfuhr das erste Auto, und es knallte ganz laut, als die beiden Autos aufeinanderstießen.

Noch einmal, sagte er laut zu dem Hasen, dem er mit seinem Ellbogen den Bauch quetschte. Diesmal war der Aufprall so groß, daß der zweite Wagen davon unter den Tisch geschleudert wurde.

Da läutete das Telefon. Ihm war, als bekäme er eine Gänsehaut in den Ohren, und er hielt sich die Hände vor. Es läutete. Jemand wollte wohl herausfinden, ob er alleine war. Und wenn er alleine war, dann würde man ihn holen kommen. Er wollte aber nicht geholt werden. Er wollte auf sie warten. Sie würde ganz sicher wiederkommen, das hatte sie gesagt, und so würde es auch sein. Er wollte von niemandem gefragt werden, wie oft und wie lange er so allein sei. Es läutete. Und wenn sie es war? Wenn sie ihn anrief? Er ließ es läuten. Wenn er nicht ans Telefon ging, würde sie glauben, ihm sei schlecht oder er sei krank geworden. Und dann würde sie früher kommen. Sie würde alles liegen und stehen lassen und zu ihm kommen. Also ließ er es läuten, bis es von selber aufhörte.

Lolo, sagte er, bleib schön da sitzen. Ich bin bald wieder da. Ich geh nur rüber und schau, ob das Fernsehen schon angefangen hat.

Während er aufstand, fiel sein Blick auf den Zettel, und bevor er noch den Kopf zur Seite drehen konnte, war ihm, als hätte er seinen Namen auf dem Zettel gesehen, ohne daß er ihn wirklich gelesen hatte.

Mit Fernsehen würde die Zeit rasch vergehen, und er merkte vielleicht gar nicht, wann sie wiederkam. Sie würde einfach in der Tür stehen und sagen, er solle den Fernseher abdrehen, ohne daß er sie auch nur kommen gehört hätte.

Ich komm ja sofort, rief er dem Hasen zu. Ich will nur schauen, ob schon etwas läuft. Ja, rief er, als hätte ihn jemand gerufen.

Gleich, sagte er, ich hol dich ja schon. Auf mich kannst du dich verlassen.

Aus: Traumgrenze.
Residenz-Verlag 1983

Eva Zeller ■ GEDOK-Literaturpreis 1986

© Photo: Friederike Hentschel, Heidelberg

Vita 1923 Eva Zeller in Eberswalde geboren. 1941 Abitur in Droyssig bei Zeitz. 1941–45 Studium der Germanistik und Philosophie in Greifswald, Marburg und Berlin. 1948/49 Fortsetzung und Abschluß des Studiums in Greifswald. 1950 Heirat, vier Kinder. 1956–62 mit der Familie in Südwestafrika gelebt. 1962 Rückkehr nach Europa: Düsseldorf, Villingen, seit 1080 Heidelberg.

Mitgliedschaften und Preise: Mitglied des PEN-Zentrums der Bundesrepublik Deutschland, ordentliches Mitglied der Deutschen Akademie für Sprache und Dichtung und der Akademie der Wissenschaften und der Literatur zu Mainz. Georg-Mackensen-Literaturpreis, Droste-Preis, Ehrengabe zum Gryphius-Preis, GEDOK-Literaturpreis, Gastdozentur für Poetik an der Universität Mainz, Sommersemester 1987.

Veröffentlichungen *Der Sprung über den Schatten.* Roman. Deutsche Verlagsanstalt, Stuttgart 1967 ■ *Lampenfieber.* Roman. Ebd. 1970 ■ *Die Hauptfrau.* Roman. Ebd. 1977 ■ *Solange ich denken kann.* Roman. Ebd. 1981 ■ *Nein und Amen.* Roman. Ebd. 1986 ■ *Die magische Rechnung.* Erzählungen. Ebd. 1965 ■ *Ein Morgen Ende Mai.* Erzählungen. Ebd. 1973 ■ *Der Turmbau.* Erzählungen. Ebd. 1975 ■ *Tod der Singschwäne.* Erzählungen. Ebd. 1983 ■ *Sage und schreibe.* Gedichte. Ebd. 1968 ■ *Fliehkraft.* Gedichte. Ebd. 1971 ■ *Auf dem Wasser gehn.* Gedichte. Ebd. 1980 ■ *Stellprobe.* Gedichte. Ebd. 1989

Wo wenn nicht hier

Die Kirche im Dorf gelassen, ihren Turm mit den Glokken, in Feuersbrünsten geschmolzenen, in Kriegen heruntergehievten, bekränzten, zu spendenden, ein- und ausgeläuteten, aus- und eingesegneten, wiedermal eingeweihten vier Glocken; beim Aufschwingen sieht man in den Schallfenstern ihre Klöppel.

Der Turm mit der Blitzspur. Die Tür in den schweren Angeln. Über den beim vielen Herabziehen immer tiefer eingetretenen Steinen hängen die Glockenseile. Nie durftest du läuten oder die Bälge treten. Es riecht nach zerschlissenen Fahnen: Das Licht fällt aus großer Höhe, das »vom unerschöpften Lichte«, mußt du denken, von dem geschrieben steht, es gehe über uns auf, aber auch, daß niemand hinzutreten könne, denn ER wohne darin. Schon hier meldet das Wort sich zu Wort, bloß weil draußen die Sonne scheint.

Du stehst auf Gedächtnissteinen. Wie haben sie alle geheißen: Tympius, Laurentius, Schwechtius. Mache dich leicht und geh über Grüfte, klaftertiefe, verschüttete, denn hier steht Kirche auf Kirche, Särge auf Särgen, Gebein auf Gebeinen, »grünenden« ist zu entziffern, »abgelegt« hießen die Leiber; gotisches Gemenge unter dir, Schädel bei Schädel.

Über dir flache Bögen. Da hingen manchmal Girlanden. Der schöne Kanzellauf, sich daran festzuhalten. Jetzt wird das Licht bunt und nimmt Platz auf den Bänken. Setz die Gemeinde dazu, Männer, die Hüte auf Knien, Frauen mit Sonntagsgesichtern, für den Lichtertanz Schleier vor Augen; und ein Kind, großer Gott, im Mantel mit Krimmerkragen, das blühende Leben; ein Gesicht, wie es hätte aussehen können, bis heute, unterm Pony Blinzelaugen, vom Magnesiumblitz zugekniffen, die Nase, die Atemzüge wie obenhin entworfen; die Lippen dagegen entschlossen, als summten sie oder spitzten sich gleich zum Pfiff. Die Maskenbildnerin Zeit hat das Ihre gründlich getan, den Kindermund wiedererkennen hieße den Singsang hören, die Lieder, die Schwindligmacher, die buntbeschienenen Worte »und nimm dein Küchlein ein«. Wir lernen nur, was wir wissen, verschlingen reimt sich auf singen, Sonne reimt sich auf Wonne, und Macht, die reimt sich auf Nacht.

Jetzt geht es erst los. Jeder rückt sich zurecht. Da predigt keiner wie Petrus, da betet keiner wie Paulus, aber er sagt geradeheraus: Bleibt nicht auf euren vier Buchstaben sitzen, fragt lieber, wo die Goldblatts geblieben sind. Er sagt: Bildet euch keine Schwachheiten ein und sprecht, ich kenne die Menschen nicht. Dann nimmt er den Mund sehr voll: »Füße zu Hirschfüßen machen, Trauerkleider lösen«, und so, Worte im Orgelton, atemberaubend.

Keiner klatscht, keiner buht. Hier gähnt man nur durch die Nase. Tünche fällt von den Wänden. Das Licht ist weitergewandert und zählt die Orgelpfeifen. Der rosa Schatten eines schwarzen Buches. Die Glasfenster sind neu. Die vorigen, bleigefaßten, hat vielleicht der Grass'sche Oskar zerschrieen. Das alte Blau ist nie mehr zu ermischen. Die Tote neben dir seufzt, das Haar streng vom Ohr gebürstet, als horche sie auf ein Flüstern. Von Mutterleib und Kindesbeinen an fallen genau beim ersten Wort des Vaterunser die Glocken ein und hallen im Amen nach. Amen, das ist, es werde wahr.

Wenig Abwechslung seit tausend Jahren, nur daß die Welt untergeht, nur daß Worte mit Schaum vorm Mund sagen, sie sei nie schöner gewesen. Will da etwa einer widersprechen? Ein Schwarzrock gar? Seine Arme heben sich zum Segen und wollen mit ihm davon. Wer mit Engeln ringt, geht hinkend daraus hervor. Der geschnitzte Kanzellauf führt die zitternde Hand über Kröten- und Eidechsenrücken, Finsternis und Licht, die einander bekämpfen, im Jahre des Herrn einundvierzig zum Beispiel.

Ein direkter Weg, dieser Mittelgang, zu einem Ziel, das der Kopf noch nicht kannte. Sandsteinplatten, ausgetreten von soviel blindem Vertrauen. Durch die Fensterrippen, die sich langsam verschieben, folgt dir dein Schatten, dreht den Kopf, wenn du den Kopf verdrehst, taumelt, wenn du taumelst, als sei das auch eine Art zu gehen, bleibt stehn, wenn du stehenbleibst, dich am Gestühl mit dem geschnitzten A und O zu halten. Ein Schatten vom Schlage deines Schattens stellt sich auf Zehenspitzen vor eine freigelegte Inschrift aus dem Dreißigjährigen Krieg, die man unter zwölf Malerschichten beim Putzabhauen fand: »Abgebrannt bis zum Chor, von der Glut schmolzen die Glocken Kyrieeleis, Christeeleis«.

Auch hat der Blitz mal in den Turm geschlagen. Der Dreißigjährige und andere Kriege. Unser Ungemach, das beseufzte. Verlorene Söhne, Schafe, Groschen. Die Perlen, die Säue, das Otterngezücht. Nie hat's an Tränenbrot gemangelt. Der gußeiserne Riesenofen hat immer Funken gesprüht, und das ganz vergeblich, bei der Epistel bereits hatte man kalte Füße: »Gebenedeit sei, den auch die Engel gelüstet zu schauen.« Die Sprache ist alt geworden und redet hier mit sich selbst.

Die Winkel im bekannten Maß. Dieselbe Palette des Lichts. Die halbrunde Apsis wirft das Echo zurück: Wer da? Die drei flachen Stufen zum Knien. Nur ein Tisch, unberührt, kein herrlicher Flügelaltar. Das Antependium einfältig bunt gestickt, ein reifes, goldenes Feld mit Mohn und Rade, und einer rauft die Ähren. Das Bild könnte heute für Vollwertkost werben. Verkneif dir das Lachen. Bist du denn noch zu retten. Vertrocknete lila Astern, vertropfte Kerzen; in der Mitte auf violettem Samt diese schwere Stunde, ein bleierner Corpus, die vier Nägelmale, das Holz; rein gar nichts für Kirchenräuber.

Brautpaare nach dem Jawort gingen einmal um den Altar herum. Lehnt hier noch das Pusterohr zum Ausblasen der Weihnachtsbaumlichter, der Klingelbeutel an der langen Stange, der Bronzeluther in der Mauernische oder ganz und gar der nickende Neger, in den die Jungs Hosenknöpfe warfen?

Was Wert hat, gehört hinter Schloß und Riegel: Kelch, aber niemanden dürstet; Teller aus lauterem Silber, wen aber hungert's? Dir liegt auf der Zunge zu sagen: mich dürstet, mich hungert's wahrlich zum Gotterbarmen. Einer, der auszog, den Anfang wiederzufinden, und sei er so groß wie ein Senfkorn, Sauerteig, untergeknetet, ein Yota, ein Strichlein nur unter zwölf Malerschichten.

Jetzt wird es schon dunkel. Das Licht wirft sich in den Talar. Lasset uns beten. Alles erhebt sich, der Hut an die Lippen, das Glockengut aus der Asche, der Wind in den Bälgen, die Arme zum Segen, die Glucke »die Flügel beide... o meine Freude«. Den Namen auszusprechen bringst du wohl nicht übers Herz, als gehöre er nicht in fertige Sätze, in lateinische Inschriften, auf Grab- und Gedächtnissteine, zwischen Ähren und Mohn gestickt, als sei er ein Name, der umherläuft und jedem erzählt, der's hören will oder nicht: »Seht meine Hände und Füße.« So penetrant fleischgeworden redet und lockt er.

Dreh dich nicht um. Da sitzen drei alte Weiblein. Das erste ist schon gestorben, das zweite kennt dich nicht mehr, das dritte singt die alten Lieder eine Oktave tiefer. Oder die Kirche ist voll, weil Weihnachten ist und jeder schaun will, den auch die Engel gelüstet zu schauen. Die tausend Zungen, die du gern gehabt hättest, strecken sich dir entgegen. Hier hast du doch nichts verloren. Aber wo, wenn nicht hier, hat dein Herz schlagen gelernt. Das hattest du fast vergessen. Du bist schon dein eigener Schädel, ein Name im Taufregister, einer in Abkündigungen, abgelegt, wie es auf Grabsteinen heißt; was sage ich, bestenfalls bist du dein Abklatsch von vor fünfzig Jahren, ein bißchen älter geworden. Und sonst? Weit herumgekommen, allmächtige Güte, bis ans äußerste Meer, auf Flügeln der Morgenröte gewissermaßen. Mein Ungeschick läßt grüßen. Und sonst? Mit deiner Angst herumgeschlagen. Wer da? Das Echo sagt: Hier hast du doch nichts verloren, jedenfalls nichts als Worte, wie Wasser weitergereicht in Eimern, Ketten gebildet und weitergereicht, den Weltenbrand damit zu löschen, deinen Durst und den Hunger. O heilige Einfalt, bist du denn noch zu retten.

Ich weiß, ich weiß, aber mein besseres Wissen, mein bestes?

unveröffentlicht

Brigitte Kronauer ■ GEDOK-Literaturpreis 1989

© Photo: Werner Nitsch, Hamburg

Vita Geboren 1940 in Essen. Lebt in Hamburg. Kindheit in Münster, Österreich, Bochum und Aachen; dort 1960 Abitur. Studium in Köln und Aachen. Bis 1971 Lehrerin, zunächst in Aachen, dann in Göttingen. Ab 1971 freie Schriftstellerin. In den 70er Jahren Aufsätze und Erzählungen in Zeitschriften der Alternativpresse und Anthologien.

Veröffentlichungen *Der unvermeidliche Gang der Dinge.* 1974 ■ *Die Revolution der Nachahmung.* 1975 ■ *Vom Umgang mit der Natur.* 1977 ■ *Frau Mühlbeck im Gehäus.* Klett-Cotta, Stuttgart 1980 ■ *Die gemusterte Nacht.* Ebd. 1981 ■ *Rita Münster.* Ebd. 1983 ■ *Berittener Bogenschütze.* Ebd. 1986 ■ *Aufsätze zur Literatur.* Ebd. 1987

Seine Füße sah er immer einen Moment lang über der unverletzten Schneedecke schweben. Die Jahreszeiten weckten die Sehnsucht nach einer einzigen als dem Kern, dem Auge, dem Herzen ihrer Anspielung. Die ganze Welt konnte sich verdeutlichen in diesem einen, Giselas Gesicht, und nahm in ihm die schärfste, die wirklichste Gestalt an. Dann sank der Schuh in die nachgiebige Flockenschicht ein. Jeder seiner Schritte würde diesmal hinter ihm sichtbar werden. Im Herbst reichte den Gebüschen ein letztes Licht, um im beinahe Finstern noch zu schwelen. Früher hatte er öfter gedacht: Die prächtigen Bäume erwarten den ganzen Tag über zuversichtlich etwas, erst beim Einfall der Dämmerung stehen sie plötzlich entmutigt umher. Noch immer geschmückt, aber die Feier, so erwies es sich als unabänderlich für sie, fiel aus. Wie vergeblich herausgeputzte Gäste eines abgesagten Festes trieben sie jeder für sich etwas, das er als regungsloses Haareausraufen empfunden hatte. Es war anders: Jedes Jahr, und in diesem Abschnitt Tag für Tag, nahmen die Bäume das Bild eines Äußersten an, wurden zum eingewöhnenden Hinweis auf eine endgültige Unbeweglichkeit. Er sah die sacht, sacht zur Kraft anschwellende Verklärung der riesigen Bäume einem westlichen Himmel gegenüber, im Licht der tiefen Sonne und im eigenen, doppelt leuchtend. Ein im allgemeinen Erlöschen aufglühender, anderer, minutenlanger Tag, sich blähend in den kühlen Gerüchen aus dem frostigen Laubrot und am höchsten Punkt stillhaltend. Im späten Herbst konzentrierte sich das alles, die letzten Blätter wurden wie seltene Steine ausgestellt, die sie in der Menge nicht hatten sein können. Jetzt funkelten sie als das Besondere einzeln, vom leeren Himmel umschlossen, und er sah nicht das Hinwelken der Gestalten, sondern das immer neue Erschaffen, Entwerfen von Stunde zu Stunde, kein Augenblick glich dem anderen. Er ging durch die helle Nacht, die sehr leicht am weißen Erdboden befestigt schien, ein Seidenpapierboden, an die Nacht geheftet, den sie mit sich führte durch den Raum. Schon immer war es eine unausgesprochene Belehrung gewesen, ein deutliches Zeichen, die stets neue, abwechslungsreiche Präsentation für das Auge, hochschießende Laubmassen, Fontänen aus Erz, Feuer fassend, das Innere einer Kastanie, das kammernreiche Modell eines rotgoldenen Himmelsgewölbes, auffliegendes Gold, dazu Nebelzonen, gefüllt vom aufblühenden und versinkenden Strahlen eines zum ersten Mal freigelegten Materials, Verhüllungen und Entblößungen, und wieder die Buche mit ruhigen Außenblättern, innen zitternd im eindringenden Licht. Er hatte nun das Gefühl, daß es sich um eine triumphale Rechenaufgabe handelte, und er selbst, durch den Herbst gehend, stellte unentwegt blinkende Gleichungen auf, schritt von einem aufglänzenden Lehrsatz zum nächsten, ohne auch nur einen wiederholen zu können. Er ging ganz gleichmäßig und blieb nie stehen, niemand begegnete ihm, selten hörte er ein Auto, auch die Fahrbahnen waren noch weiß. Die herbstlichen Anblicke, verschiedene Landschaften zu dieser Jahreszeit: Wörter, die man ihm im Schlaf zugeflüstert hatte, wirksame Wörter. Sie alle taten, als lägen sie an ihren Plätzen für ihn bereit, er mußte sie nur aufsuchen. Dabei wußte er, daß er sich täuschte. Oft waren die Sinne zu eng, bitter, als daß sie die Pracht des Vorgeführten hätten aufnehmen können. Man besuchte die Landschaften nicht wirklich noch einmal. Sie alle verloren nun aber zugleich ihre Anbindung, und es wurde einfach mit den Orten und der Erinnerung. Er mußte nur die Augen schließen, nein, nur weiter auf den Schnee vor sich sehen und sah sie alle, die herbstlichen Gegenden der Vergangenheit. Ein Feuer brannte durch sie hindurch, und ein Funkenregen sprang über und entflammte ihn für Sekunden. In jeder dieser flackernden Herbstlandschaften waren alle anderen, war alles ahnbare Glück gestaut, es brach auf ihn ein, und er konnte beweglich darin auf- und niedersteigen.

Das flüchtige Vorbeilaufen an den Schönheiten der Herbstmorgen war früher aus genießerischer Klugheit geschehen. Dem Zauber gegenüber durfte man nicht zu indezent werden, jetzt verstand er es besser: Entweder man hütete sich, bis auf den Grund der Gegenstände vorzustoßen oder man durchschlug ihn. So war er von einer Möglichkeit des Entzückens zu anderen, überwältigenden, gewandert. Man durfte nicht auf halber Strecke stehen bleiben, und die halbe Strecke, das war der lichtundurchlässige Boden der Dinge. Er sah vor sich hin in den manchmal stark leuchtenden Schnee unter Laternen, vor dunklen Hauseinfahrten, und empfand Gisela jetzt als Figur seines Tales. Der Hintergrund ihres Augenhebens zu Beginn dieser noch andauernden Dunkelheit war der graue Bergriegel, ihr stummes Sitzen am Küchentisch ereignete sich in seinem Tal der Dschungel, alten Mauern und Zitronengärten. Es war eingebettet für alle Zeit zwischen die Flanken, die in der Ferne dem wachenden, steinernen Vogelkopf zuliefen. Im Ausschreiten wurde er immer sicherer: Alles, alle Erinnerungen seines Lebens ließen sich in dem Tal unterbringen, verstecken, wie er wollte, und dort auch wiederfinden, es war seine Schatztruhe, seine Kinderhöhle geworden, seine Heimat, sein Gedächtnis. Ein kleiner Wind kam auf und nahm in den Büschen, den Bäumen unterschiedliche Form an. Aber Matthias Roth hielt den Blick auf die weißen Flächen gerichtet und sah den Farn wieder, die zierlichen genauen Büschel, noch eben hatte es die Abstraktion gegeben, glatt, weiß, nun war dort die erbarmende Gestalt. Bei keiner Pflanze ging es ihm wie beim Farn, daß er so plötzlich aus der Leere in die Anwesenheit sprang. Er schien in Strahlenmustern aus der Erde zu quellen und sich zugleich pfeilartig gebündelt in sie zu bohren, als Trichter und Strudel, der Farn seines Tales, und noch im größten Schatten hatte er durch raffinierte Stellung der Schwingen und Querrippen mit dem Licht zu tun, verdoppelte und halbierte es, trieb mit ihm ein mathematisches Vergnügen. Der Farnbusch war ein Herbstbaum, und alle gewaltigen Herbstbäume erschufen, nun begriff er auch das, diesen Augenblick aus der Vergangenheit neu, jeder von ihnen war Speicher für einen erhellenden Schmerz und ein Außersichsein. Jeder Herbstbaum war sein in der Tiefe des Tales lodernder Farnbusch, eine Federkrone, ein gefüllter Köcher. Der dicke Mann mit Frau und Tochter am Strand, alle drei, zum heraldischen Bild geworden, standen in Zusammenhang mit Gisela, und jenes Haus in den Bergen, das halb verfallene und zum Teil erweiterte, gehörte diesem Mann, es bestand kein Zweifel, so mußte es sein, und er freute sich darüber wie über einen guten Ausgang. Er wanderte durch den Schnee des Tales, und es war kein Schnee mehr, das Tal aber schien plötzlich abzurücken, sich zu steigern in einem Sprung. Eine Lücke klaffte zwischen ihm und Matthias Roth, obschon er sich ganz umschlossen fühlte. Er erkannte etwas über alles Verwandte ins Unendliche Fortführendes, jeder Winkel stand in unerschöpflicher Klarheit, nicht länger als Sekunden zu ertragen, er ließ es entgleiten, rutschte ab und dachte mit Begeisterung, daß eine riesige Maschine gegen ihn eingesetzt wurde in solchen Augenblicken, die ihn zerstören konnte allein durch das Dröhnen und die Turbulenz, die ihre Motoren erzeugten in absoluter Stille.

Aus: Berittener Bogenschütze.
Klett-Cotta [4]1989

Katrine von Hutten ■ GEDOK-Förderpreis 1971

Vita 1944 geboren in Lohr am Main. 1964–1967 Studium der Germanistik und Philosophie in Heidelberg, Mitarbeiterin in der Redaktion der *Lyrischen Hefte* in Heidelberg. Seit 1966 Veröffentlichung von Lyrik und Kurzprosa in Zeitungen, Zeitschriften, Anthologien und beim Rundfunk. 1967–1974 Leben als freie Autorin in Saarbrücken, Darmstadt und Hamburg. 1968 Geburt des Sohnes. 1970–1972 Fachhochschule für Design, Darmstadt (freie Grafik). 1974–1981 Leben als freie Autorin und Übersetzerin in USA, Buchübersetzungen für Rowohlt und Suhrkamp, Germanistikstudium mit dem Abschluß M. A. (Magister) an der New York University. 1981 Rückkehr nach Deutschland. Lebt als freie Autorin und Übersetzerin in München.

Auszeichnungen: 1969 Leonce-und-Lena-Preis, Darmstadt, 1971 GEDOK-Förderpreis, Hannover, 1976 Reisestipendium der Carl Duisberg Gesellschaft, 1974–1981 Die Goetheinstitute New York, Boston und München organisierten Lesereisen.

Veröffentlichungen *Im Luftschloß meines Vaters*. Arche Zürich 1983 ■ *Von Kopf bis Fuß*. Artemis 1973 ■ *Halb Zwölf*. Artemis 1974 ■ Übersetzungen: Margaret Mead, *Brombeerblüten im Winter*. Autobiographie. Die neue Frau. Rowohlt ■ Albert Innaurato, *Gemini* und *Die Verwandlung des Benno Blimpie*. Theaterstücke. Suhrkamp 1979 ■ Margaret Atwood, *Wahre Geschichten*. Gedichte (Zus. mit anderen Übersetzerinnen). Claassen 1982 ■ C. P. Taylor, *Operation Elvis*. Theaterstück. Suhrkamp 1982 ■ Carolyn Forche, *Was du gehört hast, ist die Wahrheit*. Gedichte (Zus. mit Maja Pflug). Arche 1983 ■ Edward Bond, Materialien zu *Die Frau*. Suhrkamp ■ Elizabeth Bowen, *Die ferne Stadt Kor*. Erzählungen (Zus. mit Hartmut Zahn). Klett-Cotta 1985 ■ Paul Theroux, *Dr. Slaughter*. Roman. Claassen 1985 ■ Eudora Welty, *Der purpurrote Hut*. Kurzgeschichten. Klett-Cotta 1986

Goldfische

Ich klingel an der Tür im ersten Stock. Es dauert was und ich schau mich um. Auf einer weggeklappten Nähmaschine steht ein veraltetes Aquarium mit einer Glasplatte drauf. Auf der Platte sitzen zwei Dackel aus Porzellan, mit Schnauzen und Ohren.

Ich hör die roten Klappern von Marlene. Die Tür geht auf, wir drücken uns auf der Schwelle, ich diesmal etwas steif. Ich sehe: Marlene ist wieder schön. Ihr kurzer Wollrock, ihre kurze Nase. Ihr Mund ist wie immer besonders schön.

Aber meine Gedanken sind bei den grauen Goldfischen stehen geblieben. Marlenes grauer Blick unter dem flossigen Schwung ihrer Brauen! Bestimmt denkt sie nach. Ich bin aber noch im Treppenhaus und füg mich nur scheinbar in den prallen Sessel ein, den sie, wer weiß warum, für revolutionär hält.

Und ob Marlene denkt! Sie fängt an von einem Artikel, von einem Augenzeugenbericht über einen Aufstand der Landarbeiter in Südamerika.

Die Goldfische sehen krank aus. Ein paar Schnecken müssen ins Aquarium. Ich versuch das nicht zu vergessen, kenn mich aber besser.

Marlene greift kräftig in die Luft. Acht Landarbeiter liegen erschossen im Straßengraben, erschossen auf dem Weg zum Gutsherrn, der seit Monaten keinen Lohn – Sie muß einfach helfen!

Leider geht von dieser frisch gestrichenen Wohnung aber keine Hilfe aus, das weiß sie ganz genau. Trotzdem krempelt sie beim Sprechen die Ärmel hoch und haut die Fäuste zusammen. Zu mehr sind wir leider nicht gut. Unsere Erregungen sind groß und kurz. Das hält uns zusammen.

Ich sage: Wie furchtbar. Ich werfe tönerne Worte schräg durch ihre Sätze. Es ist einfach so, daß mich dieser Aufstand jetzt nich packen kann. Die Fische brauchen frisches Wasser! Ich versuche, das nicht zu vergessen.

Ich schau Marlene an und sehe, wie ihr Mund ein Wort verschluckt. Ihre Augen rasen wie Geschosse auf mich zu, auch ihre Backen rasen irgendwie. Sie sieht herrlich aus und ich liebe sie so gut ich kann.

Ich weiß schon, daß sie spätestens bald erschossen im zweiten Sessel liegt, in ihrem Lieblingsgraben. Dann krieg ich Hagebuttentee mit Honig, und sie erzählt mir sanft von Michael.

unveröffentlicht

Ute Zydek ■ **GEDOK-Förderpreis 1980**

Vita Geboren 1941 in Myslowitz/Oberschlesien. 1945 Flucht der Familie nach Unterfranken. Oberrealschule. Lehre und Tätigkeiten als Verwaltungsangestellte und Arzthelferin in Aschaffenburg, Bad Godesberg und Bremen. 1967 Studium der Sozialarbeit in Hannover. Sozialarbeiterin in Kassel und Göttingen. In einer langen Krankheitszeit entstanden die ersten Gedichte. 1980 Förderpreis der GEDOK, 1986 Förderpreis zum Andreas-Gryphius-Preis in Düsseldorf. Seit 1979 Lektorin im Kiefel Verlag in Wuppertal.

Veröffentlichungen *Ein Haus das hab ich nicht.* Gedichte. Nachwort von Luise Rinser. Kiefel, Wuppertal 1981 ■ *Hoffnung trag ich noch immer.* Gedichte. Ebd. 1984 ■ *Herzsprünge.* Gedichte. Ebd. 1987

Hat wohl jemand eine Harfe in den Baum gehängt

Zerrissen-kaputtes Herz
ich hängs in den Birnbaum vom Nachbarn
geh herzlos umher unangreifbar
die Leut findens gut sagen na siehst du
und schütteln mir freundlich die Hand.

Nur nachts wenn ich still lieg und horche
klingts wie zerrissenes Schluchzen und ich denk
hat wohl jemand eine Harfe in den Baum gehängt
und der Wind fährt drüber da weint sie.

Aus: Ein Haus das hab ich nicht.
Kiefel 1981

Mädchen mit Flöte

(zu einem Bild von Paula Modersohn-Becker)

In Paula Modersohns Bild möcht ich steigen
und das Mädchen mit der Flöte sein
das da geht auf sichern Füßen
unbeirrbar
geht und geht
und flötet seine Melodie
geht durch den Birkenschlag
und weiter in die Welt
und flötet seine Melodie
und geht und geht
und flötet geht

hat keine Angst

Aus: Hoffnung trag ich noch immer.
Kiefel 1984

Der Besuch

Aus bleichen Feldern
bin ich heimgewandert
in mein verlorenes Exil
Du hast die eisernen
Tore geöffnet
und Gold
sprang über die Stufen

Violetten hüllt Wärme
ihre Arme um mich
Wir sitzen beisammen
Brechen der Liebe
schwarz-duftendes Brot
trinken den rubinfarben
nächtigen Wein
Die Nähe schlägt Flammen

Unsre Worte steigen
blau in die Räume
fließen farbig und rund
in des anderen Seele
Die Flügel wachsen uns
mitten im Herzen
Und Schweigen beschattet
die Glut

Aus: Herzsprünge.
Kiefel 1987

Ingeborg Görler ■ GEDOK-Förderpreis 1983

Vita Ingeborg Görler, geboren 1937 in Dessau, aufgewachsen im Harz und in Mannheim. Lehrerin im Schwarzwald, in Göttingen und an der Bergstraße. Journalistin in Mannheim und Speyer. Lehrerin in Fischbachtal/Odenwald. Übersiedlung nach Berlin. Zur Zeit als freischaffende Autorin in Brasilien. GEDOK-Förderpreisträgerin 1983.

Veröffentlichungen Erzählungen, Kurzgeschichten, Gedichte und lyrische Kurzprosa in Zeitungen und Zeitschriften, im Rundfunk und in Anthologien, u. a. ■ *Synchron*. Prosa und Poesie junger Autoren. Literarische Gesellschaft, Karlsruhe 1974. Seither Kurzprosa, Lyrik (auch portugiesisch), Beiträge in Anthologien, u. a. in ■ *Land – Frauen – Leben*. Ein Lesebuch. Hrg. Klaus Gasseleder/Susanne Zahn, Bremen 1988 ■ *So sahen sie Mannheim*. Kulturhistorische Zitatensammlung. Konrad Theiss, Aalen 1974 ■ *Brudermord*. Erzählung. Fördergabe des Georg-Mackensen-Preises 1974 ■ *Brudermord*. Drehbuch zum ZDF-Film nach der gleichnamigen Erzählung 1978 ■ *Brudermord*. Erzählung und Drehbuch. Gesellschaft Hessischer Literaturfreunde, Darmstadt 1979 ■ *Landgewinn*. Gedichte. Fietkau, Berlin 1979

Die Frau und der Wolf

Die Frau weiß längst, daß sie nicht mehr allein ist. Zwar hat sie den Wolf nicht gesehen, der ihr folgt, seine Spur wahrscheinlich leicht in den Neuschnee drückt, ohne die Harschdecke darunter zu verletzen. Aber sein Atem geht mit dem Wind, streicht an ihrem Körper vorbei, ist voraus wie ein Leittier: Geleitet, verfolgt, geht die Frau darin weiter, und weil sie schon zu lange allein gegangen ist und Ereignisse nicht mehr auf sich bezieht, empfindet sie weder Furcht noch Neugier, geht Schritt vor Schritt die Waldschneise auf das noch wer weiß wie weit entfernte Dorf zu, und wenn der Wolf sie überholen oder wenn er sie zwischen dem Unterholz anfallen sollte, wird sie reagieren, sie wartet das ab, sich selbst noch eine Andeutung von Überraschung, die aber durch die froststarre Haut nicht mehr nach außen dringt.

Sie fährt also nicht zusammen, als der Wolf durch die Dämmerung das Gespräch beginnt. Seine Stimme ist ihr fremd, wie ihr jede Stimme fremd geworden ist. Der Wind stößt ihre Worte voran, fast muß sie rufen, damit der Wolf hinter ihr die Antwort hört. Darum wiederholt sie manches wie ein Echo: DEM DORF ZU etwa, DEM DORF ZU. Sie wiederholt das ohne Berechnung, sie will nichts bewirken, es stört sie nicht, hin und wieder zu reden. Der Wolf bleibt dicht hinter ihr mit seiner durch den Wind bedingten kleineren Anstrengung in diesem Gespräch, die aber durch seinen hechelnden Atem etwas Gequältes bekommt, wie die Frau ohne Mitleid wahrzunehmen beginnt, während sie die Fragen des Wolfes beantwortet, als reihe sie Verse aneinander, absichtslos, nur weil sie in ihrer Erinnerung sind und kein Grund besteht, es nicht zu tun, oder einmal auszusetzen, es fügt sich sowieso bloß Rand an Rand. Nur, als der Wolf fragt, wie lange sie schon so unterwegs sei, weiß sie keine Antwort, zuckt sie die Schultern, was aber unter dem Pelzmantel undeutlich bleibt. Da wird der Atem hinter ihr so laut, daß sie glaubt, die Schnauze müsse sich neben ihren Knien nach vorn schieben und der Dampf sichtbar werden überm Schnee, der unter dem jetzt schon scharf gestochenen Mond glitzert, sicher auch den Schatten des Wolfes auf sich dahingleiten läßt, ohne ihn jedoch zu verraten in Übereinstimmung mit dem Lichtfall, über den die Frau nicht nachdenkt, weil sie auch ihren eigenen Schatten nicht vermißt. Die Schneise hat irgendwann aufgehört, der Weg, in den sie abfiel, ist nur am Zwischenraum der Bäume zu erkennen. Ich weiß nicht, ICH WEISS NICHT, antwortet die Frau auf die Frage des Wolfes, wie lange sie noch zu gehen habe. Sie fragt auch jetzt nichts zurück, wie weit er mitkommen wolle, ob er das Dorf nicht fürchte, warum er ihr folge. Sie denkt nicht über ihn nach, über sein Fell: räudig oder nicht. Sie hat sich an ihn gewöhnt, wie sie sich schnell an alles gewöhnt, was sich um sie herum verändert. Früher hat sie manchmal hinter den Augenblick gedacht, an das Haus, zu dem sie unterwegs ist, aber das eilt nicht mehr, sie wird sehen; wenn es soweit ist, wird sie sehen, was es damit auf sich hat. Nein, du störst mich nicht, antwortet sie dem Wolf. Nein, ich würde dich nicht vermissen, wenn du verschwändest. Bemerken – doch, bemerken würde ich es wahrscheinlich, irgendwann. Manchmal gehen sie tagelang schweigend. Auch die Sonne gibt seinen Schatten nicht preis. Tiere kreuzen nicht ihren Weg. Ein paar Vögel hier und da mischen sich nicht ein. Es ist so still, daß der Eiszapfen klirrt, der durch die blasse Mittagsonne vom Ast gelöst in die harte Schneedecke sticht. Der Mond wechselt, die Farbe des Waldes, die Frau aber bleibt sich des Winters bewußt und als sie sich nach Jahrtagjahren eines Abends dem Waldrand nähert, liegt nach kaum bemerkten Sommern und diesem Augenblick Herbst auch wirklich wieder Schnee. Wolken verdecken den Himmel. Vom Dorf scheinen Lichter herüber. Die Frau verlangsamt den Schritt nicht, atmet nicht schneller. Sie stellt dem Wolf auch jetzt keine Frage und horcht nicht genauer auf sein Hecheln. Sie kümmert sich nicht darum, ob er ihr durch die Straßen folgt, vor dem Haus hinter ihr steht, dessen Tür sie nun aufschließt, und in dem sie mit Bewegungen zwischen Unkenntnis und Vertrautheit nach dem Lichtschalter tastet. Sie dreht sich nicht ins Dunkel zurück, als die Wandleuchte brennt, hält aber mit abgewandtem Gesicht die Haustür zwei Sekunden länger offen, als es diese Ankunft erforderte. Noch im Mantel knipst sie alle Lichter an, dreht die Heizung auf. Sie bewegt sich gelassen zwischen den Möbeln, an den Bücherwänden und Bildern entlang, wendet sich nicht plötzlich um, sieht nicht unvermutet zurück, tut keinen Schritt rückwärts, das Nächstliegende kommt ihr aus Gewohnheit oder Traum. Die Wohnung wird wärmer. Die Frau zieht ihren Pelz aus, indem sie ihn hinter sich auf einen Stuhl gleiten läßt. Als sich in diesem Augenblick Zähne in ihren Nacken schlagen, ist sie von ihrer Überraschung so überrascht, daß sie nicht schreit.

unveröffentlicht

Zsuzsanne Gahse ■ **GEDOK-Förderpreis 1986**

Vita Zsuzsanna Gahse wurde 1946 in Budapest geboren. Mit 10 Jahren verließ sie – während der 56er Revolution – Ungarn, seitdem im deutschsprachigen Raum: Wien, Kassel, Stuttgart. Lebt in Stuttgart, verheiratet, zwei Kinder. U. a.: 1983 Stipendium der Kunststiftung Baden-Württemberg, 1983 Aspekte-Literaturpreis des ZDF, 1986 Förderpreis der GEDOK, 1986 Preis anläßlich der I.-Bachmann-Lesung in Klagenfurt.

Veröffentlichungen *Zero*. Prosa. List, München 1983 ■ *Berganza*. Erzählung. Ebd. 1984 ■ *Abendgesellschaft*. Prosa. Piper, München 1986 ■ *Berganza*. Serie Piper, München 1987 ■ *Liedrige Stücke*. U.-Keicher, Warmbronn 1987 ■ *Stadt Land Fluß*. Geschichten. List, München 1988 ■ Übersetzungen aus dem Ungarischen: Peter Esterházy, *Kleine ungarische Pornographie*. Residenz, Salzburg 1987 ■ Peter Esterházy, *Fuhrleute*. Ebd. 1988

Per San Marco

Zehn Stufen stieg er am Ponte dei Frari hinauf, überquerte die Brücke, stieg auf der anderen Seite die Stufen hinab, aber dabei wurde er von einem schnell vorbeilaufenden Hintermann gestoßen, so daß er hinfiel. Er: neunundzwanzig Jahre, einundzwanzig Länderspiele. Im Fallen rollte er sich gewohnheitsgemäß ab, unglücklicherweise müßte man in diesem Fall sagen, denn beinahe wäre er in das dunkle Wasser des Kanals gestürzt.

Nun lag er unmittelbar auf den flachen Steinen am Wasserrand; seine Beine, seine Oberschenkel waren zu sehen, die wertvollen Oberbeine, das Ende der kurzen, flatternden Hosen. Und das in dieser Stadt! Zum Beispiel hier! Man sah ihn aus jenem Blickwinkel, aus dem man neuerdings Liegende zu sehen pflegt, knapp unter dem Hosenbein und weiter mit den Schmerzen, so daß man neben dem Kanal, der in diesem Fall eine Art Abgrund darstellt, nochmals einblenden müßte: neunundzwanzig Jahre, einundzwanzig Länderspiele. Inzwischen ging es ohne ihn weiter, vorwärts zu San Marco, dann hinüber zu San Giorgio, rückwärts zum Campo Stefano und wieder zurück zu Marco, das ist oft so, ein vergebliches Hin und Her! Ein Verwirrspiel. Ein Verwirrspiel! Aber nun kommen wir voran, wenn auch immer mit einem Mann im Rücken, sogar mit allen Männern im Rücken, so daß der Vordermann beinahe stolpert, gegenüber der Accademia wieder über eine Brücke, neununddreißig hölzerne Stufen, treppabwärts, rechts abbiegend, beinahe wäre der Campo dei Frari erreicht, doch ausgerechnet in diesem Augenblick ziehen sich alle wieder zurück, die versammelte Mannschaft wechselt hinüber, auf die gegenüberliegende Uferseite.

Und das war falsch, das war sinnlos, so kommt man niemals ans Ziel. Während der Gestürzte noch am Boden liegt. Der Mann, der ihn umgestoßen hatte, konnte unbehelligt weiterlaufen, der Schiedsrichter hatte im entscheidenden Augenblick geschlafen, der Vorfall scheint bereits vergessen, aber der Gestürzte bewegt sich kaum, drei Ärzte hocken neben ihm, die Schenkel haben ihre Muskulatur noch nicht verloren, im Gegenteil, die Muskel bäumen sich, seine Hand liegt am Ende der kurzen, flatternden Hose, und doch geht es weiter, ein Länderspiel,
    mit einem hellen, leichten Bier
    auf einem Campo, auf einem großen, südlichen Platz,
    südliche Schnellgerichte
    und Schnellfotos
    sind die Angebote des Tages, die das Spiel umgeben; so langsam geworden!, das ganze Spiel hat sich gegen Mittag verlangsamt, ein planloses Hin- und Herziehen, so hat das keinen Sinn: nur mit den Beinen! Die Beine allein tun nichts. Obwohl es in der hundertvierzigsten Minute verständlich ist; und da macht sich der junge Hohe aus Mengkirchen zu einem Alleingang auf, schön läuft er! Am Rande der Stadt in Richtung Fondamente Nove, er hat damit seinen Hintermann abschütteln können, er läuft vor, immer noch unbewacht, bis zum Ca d'Oro, das wäre nun eine Möglichkeit, ja!, die ganze Stadt im Alleingang zu sehen, eine einmalige Leistung, eine Eroberung, aber auf alle Fälle kann man jetzt schon sagen, daß es sich hier um ein aufregendes Länderspiel handelt, ganz gleich, was es einbringt, Jubel der Engländer, Franzosen,

Japaner und Amerikaner, die Deutschen machen heiter mit (und Männer lieben Männer, Frauen mögen sie auch, auch hier, in der sogenannt weiblichen Stadt), und sie alle sind gleichzeitig auch die Gegner, die nun weit zurückgeschlagen sind, dennoch bewundern sie die Leistung, lehnen sich alle gemeinsam über die Rialtobrücke, um den genialen Sprint des Mannes aus Mengkirchen zumindest mit den Blicken verfolgen zu können.

Der aber muß plötzlich abstoppen; am Canale Grande wird er zurückgehalten, es geht nicht weiter, gleichzeitig ist die Rialto-Brücke von den Schaulustigen besetzt, die sich nach dieser Wendung wieder in Gegner verwandeln. Oh, der Vorsprung verringert sich! Oh, nun muß der Mann auf der anderen Seite des Feldes durch, rechts außen per San Marco oder durch das Mittelfeld per Accademia. Aber kehren wir zurück zu unserem Mann am Boden. Gerade kommt eine Bahre oder eine Barke. Was kommt denn? Es ist nicht auszumachen, was da kommt, die Übertragung ist gestört. Meine Damen und Herren! Wie denn? Was macht die städtische Krankenhilfe im Falle, daß jemand um einiges entfernt von den Kanälen Hilfe benötigt? Dann steigen die Leute aus der Barke und rennen um das Leben eines anderen Hunderte von Metern in die schmalen Straßen hinein? Deshalb ist es besser, unmittelbar am Kanal zu bleiben.
   Kanal eins. Sie sollten sich direkt einschalten,
   helles Bier, Sonnengerichte, Rottöne, schnell
   entwickelte Farbfilme sind die Angebote
   des Tages,
   und wohin Sie auch laufen, der Schiedsrichter wird es immer nur als Spiel betrachten; sollten Sie stürzen, werden Sie notfalls mit dem Traghetto oder auf einer Trage abtransportiert. Dabei können Sie sicher sein, es geht niemals um den Tod; es ist auch nicht vom Leben die Rede.

unveröffentlicht

Verena Nolte ■ GEDOK-Förderpreis 1989

Vita Verena Nolte, 1950 in Neuenbürg geboren. Kindheit und Jugend in Schwaben und Bayern, in Provinzstädten, auf dem Land. Von 1969 an in den Städten Paris, London und München. 1976 Studium in Berlin, Germanistik und Französisch. 1978 Geburt eines Sohnes. Nach dem M. A. 1982, Drehbuchautorin. Seit 1986 in Pahlen/Schleswig-Holstein, Prosa und Kritik. Arbeit in der Redaktion der Literaturzeitschrift *Nachtcafé*. 1989 GEDOK-Förderpreis. Übersiedlung nach München im Sommer 1989.

Veröffentlichungen Drehbücher mit dem Regisseur Masud A. Rajai *Aufenthalt* (Berliner Filmförderung 1985) und *Dichterliebe* (Hamburger Wirtschaftsförderung 1989) ■ Prosaveröffentlichungen im *Nachtcafé* 26–28 ■ Essay über den Raumkünstler Samuel Rachl in: *Samuel Rachl*. Zus. mit Peter Wiench und Alma Larsen. Silke Schreiber, München 1987

Die Reise
Aus dem Manuskript einer Erzählung

Wir fahren in das Dorf ein. Nichts zu sehen im gelblichen Licht der wenigen Straßenlaternen als weiße Häuserfassaden. Hier treffen wir wieder zusammen. Durchs Tal tönt das archaische Gebrüll der Frösche. Ich hatte ihn vergessen, den Spott der Natur. Bei uns ist er ausgemerzt. Hier klingt er ungebrochen aus der Nacht. Wir müssen viele Steintreppen hochgehen. Die Männer schleppen die Koffer, wir Frauen ziehen die Kinder mit. Der Schlüssel liegt unter dem großen Stein. Die Räume des Hauses sind hoch wie die eines Palastes. Die Fenster sind Flügel, die sich zum Meer hin öffnen, und selbst in dieser dunklen Nacht sehen wir das ferne Glitzern.

Am Morgen sind wir nicht mehr die, die wir waren. Wir leben von nun an mit den Palmen, den Bananenpflanzen und dem schweigenden Türkis der See. Hinter uns liegt die Schlucht, wachsen die rostbraunen Wände hoch zu Vulkangebirgen. Ein Regen fällt heftig, doch kurz, schier schlägt er durchs Dach. Ruhig scheint dann die Sonne über Dächer und

Terrassen. Wir sitzen lange und schauen. Die blaue Luft über der Insel bricht das Licht für den Menschen, der hier keines besonderen Schutzes mehr bedarf. In der schwarzsandigen Bucht schlägt das Meer schwer gegen die dunklen Steine. Gehen wir ins Wasser, sind wir versucht, immer weiter zu schwimmen in die täuschende Bläue. Manchmal sehen wir am Horizont eine zweite Insel auftauchen wie eine Erscheinung aus der Vergangenheit, über die sich dann wieder Wolkendrachen legen. Eine ungewöhnliche Ruhe bestimmt den Äther, und die hier lebenden Menschen sind einer altertümlichen Langsamkeit verfallen. Sanfter sind wir geworden über Nacht. Wir wissen jetzt, wie sehr der Winter auf uns lastete, denken an den schwarzen Fluß zuhause, der noch immer zugefroren war, als wir fuhren, wenn auch das Eis knackte und rissig war und alt wie Elefantenhaut. Ein Zerwürfnis mit sich selbst, das Eis im März, und gelb stand das Reetgras am Ufer. Hier sitzen wir am Abend vor den Kneipen, und der Wind weht über den Müll des Tages. So riecht es zwischen Müll und Meer. Vielleicht verläßt jetzt den Freund der Gedanke an grausige Krankheiten. Aber der Wind wird stärker. Wir hören ihn toben in der Schlucht und wissen nicht, Neulinge in der Gegend, ist er ein gutes oder ein böses Zeichen. Wir hatten mit Stürmen nicht gerechnet. Es treibt uns zurück in das geliehene Haus oben am Hang. Die schönen Köpfe der grünen Palmen schwanken heftig hin und her. Die Bananenstauden in den Plantagen rauschen fremd. Flach stöhnt und singt der Wind in der Bucht. Die Nacht fällt schnell herein und draußen kräuselt sich dunkel das Meer. Nur Kinder vermögen zu schlafen in solcher Nacht. Die hohen schweren Fensterläden geben nach in ihrer Befestigung und schlagen laut auf und zu. Das Dach macht unsäglichen Lärm; es will sich abheben. Wir liegen in den Betten und warten. Um vier Uhr in der Frühe kommt die Windstille so plötzlich, daß Beruhigung und Erleichterung sich nicht einfinden können. Wir lauschen, fiebrig und kurzatmig, auf die Rückkehr des Windes. Als endlich der Sturm noch schneller und schlimmer als zuvor vom Meer her hereinkommt, glaube ich nicht mehr an Ruhe, ich will nicht mehr schlafen und doch erwache ich in einer Stunde des Vormittags, leicht und erholt. Nun läßt sich die Größe der Verwüstung erkennen. Die weite bepflanzte Fläche unter uns ist grau geworden über Nacht, zerfetzt und zerschlissen hängen die Blattfächer der Bananenpflanzen und entwurzelt liegt manche Staude unter ihnen. Die Männer gehen, die Macheten in den Händen schwingend, durch die Pflanzung und schlagen die noch grünen und kleingewachsenen Fruchtstände von den Mutterpflanzen herunter. Zu früh geerntet, als schweigender Vorwurf, stehen sie in einem Verschlag aus trockenen Palmenzweigen, abholbereit fürs Gelbwerden in kontinentalen Reifehallen. Die Palmen hingegen widerstehen noch immer dem Sturm, der weitertobt und warm ist heute morgen wie der Regen, der zwischendurch fällt. Im Dorf aber ist es ruhig. Fiesta. Domingo, erklärt uns eine Frau, als wir vor verschlossener Ladentür stehen. Für uns sind die Wochentage bedeutungslos. Vor der Kirche sammeln Frauen sich und Kinder, die Männer halten sich im Hintergrund. Alles scheint seinen gewohnten Gang zu nehmen. Wir wissen nicht, ob der Sturm eine Katastrophe ist für die Inselmenschen, sie geben es nicht zu erkennen. Nur den Bauern, die uns begegneten auf dem Weg durch die Pflanzung und an denen ich immer nur scheu vorübergehe, stand die Sorge im Gesicht.

Wir befestigen das Dach unseres geliehenen Hauses, das Schaden litt in der Nacht, und überprüfen die Verriegelungen der Fensterläden. Das Haus gehöre Don Fito, dem Doktor, hörten wir reden. Er sei der reichste Mann im Valle. Früher, als er noch praktizierte in diesem Haus, hätten die Bauern, die seine Hilfe brauchten und kein Geld hatten für die lebensrettenden Spritzen und Medikamente, mit ihrem Land bezahlt und seien froh gewesen, daß sie etwas hatten zu geben. Überall gibt es Don Fitos, auch hier, dafür singen die Bankangestellten, ich hörte es gestern beim Geldwechseln.

Im heitersten Raum des Hauses, wo sich die hohen Fenstertüren zum Meer hin öffnen, sitzen wir und löffeln das gelbe Fleisch der am Baum gereiften Avokados. Ihr zarter öliger, Schmelz, Jahrhunderte Naturerfahrung, zergeht auf unseren Zungen. Tiefgelb ist der Inselwein, den wir trinken. Den heißen Sturm, von dem wir hören, daß er aus der Sahara komme, lassen wir herein. Wir sprechen von zuhause und erkennen, daß wir wegmüssen aus dem strengen Leben, das wir uns ohne Grund auferlegt haben. Wir schmieden Pläne, lassen die Sehnsucht wachsen und hassen die Berufe. Doch gleich fürchten wir uns vor der Verwahrlosung, dem Rückfall ins Triebhafte. Wir glauben nicht an die Natur.

unveröffentlicht

Verzeichnis der Autorinnen

Vita Elisabeth Alexander, 1932 im Rheinland geboren. Seit 1970 freie Schriftstellerin. Lebt in Heidelberg.

Vortrags- und Lesereisen in Frankreich, Belgien, den Niederlanden, den USA, in Kanada, hierzulande in großen und kleinen Städten. Eingeladen durch Akademien, Goethe-Institute, Universitäten, Stadtbüchereien. So las Elisabeth Alexander als erster westdeutscher Schriftsteller auf Band für das Archiv für Weltliteratur in der *Library of Congress,* Washington DC. Sie war *Visiting Writer* der Texas Tech University Lubbock, ist ins Amerikanische übersetzt. Sie ist Mitglied der GEDOK Heidelberg, des VS Baden Württemberg, davon 12 Jahre Bundesdelegierte. Lyrik und Prosa in zahlreichen renommierten, auch amerikanischen, Anthologien, publizierte in weit über 100 in- und ausländischen Zeitungen. Gast in Literatur-Sendungen: *Café Größenwahn, Literaturmagazin, ER-SIE-ES, Berliner Salon – Literatur Live.* Lehrbeauftragte am Seminar für deutsche Philologie der Universität Mannheim.

Veröffentlichungen u. a. *Ich hänge mich ans schwarze Brett.* Gedichte. Merlin 1979/1981 ■ *Zeitflusen.* Gedichte. Heidelberger Verlagsanstalt 1986 ■ In den éditions trèves, Trier: *Damengeschichten.* Erzählungen. 1987 ■ *Die törichte Jungfrau.* Roman. ²1988 ■ *Sie hätte ihre Kinder töten sollen.* Roman. ²1988 ■ *Im Korridor geht der Mond.* Gedichte. ²1989 ■ *Die Frau, die lachte.* Bürgerliche Texte. Sonderausgabe 1989 ■ *Die Dunkelheit ist da.* Gedicht. Vertont von Rainer Pusch 1988

Vita Gerda Altschwager, in Hamburg geboren. Lebt als Malerin und Lyrikerin in Hamburg. Nach dem Pädagogik-Studium Heirat, zwei Söhne. Später Zeitungsarbeit. Von 1971–1978 eigene Galerie zur Förderung junger Künstler. 1983 Gründung einer Stadtteil-Literaturgruppe, die bis heute existiert. Lesungen im Literaturtelefon und im Rundfunk.

Veröffentlichungen *Suchmeldung*. Gedichte und Bilder. J.G. Bläschke, Österreich 1982 ■ *Ankommen am Ende*. Gedichte gegen den Strich. Mit Bildern von August Ohm. Schlender, Göttingen 1984 ■ *Stufen des Lebens*. Der Mensch in Bild und Gedicht. Christians, Hamburg 1989 ■ Außerdem vertreten in zahlreichen Anthologien

Johanna Anderka

Vita Johanna Anderka, 1933 in Mährisch-Ostrau geboren. Lebt seit 1950 als Verwaltungsangestellte und Schriftstellerin in Ulm. Sie hat zahlreiche Auszeichnungen erhalten, wie etwa 1977 den 1. Preis im Wettbewerb »Mauern« der literarischen Union Saarbrücken, 1980 den 3. Preis der Interessengemeinschaft deutschsprachiger Autoren, oder 1985 den 1. Preis im Lyrikwettbewerb der Künstlergilde Esslingen. 1989 die 1. Preise für Prosa und Lyrik im Hafiz-Wettbewerb. Neben der GEDOK ist sie Mitglied der Künstlergilde Esslingen, des Bodensee-Clubs und der Ulmer Autoren 81.

Veröffentlichungen *Ergebnis eines Tages*. Roman. E. Schwarz, Baden-Baden 1977 ■ *Herr halte meine Hände*. Grüße zum Geburtstag. Agentur des Rauhen Hauses, Hamburg 1979 ■ *Heilige Zeit*. Weihnachtsbuch. Ebd. 1981 ■ *Zweierlei Dinge*. Erzählungen. Esslinger Reihe Nr. 4. Delp, Windsheim 1983 ■ *Über die Freude*. Geburtstagsbuch. Agentur des Rauhen Hauses 1983 ■ *Für L*. Gedichte. Reihe Punkt im Quadrat, Kusel 1985 ■ *Blaue Wolke meiner Träume*. Lyrik. Reihe Lyrik zum Angewöhnen. Boesche, Berlin 1987 ■ *Ich werfe meine Fragen aus*. Lyrik. Edition L, Loßburg 1989

Susanne Auffarth

Vita Susanne Auffarth, 1920 in Groß-Malchau geboren. Lyzeum, kriegsdienstverpflichtet am Fernmeldeamt Uelzen. Seit 1980 pensioniert. Lyrik, Erzählungen, Märchen, Lesedrama.

Auszeichnungen: 1. Preis der Gruppe Hannover für eine Weihnachtsgeschichte 1974, 3. Preis des Internationalen Herta-Bläschke-Gedächtnis-Preises für Lyrik, Klagenfurt 1983, 2. Preis »Lyrischer Oktober« der Edition L, Loßburg 1987. Mitglied der GEDOK-Gruppe Hannover, des FDA und der Inklings-Gesellschaft für Literatur und Ästhetik.

Veröffentlichungen *Gedichte*. Karlsruher Bote, Karlsruhe 1960 ■ *Acht Märchen*. Ebd. 1961 ■ *Haus aus Jade*. Gedichte. Maximilian Dietrich 1962 ■ *Parallelen*. Gedichte zu Fotos von Hanns-Jörg Anders. Europäischer Verlag, Wien 1970 ■ *Erinnerung und Traum*. Vier Erzählungen. Karlsruher Bote 1977 ■ *Olympias*. Lesedrama. Bläschke, Darmstadt 1979 ■ *Spiegelungen*. Gedichte zu Aquarellen der Malerin Else Winter. Ebd. 1980 ■ *Ich rede zu dir in meiner Sprache*. Gedichte. Ebd. 1983 (Preisband) ■ *Dorfchronik von Gr. Malchau*. Becker, Uelzen 1982 ■ *Lofoten*. Gedichte zu Aquarellen der Malerin Else Winter. Ebd. 1985 ■ *Der Knabe mit der Geige*. Märchen, R. G. Fischer, Frankfurt 1989 ■ Zahlreiche Veröffentlichungen in Anthologien, Zeitschriften und Zeitungen

Ingrid Bachér

Vita Ingrid Bachér, 1930 in Rostock geboren. Begann mit journalistischer Arbeit, seit 1958 freie Schriftstellerin. Lebte einige Jahre in Rom, seit 1975 in Düsseldorf. Verheiratet mit dem Maler Ulrich Erben. Eine Tochter und zwei Söhne. Literaturpreis der GEDOK Schleswig-Holstein 1986. Mitglied der GEDOK Niederrhein-Ruhr und Köln.

Veröffentlichungen *Lasse Lar oder die Kinderinsel.* Erzählung. Insel, Wiesbaden 1958. ■ *Schöner Vogel Quetzal.* Roman. Ebd. 1959. ■ *Ich und Ich.* Ebd. 1964. ■ *Karibische Fahrt.* Reisebericht. Prestel, München 1961. ■ *Das Kinderhaus.* Kinderbuch. Atlantis, Zürich 1965. ■ *Erzähl mir nichts.* Jugendbuch. Beltz, Weinheim 1974. ■ *Das war doch immer so.* Ebd. 1976. ■ *Gespenster sieht man nicht.* Kinderbuch. Atlantis, Zürich 1975 ■ *Morgen werde ich fliegen.* Benzinger, Zürich 1979 ■ *Unterwegs zum Beginn.* Erzählungen. Sassafras, Krefeld 1979 ■ *Das Paar.* Roman. Hoffmann und Campe, Hamburg 1980, Fischer TB 1982 ■ *Woldsen oder Es wird keine Ruhe geben.* Roman. Hoffmann und Campe 1982, Fischer TB 1984 ■ *Die Tarotspieler.* Roman. Rasch und Röhring, Hamburg 1986, Fischer TB 1989

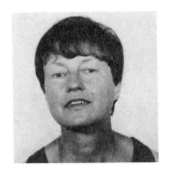

Ilse Behl

Vita Ilse Behl, 1937 in Salzhausen, Lüneburger Heide geboren. Ausbildung in Landwirtschaft bzw. ländlicher Haus- und Gartenwirtschaft. Danach über den 2. Bildungsweg Lehrerin an Grund- und Hauptschulen. Rezensionen für die Kieler Nachrichten, Katalog-Texte, u. a. Daneben schriftstellerische Arbeit. Ab 1977 Gedichte, Romane für junge Erwachsene. Außerdem Kenntnisse im Türkischen erworben und genutzt in der Nachbarschaftshilfe mit türkischen Bürgern.

Auszeichnungen: Hans-im-Glück-Preis der Stadt Limburg/Lahn für Kinder- und Jugendliteratur 1987.

Mitgliedschaft im Förderverein *federkiel,* im VS Schleswig-Holstein, im Bödeckerkreis und in der GEDOK Schleswig-Holstein.

Veröffentlichungen *Es ist ein Weg oder der Mittelpunkt der Welt.* Roman. Jugend & Volk, Wien 1981 ■ *Engel.* Lyrischer Zyklus. Euterpe Edition, Kiel 1984 ■ *Zeit für Undine oder der Schweiger.* Roman. Anrich, Kevelaer, Rowohlt TB 1990 ■ *Der Spätzünder oder Pappkameraden.* Roman. Ebd. 1987. Rowohlt TB 1988 ■ *Das Honigmesser.* Geschichten. Ebd. 1988

Sofia Bentinck

Vita Sofia Bentinck (Sofia Reede), 1924 in Rheden/Holland geboren, ein Nomadenleben zwischen Deutschland und Holland geführt. Besuch einer Kunsthochschule in Holland. Heirat mit einem Italiener, Geburt von 3 Töchtern. Scheidung der Ehe. Lebt heute als freie Autorin in Berlin-Kreuzberg.

Veröffentlichungen *Cicala sul Pino.* Gedichte. Guanda, Parma 1958

Vita Birgit Berg, 1940 in Bad Kreuznach geboren. Liedermacherin, Lyrikerin, Satirikerin, Journalistin, Clownin. 1973 Deutscher Journalistenpreis, 1978 Förderpreis des Landes Rheinland-Pfalz, 1978 Journalistenpreis der Freien Wohlfahrtspflege u. a. Politische Friedensarbeit. Liedvortrag zur »Stacheldrahtharfe«.

Veröffentlichungen *Ohne Zensur(en)*. Satiren. Hanser, München 1965 ■ *Lose Worte*. Aphorismen. Frauen-Verlag, Koblenz 1975 ■ *Schwarzbuch für Schürzenjäger*. Satiren. Herder, Freiburg 1975 ■ *Schwarzbuch für Grünschnäbel*. Ebd. 1976 ■ *Schwarzbuch für Blaustrümpfe*. Ebd. 1977 ■ *Schwarzbuch für Schönfärber*. Ebd. 1979 ■ *Wiegenlieder zum Wachhalten*. Lyrik. Wortwerkstatt, Bad Waldsee 1981 ■ *Der Demokrator*. Satire. Ebd. 1983 ■ *Strahlung*. Lyrik. Ebd. 1986 ■ *Herzbesetzung*. Lyrik. Ebd. 1986 ■ *Geistes-gegenwart im Atomzeitalter*. Schriftrolle. Wortwerkstatt Poesie & Politik Stuttgart 1988 ■ *Thesen zur politischen Liebe*. Schriftrolle. Ebd. 1988 ■ *Graswurzelgebete*. Buch und Posterserie. Ebd. 1989

Irma Berzins

Vita Irma Berzins (Pseudonym: Irma Berzina), 1910 in Riga geboren, studierte an der lettischen Universität zu Riga. Diplomprüfung als Volkswirtin 1938, anschließend arbeitete sie als Staatsbeamtin und schrieb Kinderbücher. Durch den zweiten Weltkrieg wurde sie nach Deutschland verschlagen. Noch in Riga heiratete sie den Theologen Ringolds Berzins. Nach siebenjährigem Lagerleben fand die Familie in Köln eine neue Heimat. Ihr Mann betreute die lettischen evangelisch-lutherischen Gemeinden in Nord-Rhein-Westfalen, Belgien u. Holland. Irma Berzina arbeitete in der Gemeindearbeit mit. Besonders engagierte sie sich in der Betreuung von Flüchtlingskindern, begleitete sie auf Erholungsreisen, wirkte als Erzieherin mit und hielt Vorträge über das Flüchtlingskind und dessen Probleme. Irma Berzina hat es sich zur Aufgabe gemacht, die lettischen Leser an die moderne deutsche Lyrik heranzuführen. Insgesamt übersetzte sie 36 deutsche und 20 Schweizer Gegenwartslyriker. Sie war auch in der internationalen Frauenarbeit tätig. Sie ist Mitglied des deutschen Akademikerinnen Verbandes, der GEDOK, des internationalen PEN-Clubs von lettischen und Exil-PEN Zentren, der Literarischen Gesellschaft Köln und baltischen Gesellschaft in der Bundesrepublik Deutschland.

Veröffentlichungen *Das Buch über neun Zwerge*. Kinderbuch. Alfred Udris, Ríga 1944 ■ *Auf der Fahrbahn. Gedichte. Ziemelblzma, Västerås, Schweden 1965* ■ *Feld des Ernstes*. Gedichte. Ebd. Schweden 1968 ■ *Bez sejas – Ohne Gesicht*. Gedichte zweisprachig. Ebd. 1976

Vita Ursula Beseler, 1915 in Elberfeld (Wuppertal) geboren. Gymnasium, längere Aufenthalte in England, Berlin, DDR. Als Journalistin tätig. Veröffentlichungen von Gedichten und Kurzgeschichten sowie Berichterstattungen in Zeitungen und Zeitschriften und Anthologien. 1981 Lyrikpreis »Unsterbliche Rose«, 1981 Lyrikpreis SAWMM.

Veröffentlichungen *Sand zwischen den Zähnen.* Lyrikband. Bläschke, St. Michael 1980

Vita Katharina Billich, 1939 in Milna (Jugoslawien) geboren, als zweites von vier Kindern. Muttersprache Kroatisch. Die Kindheit verbringt sie auf dem Lande. Mit acht schreibt sie ihr erstes Gedicht. Ein späteres wird ins Lesebuch für die 2. Schulklasse aufgenommen. Mit fünfzehn Umzug in die kroatische Hauptstadt Zagreb. Große Umstellung für die Familie. Gymnasiumbesuch in Zagreb, anschließend das Studium der Vergleichenden Literaturwissenschaft an der dortigen Universität. 1961 Fortsetzung des Studiums in Heidelberg. Durch die Eheschließung mit einem Deutschen wird Heidelberg zum ständigen Wohnort. Die Geburt der Tochter macht die Eingliederung in das gesellschaftliche Gefüge der Wahlheimat unumgänglich. Die Fremdsprache Deutsch erweist sich als herausfordernd und bereichernd. Verschiedene Erwerbstätigkeiten: Lehraufträge an der Universität, Dolmetschen, Arbeit im Sozialbereich mit Ausländern. Die literarischen Arbeiten sind in deutscher Sprache geschrieben.

Veröffentlichungen *Verwandlungen.* Gedichte. Lyrik unserer Zeit. Karlsruhe 1961 (Unter dem damaligen Mädchennamen Veseljka Bakšić) ■ *Die Tür zum Hof.* Erzählungen. EXpress-Edition, Berlin 1986 ■ Einzelne Gedichte wurden in verschiedenen Zeitschriften veröffentlicht

Vita Christiane Binder-Gasper, 1935 in Duisburg geboren. 20 Jahre Ehe mit dem Maler und Bildhauer Rolf Binder. Mitarbeit in der Literarischen Werkstatt Duisburg und in der Galerie NOS. Herausgabe der Lyrik- und Grafikzeitschrift *Quadrat*. Vier Jahre Aufenthalt in Griechenland, seit 1974 in Berlin lebend. Mitarbeit beim Aufbau des Frauen-Stadtteil-Zentrums Kreuzberg. Theaterregie, Video-Filme (z. B. *Mein Sohn hängt so an mir*, ZDF 1984), Rundfunksendungen (z. B. *Der Mann in der Stadt*, Radio Bremen, und *Rose rot*, Hessischer Rundfunk).

Veröffentlichungen *rot und tauben*. Gedichte. Edition Neue Wege, Berlin 1980 ■ *eine hoffnung ganz ohne fahnen*. Gedichte. AGA-Literatur-Edition, Berlin 1982 ■ *Alexanders Freund und andere Erzählungen*. Eremiten-Presse 1984 ■ *Gazellenherz*. Erzählung. rororo 1985 ■. Außerdem Veröffentlichungen in verschiedenen Anthologien

Vita Marianne Blasinski wurde 1928 in Berlin geboren und hat – mit wenigen Unterbrechungen – in ›ihrer‹ Stadt gelebt. Im Krieg absolvierte sie eine Lehre als Technische Zeichnerin. 1950 heiratete sie. Sechs Jahre später wurde die Ehe geschieden. Sie blieb Alleinerzieherin ihres Sohnes. Nach Steno- und Schreibmaschinenkursen wurde sie Chefsekretärin bei der Firma Herlitz – Papierwarengroßhandlung. Schließlich begann sie – für 28 Jahre – ihre Tätigkeit als Technische Zeichnerin bei den Berliner Wasserwerken. Nach einer Weiterbildung übertrug man ihr ingenieurmäßige Arbeiten. 1988 konnte sie ihr Berufsleben beenden. – Marianne Blasinski begann bereits mit 25 Jahren zu schreiben. In den siebziger Jahren wurden Erzählungen und Kurzgeschichten in Zeitschriften veröffentlicht. Zur Zeit steht sie erneut bei einer Agentur unter Vertrag. Seit 1983 leitet Marianne Blasinski im Rathaus Charlottenburg die *Intarsiengruppe 83* – Berliner Schriftsteller lesen und diskutieren, seit 1987 ist sie 1. Vorsitzende des Schutzverbandes deutscher Schriftsteller – Landesverband Berlin e.V.

Veröffentlichungen *Und dennoch liebt mich das Leben.* Erzählungen. Bläschke, St. Michael 1980 ■ *Die große Plumpe.* Wasserwerksgeschichten. Ebd. 1981 ■ *Os Mine, unsere Großmama.* Eine Familiengeschichte aus Hinterpommern und Berlin. Stoedtner, Berlin 1984, ²1985 ■ *Das deutsche Leben des Siegfried von Mircowicz.* Roman einer Familie – von Sarajevo bis Berlin. Ebd. 1985

Vita Lisa-Marie Blum, 1911 in Bremerhaven geboren. In Berlin: Studium der Malerei und Grafik. War verheiratet mit dem Maler u. Grafiker Fritz-Paul Blum (gest. 1971). Beide immer freiberuflich tätig. Drei Kinder. Lebt als freie Autorin und Malerin in Hamburg. Veröffentlichte Lyrik und Erzählungen für Erwachsene und Kinderbücher mit eigenen Illustrationen. Literaturpreis des Süddeutschen Rundfunks, Bestenliste zum Deutschen Jugendbuchpreis: Kinderbuch. Übersetzung in mehrere Sprachen. Mitglied: GEDOK/Literaturzentrum/ VS/ Bödeckerkreis.

Veröffentlichungen *Marionetten.* Erzählungen. Einführende Worte von Ulla Hahn. Gilles & Francke, Duisburg 1979 ■ *Regieanweisung.* Gedichte. Vorwort von Uwe Herms. Ebd. 1980, ²1984 (Übersetzungen in China 1987/1988) ■ *Der Dosenöffner schneidet glatt.* Gedichte. Nachwort von Uwe Herms. Ebd. 1988 ■ Lyrik und Erzählungen in zahlreichen Anthologien und Zeitschriften ■ *Das geheimnisvolle Karusell.* Jugendbuch. Mit eigenen Illustrationen. Thienemann, Stuttgart ■ *Gruselchen.* Kinderbuch. Mit eigenen Illustrationen. Ebd. 1989, ²1990 ■ *Finchen.* Kinderbuch. Mit eigenen Illustrationen. Coppenrath 1988 ■ *Hamburg liegt nicht am Meer.* Erzählung. Mit eigenen Illustrationen. Schroedel 1978 ■ *Drei Erzählungen.* Mit eigenen Illustrationen. Klett, Stuttgart 1986

Vita Gunhild Bohm, 1945 in Norddorf auf Amrum geboren. Wuchs auf Amrum und in Hamburg auf, studierte Germanistik, Geschichte, Psychologie, Politikwissenschaft, Religions- und Geistesgeschichte in Hamburg, Marburg und Erlangen, lebt in Steinebach am Wörthsee bei München als Freie Publizistin. Lebensgemeinschaft mit einem Publizisten für die Bereiche Geschichte und Politik; verwitwet seit 1988.

1966–1975 Mitarbeit in der DDR-Forschung bei Prof. Hans Lades; bis 1978 geschäftsführende Redakteurin für Politik und Zeitgeschehen in München; Mitarbeit in der Menschenrechtsbewegung. Jurymitglied des Bundeswettbewerbes »Schüler schreiben« 1987 und 1988.

Publikationen – Gedichte, Prosastücke, Analysen, Berichte – in Fachzeitschriften, Rundfunk, Literaturzeitschriften und großer Tageszeitungen über Themen wie »Die langsame Revolution der Selbstbestimmung«, politische und religiöse Verfolgung, Politik, Kultur, Literatur und Jugend in der DDR, die Situation der Frauen hier und drüben, über Schriftstellerinnen wie Grete Weil und Christa Wolf und über Venedig in »Ciao Italien. Ein Land auf den zweiten Blick« (rororo 1988).

Veröffentlichungen *Der Horizont ist Metall*. Gedichte. Der Bogen, Villach 1962 ■ *Lichtkähne*. Gedichte. Claassen, Düsseldorf 1985 ■ Mitautorin: *Hoffmann, E. T. A. – Eine Collage für Lebende*. Poem. In: Litfass 29/1984. Piper, München ■ Gedichte und Kurzprosa in Anthologien

Vita Anne de Boufleur (Gisela Frohlinde-Meyer, Ahrens-Boufleur), 1927 in Hamburg geboren. Als Tochter eines Hamburger Schiffsmaklers viel gereist. Studien: Literatur; germanische und romanische Sprachen; Finanz- und Wirtschaftwissenschaft. War beruflich tätig als Schauspielerin, Rezitatorin, Fremdsprachenkorrespondentin, Übersetzerin, Lektorin, Pressereferentin-Rechercheurin, im In- u. Ausland. Längere Auslandsaufenthalte in Spanien, Frankreich; 12 Jahre in New York City (USA). Mitgliedschaften: Hamburger Autorenvereinigung, 2 Jahre im Beirat. Mitglied der GEDOK-Hamburg.

Auszeichnungen: 1982 Hamburger Literaturpreis für Kurzprosa der Hamburger Autorenvereinigung; 1972 Translation Award des *Poet Lore Magazine* für Übersetzungen der Lyrik von Heike Doutiné; 1971/72 2 Lyrikpreise der State Poetry Society of Arizona/Poetry Contest.

Veröffentlichungen *Tödliche Spiele*. Dtsch./engl. Lyrikband. Blaeschke-Legendis, St. Michael 1984 ■ Übersetzungen: Marquis de Sade, *Erzählungen und Schwänke eines provençalischen Troubadours*. Merlin, Hamburg-Gifkendorf ^{2}1982 (Übers. aus dem Französischen) ■ Heike Doutiné, *In tiefer Trauer*. Lyrikband. Merlin (Übers. ins Amerikanische). Publiziert im *Poet Lore* 1972, Vol. 67 Nr. 2 und im *Dimension* University of Texas at Austin 1972 Vol. 5 Nr. 2 ■ Jacinto Benavente, *Über das Theater*. Merlin 1962/63. Theaterheft der Städtischen Bühnen, Flensburg 62/63 (Übers. aus dem Spanischen) ■ Gedichte, Kurzprosa in Anthologien

Vita Dr. Erika Brandner, 1935 in Berlin geboren, studierte Germanistik und Geschichte in Berlin, Marburg und Freiburg i. Br., wo sie bei Friedrich Maurer promovierte. Nach dem Studium arbeitete sie für den Rundfunk. Sie schreibt Literatursendungen, Erzählungen und Gedichte. Sie lebt in Merzhausen bei Freiburg. Mitglied der GEDOK seit 1986.

Veröffentlichungen Lyrik – Veröffentlichungen u. a. in: *Jahrbuch für Lyrik* 2. Athenäum, Königstein 1980 ■ *Unterwegs*. Anthologie Freiburger Schriftstellerinnen, Freiburg 1987 ■ Zahlreiche Rundfunksendungen beim RIAS Berlin, u. a. zu Wilhelm Grimm, Carl Hauptmann, Hermann Hesse, Rudolf Alexander Schröder, Werner Bergengruen, Ricarda Huch, Hugo von Hofmannsthal, Thomas Bernhard, Gustave Flaubert

Vita Sibille Brenner, 1926 in Marburg an der Lahn geboren, Studium der Germanistik, Kunstgeschichte, Theaterwissenschaften nicht abgeschlossen, nach Heirat Auswanderung nach Südamerika, von 1950 bis 1965 in Lima/Perú lebend, dort sporadische Mitarbeit an deutscher Zeitung. Nach Rückkehr 15 Jahre in der Arztpraxis des Ehemannes tätig, 3 Kinder. Seit 1983 in Hamburg als Schriftstellerin an die Öffentlichkeit getreten durch Lesungen, Rundfunk, Zeitung: satirische und südamerikanische Geschichten. Gebrauchslyrik, Fabeln. Außerdem Autorin mehrerer Kabarettprogramme. GEDOK-Mitglied.

Veröffentlichungen *Geschichten aus dem Lande Pekunia.* Satirische Kurzgeschichten. Bleicher, Gerlingen–Stuttgart 1989 ■ Ein weiteres Buch mit Fabeln und Gebrauchslyrik ist bei demselben Verlag in Vorbereitung

Renate Brie-Kölmel

Vita Dr. Renate Brie-Kölmel, 1913 in Freiburg geboren und aufgewachsen. Studium von Germanistik und Sprachen in Freiburg, München und Bonn. Dissertation über Grimmelshausen. Mehrjähriger Aufenthalt in Afrika. Nach dem Krieg Staatsexamen. Lehrtätigkeit. Hält seit 1972 ein Colloquium über deutsche Literatur der Gegenwart. Mitglied der GEDOK, des Literatur Forums Südwest. Vertreten in Anthologien.

Veröffentlichungen *Atemholen*. Lyrik. Waldkircher Verlagsgesellschaft, Waldkirch 1984 ■ *Zwischenrufe*. Lyrik. Ebd. 1986 ■ *Spurensuche*. Lyrik. Ebd. 1988

Vita   Dr. Herta Bruder (Natalie Anthes), 1921 in Limburg an der Lahn geboren. 1940 Abitur in Offenbach/Main, Studium in Wien, Frankfurt/Main und Freiburg. Staatsexamen 1946 in Freiburg. Heirat 1949. Zwei Söhne. Von 1960 bis Ende 1978 in eigener Praxis tätig. Danach zu schreiben begonnen.

Veröffentlichungen   *Ein Stück Speck für Frau Doktor.* Erlebnisse einer Landärztin. Eugen Salzer, Heilbronn 1986 ■ *Sie waren wie Blätter im Wind.* Roman. Ebd. 1987 ■ *Mach mal Pause, Frau Doktor.* Heitere Ferienerlebnisse. Ebd. 1988

Vita Dr. Inge Buck, 1936 in Tübingen geboren. Nach dem Studium der Literatur- und Theaterwissenschaft, Geschichte, Publizistik und Psychologie in Tübingen, München und Wien und ihrer Promotion Rundfunkredakteurin in der Hörspielredaktion des DLF/ Köln. Seit Mitte der 70er Jahre Hochschullehrerin in Bremen an der Hochschule Bremen im Fachbereich Sozialpädagogik mit dem Schwerpunkt »Kulturwissenschaft«. Seitdem zahlreiche Veröffentlichungen in Zeitschriften, Anthologien und im Rundfunk. Arbeitsschwerpunkte: Lyrik, Essay, Biographie, Alltagsgeschichte, Text-Bild-Dokumentationen.

Veröffentlichungen *Gegen die Scheibe.* Gedichte. Guhl, Berlin 1986 ■ *Ein fahrendes Frauenzimmer.* Die Lebenserinnerungen der Komödiantin Karoline Schulze-Kummerfeld (1745–1815). Hrg. Orlanda Frauenverlag, Berlin 1988 ■ Mitautorin u. a. in: *Wenn das Eis geht.* Ein Lesebuch zeitgenössischer Lyrik. Hrg. Helmut Lamprecht. dtv, München ²1985 ■ *Zu den Selbstbildnissen und Selbstzeugnissen der mexikanischen Malerin Frida Kahlo.* In: *die horen,* 1983, Ausgabe 129 ■ *Grenzgängerinnen.* Hrg. Helga Grubitzsch u. a., Schwann-Bagel, Düsseldorf 1985 ■ *Fluchtwege.* Zu den Erzählstrukturen bei Marlen Haushofer. Essay. In: *Frauen – Literatur – Politik.* Argument, Berlin, Hamburg 1988, Ausgabe 172/173 ■ Rundfunkautorin, u. a.: *Frauen im Gefängnis.* Originaltondokumentation. Radio Bremen 1977 ■ *Frauen in der Psychiatrie.* Feature. Radio Bremen 1979 ■ *Das Pfandleihhaus.* Feature. Radio Bremen 1988

Vita Charlotte Christoff, 1933 in Bonn geboren. Abitur, Studium der Germanistik, Lektorin. Ockenheim b. Mainz, Mainz, Münster. VS, Autorengruppen Mainz, Osnabrück; GEDOK, Kogge, Internationaler Bodenseeclub, NLG Berlin. Stipendiatin des Deutschen Literaturfonds, Künstlerhaus Amsterdam.

Veröffentlichungen *Die Spiele der Erwachsenen.* Schauspiel. S. Fischer, Theaterabteilung 1964 ■ *Aller Staub der Welt.* Schauspiel. Ebd. 1965 ■ *Die Trauben von Troja.* Komödie. Ebd. 1966 ■ *Gegenbeweise.* Gedichte. Willing, München 1969 ■ *Auch dir wurde Bescheid gegeben.* Gedichte. relief, München 1974 ■ *In der Obhut des Windes.* Gedichte. Neske, Pfullingen 1975 ■ *Lernen was man immer gewußt hat.* Roman. Ebd. 1979 ■ *Ophelia – Zyklus.* Gedichte. Punkt im Quadrat, Kusel 1980 ■ *Die Zeit ist eingeholt.* Gedichte. Limes, München 1983 ■ Mitautorin u. a.: Anthologie: *Prosa heute.* Neske 1975 ■ Anthologie: *Neue Expeditionen.* Hrg. Wolfgang Weyrauch. List 1975 ■ Anthologie: *Literatur aus Rheinland-Pfalz.* Gedichte. 1976 ■ Gedichtabdrucke in *die horen, le journal des poètes, Jahrbuch für Lyrik,* den *Mainzer Heften, Komet* u. a.

Vita Resi Chromik, 1943 in Liegnitz (Schlesien) geboren und wuchs in der Lüneburger Heide auf. Sie studierte in Marburg/Lahn und in Kiel die Fächer Germanistik, Philosophie, Geographie und Kunst. Nach der Referendarzeit unterrichtete sie an Gymnasien in Kiel und Husum und ist zur Zeit Oberstudienrätin an der Kieler Gelehrtenschule.

R. Chromik war seit 1970 verheiratet mit Dr. Christian Chromik und hat zwei Söhne. Seit 1979 ist sie verwitwet. Sie schreibt Gedichte und Kurzprosa, außerdem malt und zeichnet sie. Sie ist besonders daran interessiert, Schüler zum eigenen kreativen Umgang mit Sprache zu führen. Davon zeugen einige Schulveröffentlichungen. Seit 1984 ist sie Mitherausgeberin des Jahrbuches *Euterpe* und Lektorin der Reihe *Edition Euterpe*.

Veröffentlichungen *Unterwegs*. Gedichte. Kronshagen ²1984 ■ *Schlüsselworte*. Gedichte. Kiel 1984 ■ *Lichtblicke*. Gedichte und Geschichten. Kiel 1985 ■ *Flugschatten*. Gedichte und Prosagedichte. Husum 1987 ■ Herausgeberin: *Junge Lyrik 85*. Kiel 1985 ■ *Sage und Schreibe*. Kiel 1987 ■ *Junge Lyrik 89*. Kiel 1989

Vita Dr. Chow Chung-cheng, 1908 in Anhwei (China) geboren. Lyzeum und Universität in Tianjin/China. 1931 Diplom der Ecole Libre des Sciences Politiques, Paris. 1935 Docteur ès Lettres an der Sorbonne in Paris. 1947/48 Direktorin der Chinesischen Schule in West-Berlin. 1951/53 Hochschule für Bildende Künstler in Hamburg (Prof. A. Mahlau). 1954/55 Privatunterricht bei Prof. Willi Baumeister Stuttgart.

Auszeichnungen: 1964 Silberne Medaille »Club International Féminin«, Paris. 1969 Diplôme d'honneur IAG Monte Carlo. 1970 Silberne Medaille der Stadt Köln (Exposition Internationale Féminine). 1971 Silberne Medaille der Stadt Rom. 1972 Goldene Medaille der Stadt Rom. Freischaffende Künstlerin und Schriftstellerin.

Veröffentlichungen *Kleine Sampan*. Roman. Sauerländer, Aarau/Frankfurt M. 1957 ■ *Zehn Jahre des Glücks*. Roman. Ebd. 1960 ■ *Sklavin Goldblume*. Roman. Argus, Opladen 1974 ■ *König des Baumes*. Märchen. Ensslin & Laiblin, Reutlingen 1967 ■ *Aber ein Vogel gehört zum Himmel und ein Fisch gehört zum Wasser*. Märchen. Argus, Opladen 1973 ■ *Die Kleinen Bunten Fische*. Märchen. Ensslin & Laiblin, Reutlingen 1968

Vita Cornelia Conrad, 1955 in Tübingen geboren. Nach dem Besuch des Gymnasiums Ausbildung zur Buchhändlerin in Stuttgart. Verlagsarbeit bei Klett und Rainer Wunderlich. 1978 Umzug nach Bonn. Dort in einer Buchhandlung die Abteilung Belletristik geleitet. Privat Lesungen mit Bonner und auswärtigen Autorinnen und Autoren veranstaltet. Mitglied der GEDOK. Diverse Lesungen eigener Gedichte im Bonner Raum. Lebt jetzt, immer noch am Rhein, in einem badischen Dorf, arbeitet in einem wissenschaftlichen Verlag.

Veröffentlichungen *Herbstschatten*. Gedichte. Tentamen, Stuttgart 1986 ■ Mitautorin: Prosabeitrag in der Anthologie *Orte innen und außen*. Beltz & Gelberg 1977 ■ Abdruck von Gedichten in der *Stuttgarter Zeitung*, den *Horen*, der Züricher *Tat* und etlichen Anthologien der Reihe *Lyrik heute*

Toni Käthe Damm

Vita Toni Käthe Damm (Tonia Damm), 1924 in Offenbach am Main geboren, legte dort 1942 ihr Abitur ab. Nach einem Bibliothekspraktikum und dem Studium in Stuttgart absolvierte sie 1946 das Diplomexamen als Bibliothekarin und war lange Jahre in der Offenbacher Stadtbücherei tätig. 1954 heiratete sie, hat zwei Kinder aus ihrer Ehe mit einem Wissenschaftler und eine Tochter aus der ersten Ehe ihres Mannes, der 1988 verstarb. Sie veröffentlichte Lyrik, Kurzprosa, Biographisches und Satiren in zahlreichen Anthologien. Sie ist Mitglied der Autorengemeinschaft der *Freunde um Peter Coryllis*, des *Freien deutschen Autorenverbandes* und der GEDOK.

Veröffentlichungen *Blaue Blume Hoffnung*. Gedichte. Rita G. Fischer, Frankfurt am Main 1984 ■ *Blick zum anderen Ufer*. Gedichte. Graphikum, Zum Halben Bogen, Göttingen 1987 ■ *An einer Libelle halte ich mich fest*. Gedichte. Edition L, Loßburg 1988 ■ *Unter meinem Stern*. (Das Gedicht im Brief Nr. 54). Kreis der Freunde um Peter Coryllis, Walchum 1988

Vita Inge Diederichs, 1910 in Potsdam geboren. Schulzeit und Abiturabschluß in Potsdam. Ein Jahr Buchhändlerschule in Leipzig, nebenbei Vorlesungen in Philosophie und Literatur an der dortigen Universität. Anschließend Lehrzeit im Deutschen Kunstverlag in Berlin. Nach je einem Semester Studium in Lausanne und Berlin Arbeit in einem Studio für Buchillustration, Buchwerbung und einzelne Buchprojekte. 1933 Sekretärin des Schriftstellers Eugen Diesel in Bornstedt bei Potsdam.
1934 Verlobung und Heirat mit Niels Diederichs, Chef des Eugen Diederichs Verlages in Jena, sechs Kinder.
Eintritt in die GEDOK Jena 1938, 1949 Übersiedlung nach Köln und Neuaufbau des Verlags. Seit 1956 Mitarbeit im Verlag, seit 1973 Lektorat der »Märchen der Weltliteratur«. 1980 Fachbeirat für Literatur in der GEDOK.
1987 Verkauf des Verlags, aber bis 1989 noch einige Märchenbände. Seit 1963 aktive Mitarbeit im Literarischen Arbeitskreis des Evangelischen Frauenbundes, Köln. Mitglied der Literarischen Gesellschaft, der Bibliophilen. Mitglied der Freunde des Wallraf Richartz Museums.

Veröffentlichungen *Sonne, Mond und Sterne. Eine Himmelsfibel für Jedermann.* Atlantis, Berlin 1937 ■ Herausgeberin: *Kinderspiegel. Die Welt des Kindes im Gedicht.* Eugen Diederichs, Düsseldorf – Köln 1962 ■ *Märchen aus dem Land der Königin von Saba.* Ebd. 1987 ■ *Das Märchenbuch der Welt.* Ebd. 1972 ■ *Als die Bäume in den Himmel wuchsen. Märchen der Völker.* Ebd. 1977

Vita Liane Dirks, 1955 in Hamburg geboren, arbeitete zunächst nach dem Studium als Berufsberaterin.

Heute lebt sie als freie Schriftstellerin in Köln. Sie veröffentlichte neben ihrem ersten Roman in Anthologien und Zeitschriften, schreibt Hörspiele und Rundfunkbeiträge.

Auszeichnungen: 1. Preis beim Nordrhein-Westfälischen Autorentreffen 1984, Arbeitsstipendium des Landes Nordrhein-Westfalen 1984, Arbeitsstipendium der Stadt Düsseldorf 1985, Förderpreis der Stadt Düsseldorf 1985, Förderungspreis des Landes Nordrhein-Westfalen 1987, Rolf-Dieter-Brinkmann-Stipendium der Stadt Köln 1989. Der Roman *Die liebe Angst* war auf der Auswahlliste für den Aspekte-Literaturpreis und den Bremer Literaturpreis 1986.

Veröffentlichungen *Die liebe Angst*. Roman. Hoffmann und Campe, Hamburg 1986. Rowohlt TB, Hamburg 1989 ■ Auszüge in: *Geschichten aus dem Literaturbüro. Das andere Buch*. Eremitenpresse, Düsseldorf 1986 ■ *30 unter 40 – Junge Autoren von heute, die besten von morgen*. Rowohlt, Hamburg, 1988 ■ *Die fremde Sicht*. In: *aus.*Mord stories. Kiepenheuer & Witsch, Köln 1986 ■ Zeitschriftenbeiträge u. a. in: *Merian, stern, Neues Rheinland, Das Nachtcafé, Überblick*. ■ Hörspiele: *Die Frau vom Gipser* WDR, Erstsendung 1988 ■ *Tignasse, Kind der Revolution* WDR, Erstsendung 1989

Vita Hilde Domin, 1912 in Köln geboren, studierte zunächst Jura, dann politische Wissenschaften, Soziologie und Philosophie (Karl Jaspers, Karl Mannheim). Dott. scienze pol., Florenz. War als Universitätslehrerin, Übersetzerin, Fotografin und Mitarbeiterin ihres Mannes, Erwin Walter Palm, tätig. Kehrte nach 22jährigem Exil 1954 nach Deutschland zurüc. Lyrik seit 1951, Veröffentlichungen seit 1957. Lesungen, Vorträge, Diskussionen an Universitäten und literarischen Gesellschaften des In- und Auslandes. Mitglied des PEN, der Deutschen Akademie für Sprache und Dichtung, Ehrenmitglied der Heinrich-Heine-Gesellschaft, Düsseldorf. Ehrengast der Villa Massimo 1986. Wintersemester 87/88 Dozentur für Poetik, Universität Frankfurt.

Preise: GEDOK-Literaturpreis 1968, Meersburger Droste-Preis für Dichterinnen 1971, Heinrich-Heine-Medaille der Düsseldorfer Heine-Gesellschaft 1972, Roswitha-Preis der Stadt Bad Gandersheim 1974, Rainer Maria Rilke Preis für Lyrik 1976, Nelly-Sachs-Preis 1983.

Veröffentlichungen *Nur eine Rose als Stütze*. Lyrik. S. Fischer 1959 ■ *Rückkehr der Schiffe*. Lyrik. Ebd. 1962 ■ *Hier*. Lyrik. Ebd. 1964 ■ *Höhlenbilder*. Lyrik. Hildebrandt 1968 ■ *Das zweite Paradies*. Roman in Segmenten. Piper 1968. Neufassung Ebd. 1968 ■ *Wozu Lyrik heute*. Theorie. Serie Piper 1968 ■ *Ich will dich*. Lyrik. Piper 1970 ■ *Die andalusische Katze*. Prosa. Ermiten 1971 ■ *Von der Natur nicht vorgesehen*. Autobiographisches. Serie Piper 1974 ■ *Aber die Hoffnung*. Prosa. Piper 1982 ■ *Das Gedicht als*

Augenblick von Freiheit. Frankfurter Poetik – Vorlesungen. Ebd. 1988 ■ Als Herausgeberin: *Doppelinterpretationen.* Das zeitgenössische Gedicht zwischen Autor und Leser. Athenäum 1966. Fischerbücherei ■ *Nachkrieg und Unfrieden.* Gedichte als Index 1945–1970. Sammlung Luchterhand, vergriffen ■ *Spanien erzählt.* Fischer TB 1963, vergriffen ■ *Nelly Sachs.* Bibliothek Suhrkamp 1977

Vita Erna Donat, 1914 in Berlin geboren. Aufbauschule Berlin-Friedrichshain, anschließend ohne Ausbildungsmöglichkeit oder Arbeit, erste Veröffentlichungen. 1934–37 Seminar für Soziale Arbeit, Berlin. Nach Examen und Berufspraktikum ohne Arbeit. 1939–42 Zeitungsvolontariat, Redakteur, Feuilletonist. 1943 ohne Arbeit. 1944–45 schriftstellerische Arbeit. 1945–53 kommunalpolitisch und journalistisch mit dem Wiederaufbau beschäftigt. Ab 1953 freiberufliche Existenz. Mitglied des VS, 10 Jahre im Vorstand Niedersachsen, der GEDOK Hannover und im Verband der Journalisten Niedersachsen. 1959 Gast der Stadt Berlin, 1960 Stipendium vom Auswärtigen Amt, Aufenthalt in Florenz, 1982 Literaturpreis des Landes Niedersachsen.

Veröffentlichungen *Babineck*. Roman. Westermann, Braunschweig 1956 ■ *Das hübsche Fräulein Faber*. Roman. Ebd. 1959 (Ins Ital. übertr.) ■ *Elsa Wagner*. Schauspielerporträt. Friedrich, Velber 1963 ■ *Die nackte Dame meines Vaters*. Feuilletons. Postskriptum, Hannover 1983 ■ Außerdem viele Feuilletons und Beiträge in Anthologien

Anne Dorn

Vita Anne Dorn, 1925 in Wachau bei Dresden geboren. Erste Veröffentlichungen 1967. 1973 Förderpreis der Stadt Köln. 1974 Deutscher Journalistenpreis. 1976 Filmpreis des IBBK. 1985 Ehrengast der Villa Massimo Rom. 1986 Stipendiatin des Stuttgarter Schriftstellerhauses. Vier Reisestipendien des DAD. Vier Arbeitsstipendien des Kultusministers in NRW.

Veröffentlichungen 26 Hörspiele, darunter *Ortschaften*. Regie: Rudolf Noelle. Hessischer Rundfunk 1967 ■ *Von der Schwierigkeit auf die richtige Art lebendig zu sein*. Rias Berlin, Südwestfunk 1987 ■ *Die Entdeckung der kleinen Ida*. SFB 1988 ■ 7 Autorenfilme, darunter *Eines Tages brachte ich meinen Sohn zum Reden*. 1973 ■ *Ein Gedicht* 1976 ■ *Nostalgie* 1977 ■ *Wenn du die Suppe gekocht hast, lösch das Feuer und geh* 1988

Vita Inge Dreyer, 1933 in Berlin geboren. 1955 Staatsexamen an der Pädagogischen Hochschule Berlin, 23 Jahre Lehrtätigkeit als Lehrerin und Rektorin an Berliner Gesamt- und Grundschulen. 1978 vorzeitige Pensionierung aus gesundheitlichen Gründen, Aufbau eines zweiten Berufes als »Schreibende« und Dozentin an Urania, Volkshochschulen usw.; Buchillustration. Mitgliedschaften: VS, GEDOK.

Veröffentlichungen *Achtung Stolperstelle.* Erzählungen und gereimte Texte mit Illustrationen. G. Kopf, Stuttgart 1982 ■ *Schule mit Dachschaden.* Prosa und gereimte Texte, Illustrationen. ikoo Buchverlag, Berlin 1985, ²1988 ■ *Die Streuner von Pangkor.* Erzählung, Illustrationen. Ebd. 1987 ■ *Tönende Stille.* Lyrik, Illustrationen. Boesche, Berlin 1985

Vita Ilse Eberhart (Loma Eppendorf), 1919 in Hamburg geboren und aufgewachsen. Studium in Berlin, dort Examen als Diplombibliothekarin und anschließend in der Stadtbibliothek tätig. Ab 1956 bei der Stadtbücherei Mannheim. Seit 1980, nach Aufgabe des Berufes, schriftstellerisch tätig. Lesungen in Büchereien, VHS-Veranstaltungen und im *Kulturtelefon* Ludwigshafen. Mitglied im literarischen Zentrum Rhein-Neckar *Die Räuber 77*, in der literarischen Gruppe 2000, Mannheim, in der GEDOK Mannheim Ludwigshafen.

Veröffentlichungen *Erkenne die Zeichen.* Gedichte. Th. Breit, Marquartstein 1988 ■ Beiträge in Anthologien, Tageszeitung, Wochenzeitung u. a. Periodika ■ Sachliche Beiträge, Geschichten und Verse für Kinder erscheinen unter dem Namen »Eberhart«, Erzählungen und Gedichte dagegen unter dem Pseudonym »Loma Eppendorf«

Marianne Eichholz

Vita Marianne Eichholz, in Windhuk, Namibia den Erdball begrüßt – in Berlin zur Schule gegangen und eine Karriere als Bürohilfskraft eingeschlagen. Aus den Büros herausgeflogen wegen unpassenden Benehmens. In Norwegen die großen Herrenmanöver überstanden. Reifezeugnis auf dem schwarzen Markt in Hamburg, dort zu schreiben angefangen. Sie erhielt für ■ *Hochhäuser.* Erzählung. Lebensbeschreibung. Die Welt, Bonn 1965 den Theodor-Wolf-Preis, wurde im Econ Verlag, Düsseldorf/Wien in dem Band *Aus Deutschland berichtet* nochmals gedruckt. Mitglied im Verband deutscher Schriftsteller und in der GEDOK. 1961 Umzug nach Berlin. Seit 1963 Theaterberichterstattung aus Ostberlin für Westberlin und Westdeutschland bis heute.

Veröffentlichungen *Berlin ein lyrischer Stadtplan.* Lyrik. Kiepenheuer & Witsch, Köln 1964 ■ *Das Mauerspiel.* Erzählung. Autorenedition, Berlin 1982 ■ *Die Geburt der Musik aus den Spreesümpfen.* Roman. Karin Kramer, Berlin 1985 ■ Beschreibung der acht Ostberliner Stadtteile (hinter der Mauer). Die Zeit, Hamburg 1965 bis 1966 ■ Mitarbeit am *Wahlkontor Deutsche Schriftsteller* (der SPD) 1965 ■ *Sattwerden und Hungrigbleiben.* Hörspiel. Saarbrücken, Bremen, Deutschlandfunk, Rias 1967 ■ *Teufel erschiesst Ohnesorg.* Theaterstück. Aufführung im Forumtheater Berlin 1968 ■ *Kriegsanleitung.* Ballettlibretto. Theater Bremen (Hans Kresnik) 1969 ■ *Frauengefängnis Lehrter Strasse.* O-Ton-Feature. Rias 1971 ■ *Klopfkillepfotibumsknuffjuck.* Hörspiel-Comic. Rias 1972

Vita   Alice Ekert-Rotholz, 1900 als Tochter eines britischen Vaters und einer deutschen Mutter in Hamburg geboren, lebte von 1939 bis 1952 mit ihrem Mann in Bangkok. Nach Hamburg zurückgekehrt, schrieb die Autorin zunächst für Presse und Funk. 1954 veröffentlichte sie ihren ersten Roman *Reis aus Silberschalen;* damit begründete sie ihren Weltruhm als Schriftstellerin. Ihre sämtlichen Bücher sind bei Hoffmann und Campe erschienen. Alice Ekert-Rotholz ist Mitglied des Internationalen PEN-Clubs und lebt in London.

Veröffentlichungen   (Alle Titel im Verlag Hoffmann und Campe, Hamburg) *Reis aus Silberschalen* 1954 ■ *Wo Tränen verboten sind* 1956 ■ *Strafende Sonne – Lockender Mond* 1958 ■ *Mohn in den Bergen* 1961 ■ *Die Pilger und die Reisenden* 1964 ■ *Elfenbein aus Peking* 1966 ■ *Der Juwelenbaum* 1968 ■ *Fünf Uhr nachmittag* 1971 ■ *Füchse in Kamakura* 1975 ■ *Gastspiel am Rialto* 1978 ■ *Großer Wind – kleiner Wind* 1980 ■ *Flucht aus den Bambusgärten* 1982 ■ *Nur eine Tasse Tee* 1984 ■ *Furcht und Mitleid* 1987

Vita Felicitas Estermann, 1931 in Bad Waldsee geboren. Studium der Kunstgeschichte, der deutschen und französischen Literatur in Tübingen und Basel, lebt in Bonn, redaktionelle Tätigkeit.

Veröffentlichungen Lyrik: *Wortbrot*. Gilles & Francke, Duisburg 1972 ■ *Jede Blume ist ein Dach*. Josef Habbel, Regensburg 1977 ■ *Konzert der Augenblicke*. edition heilen, Stenone, Köln 1981 ■ *In der Manteltasche versteckt*. Ebd. 1984 ■ *Seltene Tage*. Ebd. 1989 ■ Prosa: Seit 1981 in jeder Nummer der Vierteljahreszeitschrift *heilen*, Stenone, Köln, literarische Reiseberichte über West-, Ost-, Süd-, Nordeuropa, Israel

Vita Petra Fietzek, 1955 in Frankfurt a. M. geboren, aufgewachsen in Frankfurt, Berlin und Aachen. Studium der Germanistik und Kunstwissenschaft an der Universität zu Köln. Ab 1980 im Schuldienst in Münster (Westf.) und Coesfeld. 1985 Heirat mit dem Maler, Bildhauer und Kunsterzieher Rainer Fietzek, zwei Töchter. Seit 1986 als freischaffende Schriftstellerin tätig. Die Autorin schreibt neben Lyrik und Prosa auch Chansons (Text und Musik).

Veröffentlichungen *Freiheit zum Fragen.* Lyrik. Gilles & Francke, Duisburg 1981 ■ *Doch du.* Lyrik. Ebd. 1983 ■ *Wetterleuchten.* Lyrik. Ebd. 1985 ■ *Gestatten, Harald M. Bubu.* Kinder-/Jugendbuch. Coppenrath, Münster 1988

Vita Gerlind Fischer-Diehl, 1937 in Mainz geboren. Besuch eines humanistischen Gymnasiums in Gevelsberg/Westf. bis zur mittleren Reife, anschließend Fachabitur an einer textilen Fachschule in Wuppertal. Lehre und Gesellenprüfung im Herrenschneiderhandwerk mit gleichzeitigem und anschließendem mehrjährigen Gesangstudium. 1961 Heirat, 1962 und 1966 Geburt von Sohn und Tochter. Ab 1966 wohnhaft in Hamburg. Von 1973–1976 Aufenthalt in den Vereinigten Staaten, danach Rückkehr nach Hamburg. Seit 1982 freie Schriftstellerin in Hamburg. Schreibt Lyrik, Kurzprosa, Satiren, Aphorismen und Kindergeschichten für Presse, Rundfunk und Anthologien. Vorstandsmitglied der Hamburger Autorenvereinigung; Mitglied des literarischen Kabaretts *Die Wendeltreppe* (Hamburg).

Veröffentlichungen Übersetzung: Patrick Connolly, *Alles Liebe, Euer Vater* (aus dem Amerikanischen übersetzt). Papyrus, Hamburg 1987 ■ *Lebemann und Mauerblümchen. Eine poetische Menschenkunde in 65 Aphorismen.* Goldmann, München 1988

Vita Irene Fischer-Nagel, 1938 in Heidelberg geboren, Eltern beide Graphiker. Nach der mittleren Reife Handelsschule, Arbeit in einer Mosaikwerkstatt. Kinderschwester an mehreren Universitätskliniken. Studium an der Kunstakademie Karlsruhe. Nach dem Studium über 100 Einzelausstellungen, Illustratorin. Veröffentlichung von Erzählungen und Gedichten in Zeitungen, Zeitschriften, Gedichtbänden. Studienreisen in mehrere Länder. Nachlaßverwalterin der Eltern, Mitarbeit an Büchern und Katalogen. Irene Fischer-Nagel lebt als freischaffende Malerin, Graphikerin und Lyrikerin in Karlsruhe.

Mitglied im Verband Bildender Künstler, Schriftstellerverband, GEDOK.

Veröffentlichungen *Schattentag.* Gedichtband. Mit eigenen Illustrationen. Herman Meister, Heidelberg 1968 ■ *Andere Wege.* Gedichtband. Mit eigenen Illustrationen. Selbstverlag, Karlsruhe 1970 ■ *Trennung besteht.* Gedichtband. Mit Illustrationen von Hanna Nagel. Mannheimer Morgen, Mannheim 1974 ■ Herausgeberin: Hanna Nagel, *Ich zeichne weil es mein Leben ist.* G. Braun, Karlsruhe 1977 ■ Mitarbeit an Anthologien, Lesebüchern, Lexika mit Gedichten und Prosa

Marie Frey-Richter

Vita Marie Frey-Richter wurde 1905 in Berlin als Tochter eines Architekten und einer Malerin geboren. Frühes Interesse für Malerei. Nach der Schulzeit Besuch der Raimannschule, danach Unterricht im Atelier von Prof. Marks, Aktunterricht im Atelier Prof. Erdmann und Jäckel. Immer Interesse für das Schreiben, besonders Märchen. Hat diese zugleich auch illustriert, besonders mit Scherenschnitt. Nach dem Krieg lebte sie hauptsächlich in Rom und während des Sommers in Freiburg. Jetzt dauernd in Freiburg ansässig.

Veröffentlichungen Märchen mit Scherenschnitt-Illustrationen. Ladyschnikov, Berlin 1929 ■ Märchen der Gebrüder Grimm in Kurzform nachgeschrieben zu einer großen Mappe mit Scherenschnitten. Novalis, Schweiz 1972 ■ *Die Federn des Vogels Phönic* und andere Erzählungen. Mit Scherenschnitten. Philipp v. Zabern 1980 ■ *Wie der Sonnenstrahl und das Sternenkind eine Heimat fanden*. Mit Scherenschnitten und zwei farbigen Bildern. Märchenbuchhandlung, Scholl 1989 ■ Außerdem Veröffentlichungen in Zeitschriften

Vita Roswitha Fröhlich, 1924 in Berlin geboren. Kunst- und Germanistikstudium, Mitarbeiterin des Süddeutschen Rundfunks, Studio Heidelberg, lebt in Mannheim. VS-Mitglied, GEDOK. Nach zahlreichen Arbeiten für den Funk (Hörspiele, Erzählungen, Features, Reportagen, Lyrik, Satire, Kabarett u. v. a.) 1976 erste Buchveröffentlichung. Seitdem, neben fester redaktioneller Tätigkeit beim SDR, etliche Bücher, besonders im Bereich der Kinder- und Jugendliteratur. Thematische Schwerpunkte: Mädchen- und Frauenproblematik, Generationsunterschiede, die Nazizeit.

Veröffentlichungen u. a. *Probezeit.* Geschichte eines Unfallkindes. Beltz & Gelberg, Weinheim 1976 ■ *Ich konnte einfach nichts sagen.* Tagebuch einer Kriegsgefangenen. Rowohlt, Hamburg 1978 ■ *Ich und meine Mutter.* Mädchen erzählen (Protokolle). Otto Maier, Ravensburg 1980, dtv 1989 ■ *Na hör mal.* Kindergedichte. Zusammen mit Marie Marcks. Ebd. 1980 ■ *Lass mich mal ran.* Kinderkabarett. Ebd. 1981 ■ *Meiner Schwestern Angst und Mut.* Mädchen, Frauen, Gespräche. Ebd. 1982 ■ *Der Weg wächst immer wieder zu.* Begegnung zweier Frauengenerationen. Roman. Rowohlt (Panther), Hamburg 1983 ■ *Mias Geheimnis.* Kinderroman. Rowohlt (Rotfuchs) Hamburg 1984 ■ *Opa sieht rot.* Kindergeschichten. Arena, Würzburg 1986 ■ *Johanna Spyri – Momente einer Biographie.* Ein Dialog. Zusammen mit J. Winkler. Arche, Zürich 1987 ■ Außerdem zahlreiche Beiträge in Anthologien. Übersetzungen in mehrere Sprachen

Vita Dr. Gertrud Fussenegger, geboren 1912 in Pilsen, Studium der Geschichte, Kunstgeschichte und Philosophie in Innsbruck und München; 1934 zum Dr. phil. promoviert. Erste Buchveröffentlichung 1936/37. Seither sind etwa 30 Titel erschienen: Romane, Erzählungen, Lyrik, Dramen, Essays, – lange Aufenthalte in Tirol und in München, seit 1961 in Leonding, Oberösterreich. Gertrud Fussenegger war mit dem Bildhauer Prof. Alois Dorn verheiratet, ist Mutter von fünf Kindern. Sie ist Mitglied des PEN-Clubs und Ehrenmitglied verschiedener lit. Verbände. Sie erhielt den Adalbert-Stifter-Preis, den Joh. Peter-Hebel-Preis, den A. Gryphius-Preis, den Mozart-Preis der Goethe-Stiftung, die Humboldt-Plakette, des Ehrenzeichen für Verdienste um Kunst und Wissenschaft der Rep. Österreich, das Verdienst-Kreuz 1. Kl. der BRD; seit 1976 den Tiel Prof. h. c.

Veröffentlichungen *Das Haus der dunklen Krüge*. Roman. Deutsche Verlagsanstalt, Stuttgart 1951 ■ *Das verschüttete Antlitz*. Roman. Ebd. 1957 ■ *Zeit des Raben-Zeit der Taube*. Roman. Ebd. 1960 ■ *Bibelgeschichten*. Ein Jugendbuch. Ueberreuter 1972 ■ *Eines langen Stromes Reise*. Donaubuch. DVA 1976 ■ *Maria Theresia*. Hist. Monographie. Ebd. 1980 ■ *Sie waren Zeitgenossen*. Roman. Ebd. 1983 ■ *Gegenruf*. Gedichte. Otto Müller, Salzburg 1986 ■ *Nur ein Regenbogen*. DVA 1987 ■ *Der Goldschatz aus Böhmen*. Erzählungen. Müller, Salzburg 1989

Vita Zsuzsanna Gahse wurde 1946 in Budapest geboren. Mit 10 Jahren verließ sie – während der 56er Revolution – Ungarn, seitdem im deutschsprachigen Raum: Wien, Kassel, Stuttgart. Lebt in Stuttgart, verheiratet, zwei Kinder. 1983 Stipendium der Kunststiftung Baden-Württemberg, 1983 Aspekte-Literaturpreis des ZDF, 1986 Förderpreis der GEDOK, 1986 Preis anläßlich der I.-Bachmann-Lesung in Klagenfurt.

Veröffentlichungen *Zero*. Prosa. List, München 1983 ■ *Berganza*. Erzählung. List, München 1984 ■ *Abendgesellschaft*. Prosa. Piper, München 1986 ■ *Berganza*. Serie Piper, München 1987 ■ *Liedrige Stücke*. U.-Keicher, Warmbronn 1987 ■ *Stadt Land Fluß*. Geschichten. List, München 1988 ■ Übersetzungen aus dem Ungarischen: Peter Esterházy, *Kleine ungarische Pornographie*. Residenz, Salzburg 1987 ■ Peter Esterházy, *Fuhrleute*. Residenz, Salzburg 1988

Vita Dr. Astrid Gehlhoff-Claes, 1928 in Leverkusen geboren. Lebt in Düsseldorf. Studierte Germanistik, promovierte über Gottfried Benn. Mitglied des VS und der GEDOK. Literarische Förderpreise: zum Gerhart Hauptmann-Preis der Freien Volksbühne, Berlin 1962; der Stadt Köln 1964; zum Immermann-Preis der Stadt Düsseldorf 1965. Stipendien der Harvard-Universität 1956, der Deutschen Forschungsgemeinschaft 1958, des Landes Nordrhein-Westfalen 1973 und des Deutschen Literaturfonds, Darmstadt 1985; Bundesverdienstkreuz 1. Klasse 1986.

Veröffentlichungen u. a. *Der Mannequin.* Gedichte. Limes, Wiesbaden 1956 ■ *Meine Stimme mein Schiff.* Gedichte. Kiepenheuer & Witsch, Köln 1962 ■ *Didos Tod.* Schauspiel. Ebd. 1964 ■ *Erdbeereis.* Erzählungen. Erb, Düsseldorf 1980 ■ *Gegen Abend ein Orangenbaum.* Gedichte. Ebd. 1983 ■ *Abschied von der Macht.* Roman. Van Acken, Krefeld 1987 ■ *Nachruf auf einen Papagei.* Gedichte. Ebd. 1989 ■ Herausgeberin: Else Lasker-Schüler, *Briefe an Karl Kraus.* Limes, Wiesbaden 1960 ■ *Bis die Tür aufbricht.* Anthologie. Erle, Düsseldorf 1982 ■ Übersetzungen: W. H. Auden, *Der Wanderer.* Gedichte. Limes, Wiesbaden 1955 ■ James Joyce, *Am Strand von Fontana.* Gedichte. Ebd. 1957 ■ Henry James, *Tagebuch eines Schriftstellers.* Kiepenheuer & Witsch, Köln 1965 ■ Gioffredo Parise, *Der Chef.* Ebd. 1966, 1988 ■ Mitautorin u. a.: *Lyrik der Jahrhundertmitte.* Transit. Suhrkamp, Frankfurt 1956 ■ *Jahresring* 1955, 56, 77, 78. Deutsche Verlagsanstalt, Stuttgart

Vita Rita Gerlach, 1944 in Liegnitz geboren. Sie lebt und arbeitet seit 1980 in Bremen als Dozentin für Erwachsenenbildung mit den Schwerpunkten Rhetorik und deutsche Sprache. Autorin für Kinderhörspiele und Features. Sprachaktionistin. 1987 Arbeitsstipendium der Stiftung Kulturaustausch Niederlande – Deutschland in Amsterdam. Mehrfache Studienaufenthalte in Cuba und Mexico.

Veröffentlichungen Kinderhörspiele u. a.: *Hoppla, meine Mama spinnt, Die neuen Schuhe, Kein Platz zum Spielen...* SDR 1980 bis 1983 ■ Features u. a.: *Die Scham ist vorbei – und nun?*. Zur Situation schreibender Frauen. Zus. mit E. Hartenstein. ■ *Schlecht ist es nicht zu leben*. Zwei Sendungen zur mexikanischen Literatur heute. RB 1980 bis 1988 ■ Aktionen: *Das kann man auch so sehen*. Projekt *Leben* der GEDOK Bremen. Texte zu Bildern Bremer Künstlerinnen 1982 ■ *Etwas*. Projekt *Schattengrenze* der GEDOK Bremen. Performance mit Ernestine Zielke 1985 ■ *Eines Tages*. Collagen für Sprache und Sopran mit Magda Ehmke, Sopran, 1986 ■ *Textverarbeitung*. Lesingung mit Magda Ehmke, Sopran und Marie-Luise Eicke, Alt 1987 ■ *Ich hätte auch etwas anderes träumen können*. Aktion und Vortrag im Goethe-Institut Mexico D.F. und Centro de Lenguas Extranjeros, Unam, Mexico D.F. 1988 ■ *Fundort*. Projekt *Orte, Klänge, Wege* der GEDOK Bremen. Wörter, Sprache, Klänge mit Hector Tobón, Mexico 1989

Vita Dr. Dagmar von Gersdorff wurde 1938 in Trier/Mosel geboren. Sie begann ihre berufliche Laufbahn als Kinderbuchautorin und Redakteurin einer Tageszeitung im Ruhrgebiet. Zwei von ihren Kinderbüchern wurden, in mehrere Sprachen übersetzt, auf die Auswahlliste zum deutschen Jugendbuchpreis gewählt. Seit dem Abschluß ihres Literatur- und Kunstgeschichtsstudiums mit einer Promotionsarbeit über Thomas Mann und E.T.A. Hoffmann beschäftigt sich die Autorin vornehmlich mit der Literatur der deutschen Romantik. Einzelne literarische Arbeiten, die Goethe-Zeit behandelnd, wurden mit Preisen (des Landes Rheinland-Pfalz) ausgezeichnet. Dagmar von Gersdorff ist verheiratet, hat drei Kinder und lebt mit ihrer Familie in Berlin.

Veröffentlichungen Kinderbücher: *Annett und Peter Pumpernickel*. Jugend & Volk, München/Wien 1964 ■ *Die vertauschte Isabell*. Ebd. 1965 ■ *Der Kirschbaum auf dem Dach*. Ebd. 1968 ■ *Viel Spaß mit Anemone*. Ebd. 1968 ■ *Unsere Lok im Park*. Ebd. 1972 ■ *Für Kinder »Eintritt frei«*. Ebd. 1974 ■ *Thomas Mann und E.T.A. Hoffmann*. Wissenschaftliche Veröffentlichung. Peter Klein, Bonn 1979 ■ *Lebe der Liebe und liebe das Leben*. Der Briefwechsel von Clemens Brentano und Sophie Mereau. Insel, Frankfurt 1981 ■ *Dich zu lieben kann ich nicht verlernen*. Das Leben der Sophie Brentano-Mereau. Ebd. 1984 ■ *Kinderbildnisse* aus viertausend Jahren. Hentrich, Berlin 1985 ■ *Liebespaare – Eheleute* in der Kunst. Ebd. 1987

© Photo: Hartmut Schmidt, Freiburg

Eleonore Glaubitz

Vita Eleonore Glaubitz, 1923 in Hamburg geboren. 1942 Abitur, ab 1943 Medizinstudium, Ablegung des Vorphysikums, dann aus Kriegsgründen abgebrochen. Nach Kriegsende Studium der Germanistik in Hamburg und Heidelberg mit Tätigkeiten am Hamburger Mittelhochdeutschen und Goethe-Wörterbuch. 1960–63 Ausbildung zur Diplom-Bibliothekarin und Berufstätigkeit in wissenschaftlichen Bibliotheken der Städte Hamburg, Giessen, Düsseldorf und Freiburg. Während der letzten zehn Berufsjahre Aufbau der Hochschulbibliothek an der Trossinger Musikhochschule. Begann während des Krieges im Arbeits- und Rüstungsdienst als Abwehr gegen die auferlegten Zwänge zu schreiben. Seit 1970 in Freiburg ansässig und seither auch Mitglied der Freiburger GEDOK.

Veröffentlichungen *Gedichte*. Kleine Büttenreihe der Edition L, Loßburg 1978 ■ *Die gefiederte Schlange*. Gedichtzyklus mit Radierfolge von Rudolf Riester. Waldkircher-Verlags-Gesellschaft, Waldkirch 1982 ■ *Spiegelungen*. Gedichte. Mit einer Zeichnung von R. Riester. Ebd. 1982 ■ *Zwischen Zeit und Unzeit*. Gedichte. Mit einer Zeichnung von R. Riester. Ebd. 1983 ■ *Muschelstrände*. Notizen aus Carteret/Normandie. Prosa und Gedichte. Mit einer Zeichnung von R. Riester. Ebd. 1985 ■ *Klippenkammer – Felsenthron*. Prosa und Gedichte. Mit einem Aquarell von R. Riester. Ebd. 1986 ■ *Brignogan. Côtes des Légendes*. Gedichte und Prosa. Mit fünf Zeichnungen von R. Riester. Ebd. 1987 ■ *Herkules weigerte sich*. Gedichte und Prosa. Mit sechs Zeichnungen von R. Riester. Ebd. 1988 ■ Vertreten in mehreren Anthologien

Vita Anne Glock, 1944 in Nordhausen/Harz geboren. Abitur und Studium in Bonn. Lehrerin in Mainz. Zahlreiche Beiträge in Anthologien und Zeitschriften sowie Rundfunk- und Fernsehbeiträge.

Veröffentlichungen *Steine ins Wasser.* Gedichte. Reihe Punkt im Quadrat. Hrg. Reiner Gödtel 1981 ■ *Regentag im Sommer.* Gedichte. Reihe Manuskripte 49 (vergriffen). Gauke 1981 ■ *Tango im Ohr.* Gedichte. Junge Literatur, Rhodt 1986 ■ *Zitronenöl im Nacken.* Tagebuch einer Kreta-Reise. Ebd. 1987 ■ *Besser als wie tot.* Schulgeschichten. Ebd. 1989 ■ *Sorbet d'amour.* Die Reise nach Positano. Ebd. 1989

Vita Ingeborg Görler, geboren 1937 in Dessau, aufgewachsen im Harz und in Mannheim. Lehrerin im Schwarzwald, in Göttingen und an der Bergstraße. Journalistin in Mannheim und Speyer. Lehrerin in Fischbachtal/Odenwald. Übersiedlung nach Berlin. Zur Zeit als freischaffende Autorin in Brasilien. GEDOK-Förderpreisträgerin 1983.

Veröffentlichungen Erzählungen, Kurzgeschichten, Gedichte und lyrische Kurzprosa in Zeitungen und Zeitschriften, im Rundfunk und in Anthologien, u. a. ■ *Synchron*. Prosa und Poesie junger Autoren. Literarische Gesellschaft, Karlsruhe 1974 ■ Seither Kurzprosa, Lyrik (auch portugiesisch), Beiträge in Anthologien, u. a. in ■ *Land–Frauen–Leben*. Ein Lesebuch. Hrg. Klaus Gasseleder/Susanne Zahn, Bremen 1988 ■ *So sahen sie Mannheim*. Kulturhistorische Zitatensammlung. Konrad Theiss, Aalen 1974 ■ *Brudermord*. Erzählung. Fördergabe des Geurg-Mackensen-Preises 1974 ■ *Brudermord*. Drehbuch zum ZDF-Film nach der gleichnamigen Erzählung, 1978 ■ *Brudermord*. Erzählung und Drehbuch. Gesellschaft Hessischer Literaturfreunde, Darmstadt 1979 ■ *Landgewinn*. Gedichte. Fietkau, Berlin 1979

Vita Annegret Gollin, 1956 in Neu-Brandenburg geboren und aufgewachsen. Lebt nach politischer Haft seit 1982 mit Sohn in Berlin (West). Leitete zwei Jahre lang den Buchladen und Literatentreff *Rauchzeichen*. 1984 Studienplatz-Förderung im Gesamteuropäischen Studienwerk in Vlotho. 1989 Soziale Kunstförderung, Berlin-West *Autoren lesen*, drei Monate. Mitglied der NGL, des VS, der Berliner Autorenvereinigung, der GEDOK (seit 1988).

Veröffentlichungen *ddr eckig*. Lyrik und Prosa. Edition Sonnenbarke, Blitz, Berlin 1984 ■ *Schrei Berlin g und die kleinste Anarchie*. Lyrik und Prosa. Labyrinth, Berlin 1988

Vita Rosemarie Gosemärker, 1938 in Radeberg/Sa. geboren und die Grundschule besucht. Höhere Schule in Brandenburg. Flucht nach Heidelberg, dort Gymnasium ohne Abschluß. Buchhandelslehre, freie Mitarbeit *Heidelberger Tageblatt* Feuilleton. 1958/59 München Werbeabteilung eines Verlages. Rezensionen in *Bücherkommentare* (filex). 1959/60 Wien Sortimenterin bei Herder. Erste Ehe mit einem Theologen, Geburt der beiden Töchter 1961 und 1963. 1966 Scheidung und zweite Ehe mit einem Arzt. 1967 Geburt eines Sohnes. Seitdem gelegentliche Veröffentlichungen in Zeitungen, Rezensionen. Mitglied: Schriftsteller in Schleswig-Holstein. Lebt heute in Wyk/Föhr.

Veröffentlichungen *In den Sand geschrieben.* Lyrik. Bläschke, St. Michael 1983 ■ *Einer Liebe Preis.* Lyrik. Ebd. 1985 ■ *Immer weiter suchen.* Texte zu Glaubensfragen. Niko Jessen, Nebel, Hamburg 1986

Sigrid Grabert

© Photo: Foto-Rimbach, Mainz

Vita Sigrid Grabert, 1950 in Mainz geboren. Studium (Romanistik, Slavistik) in Frankfurt a. M. Staatsexamen. Seit 1978 Lehrtätigkeit am Gymnasium in Groß-Gerau. Daneben schriftstellerische Tätigkeit. Mitglied der GEDOK Rhein-Main-Taunus.

Veröffentlichungen *Die Silbenuhr*. Gedichte. Junge Literatur, Rhodt n. Rietburg 1986 ■ *Flaschenpost*. Gedichte. Mit Holzschnitten von Alfred Pohl. Edition Toni Pongratz, Hanzenberg 1986 ■ *Einsichten Aussichten*. Gedichte. Mit Zeichnungen von Anne Hausner. Junge Literatur, Rhodt n. Rietburg 1988 ■ *Ins Herz geschlossen*. Gedichte. Edition Toni Pongratz, Hanzenberg 1988

Christel Guhde

Vita Christel Guhde, in Berlin geboren. Aufgewachsen in Berlin und in einem Dorf in der Mark Brandenburg. Früher Verlust des Vaters. Intensive Anfänge im Malen und Schreiben. Bibliothekarische Ausbildung. Heirat, eine Tochter. Umzug nach West-Berlin. Arbeit als Bibliothekarin. In den 70er Jahren Neubeginn im künstlerischen Bereich: Malen und Schreiben. Ausstellungen von Aquarellen. Themen: Stadt, Alltag, Zerstörung von Geborgenheit, Outlaws, Natur, Frauen.

Veröffentlichungen *Risse im Beton*. Lyrik. H. Hoffmann, Berlin 1978 ■ *Mieträume*. Erzählungen mit Abbildungen von Aquarellen der Autorin. Klaus Guhl, Berlin 1983 ■ *Kleinlicher, herrischer Buchstabenmensch*. Erzählung. Sendung im Hess. Rundfunk 1987, veröffentlicht in der Anthologie *Die Engel*. dtv 1988 ■ *Nachts unterwegs in Kreuzberg*. Erzählung. Sendung im Rias Berlin 1984 ■ Außerdem zahlreiche Veröffentlichungen von Lyrik und Erzählungen in verschiedenen Anthologien, u. a. ■ *Jahrbuch für Lyrik*. Athenäum 1979 ■ *Am Rand der Zeit*. Jahrbuch der Lyrik. Claassen 1979 ■ *Erotische Gedichte von Frauen*. dtv 1985

Aldona Gustas

Vita Aldona Gustas, 1932 in Karceviskiu/Litauen geboren. Seit Kriegsende in Berlin (West). Heirat 1952 mit dem Schriftsteller Georg Holmsten. Seit 1958 erste Gedichte. Erste Veröffentlichungen 1960 in der Eremiten-Presse. Mitarbeit inzwischen an 87 Anthologien. 1973 Initiatorin der Gruppe *Malerpoeten*. Herausgeberin der gleichnamigen Anthologien. Mehrere Arbeitsstipendien des Senats von Berlin. Zehn Jahre GEDOK-Fachgruppenleiterin der Berliner Literaturgruppe. Mitgliedschaft in KOGGE, VS, BBK, Deutsch-Litauischer-Literarischer Gesellschaft. Mitglied des Sudermann-Kuratoriums. Übersetzungen ins Italienische, Spanische, Englische, Vertonung durch Alice Samter, Jens Rohwer, Alfred Schust, Jurgis Juczapaitis.

Veröffentlichungen u. a. Gedichtbände: *Nachtstrassen*. Eremiten-Presse, Stierstadt 1962 ■ *Grasdeuter*. Fischersträß'ner Presschen, Hannover 1963 ■ *Mikronautenzüge*. Montage-Presse, Hamburg 1964 ■ *Blaue Sträucher*. Schöngeistbel esprit, Bremen 1967 ■ *Worterotik*. Wolfgang Fietkau, Berlin 1971 ■ *Frankierter Morgenhimmel*. Eremiten-Presse, Düsseldorf 1975 ■ *Puppenruhe*. Ebd. 1977 ■ *Eine Welle, eine Muschel oder Venus persönlich*. Ebd. 1979 ■ *Sogar den Himmel teilten wir*. Ebd. 1981 ■ *Briedziai mano brolial* (Elche meine Brüder). Ins Litauische übersetzt von Vytautas Karalius, Vaga, Vilnius (Wilna) 1983 ■ Herausgeberin: dtv-Anthologien *Erotische Gedichte von Frauen* 1985 und *Erotische Gedichte von Männern* 1987

Vita Dr. Marusja de Haan-Serck, 1908 in Mannheim geboren. Studium der Geschichte, Anglistik, Germanistik. Abschluß: Staatsexamen, Assessor- und Doktorexamen. Da Regimegegnerin, wurde ihr eine Staatsanstellung verweigert. 1934–40: in Berlin Auslandslektorat und Aufbau eines Wirtschafts-Archivs. 1938–40: Mitarbeit bei Rudolf Sparing, Lektorat ausländischer Zeitschriften. 1940 Heirat und Umzug nach Breslau, vier Kinder. 1945 Flucht, aber erst 1949 Übersiedlung aus Polen nach Westdeutschland. Ab 1950 Hamburg und Berlin. 1954–64 freie Mitarbeit bei *Die Zeit*, dpa-Elitedienst, *Die Welt, Frankfurter Rundschau*, Hoffmann & Campe-Verlag und beim Norddeutschen Rundfunk. 1969–75: Unterrichtstätigkeit an einem Hamburger Gymnasium. Ab 1980 wieder freie Schriftstellerin in Berlin.

Veröffentlichungen Künstler-Portrait über Juri Trnka im Merian-Heft *Prag* ■ 1956–63 rund 30 Sendungen im NDR mit Berichterstattung und Dokumentationen über die Verhältnisse in Polen und der CSSR

Vita Ronnith Hagedorn (Ronnith Neumann), 1948 in Haifa, Israel geboren. 1958 Übersiedlung nach Deutschland, zunächst Frankfurt/M., wo sie Deutsch lernte und weiter zur Schule ging. Nach Abschluß der höheren Schule Ausbildung zur Fotografin, freie Fotografin, Volontariat beim Hessischen Rundfunk. Seit 1970 beim Norddeutschen Rundfunk in Hamburg. 1974 mehrere Kurse auf der Akademie für Publizistik in Hamburg, »Freizeitvolontariat« in diversen Redaktionen des NDR. Phonetik-Ausbildung. 1978 ein Filmdrehbuch über die Stadt Ulm; drei Preise, ein Prädikat für den Gesamtfilm. Der Film wurde in mehrere Sprachen übersetzt. 1986 Hamburger Literaturpreis für Kurzprosa für die Erzählung *Die Tür*. 1987 Preis des Nordrhein-Westfälischen Autorentreffens in Düsseldorf in der Gruppe Prosa für einen Auszug aus der Erzählung *Nirs Stadt*. 1989 Gladbecker Satirepreis für *Die seltsame Geschichte der Maria Fernanda Soarez*. Mitglied im Verband deutscher Schriftsteller, in der GEDOK, im Lit und in der Hamburger Autorenvereinigung.

Veröffentlichungen ... *und sind doch alles nur Worte*. Lyrik. Ted-Siera, Hamburg 1981 ■ *Lebenstraumkette*. Eine Trilogie. Lyrik/Prosa. Soldi, Hamburg 1982 ■ *Heimkehr in die Fremde*. Roman. Bert Schlender, Göttingen 1985 ■ Sendungen für den Hörfunk sowie Veröffentlichungen in Anthologien, Zeitungen und Zeitschriften

Vita Gertrud Hanefeld wurde 1936 in Wuppertal geboren. Sie war vor ihrer Arbeit als Musiklehrerin zehn Jahre sozialpädagogisch tätig. 1972 legte sie nach ihrem Zweitstudium Musik in Wuppertal das Staatsexamen im Hauptfach Violine ab. Sie schreibt Lyrik, komponiert Kantaten und – in Wort und Ton – Choralimpressionen. Mitgliedschaft: GEDOK.

Veröffentlichungen *Singe die Erde auf.* Kalliope, Siegen 1985■ *Autoren stellen sich vor: Meine Stadt.* Edition L, Loßburg 1984■ *Kunst und Literatur in und um Siegen.* Universität Siegen/Kunstverein Siegen/Höppner, Siegen 1989

Vita Ilse Hangert, 1925 in Köln geboren. Mittlere Reife, kaufmännische Ausbildung, danach Regierungsangestellte. Autodidaktin als Malerin. Mitgliedschaften: Autorenkreis Ruhr-Mark, Arbeitsgemeinschaft deutscher Autoren, Literaturbüro Unna. Mitgliedschaft: GEDOK.

Veröffentlichungen *Jeder trägt im Herzen Sehnsucht.* Gedichte. Bläschke, St. Michael 1982 ■ *Manchmal möcht ich die Erd umarmen.* Gedichte. Verlag freier Autoren, Fulda 1986 ■ Veröffentlichungen in Anthologien, Jahrbüchern, Zeitschriften und Zeitungen

Vita Gisela Hannes, 1922 in Goldbeck/Krs. Osterburg geboren. Studium der Zeitungswissenschaft und Germanistik in Berlin und Heidelberg, 1940–44. Heirat 1944, drei Kinder. Wohnhaft in Hannover seit 1949. Anerkennungspreise für Beiträge in den Anthologien: *Soli Deo Gloria*, 1985, und *Hafiziyeh Literaturpreis*, 1986. Mitglied: GEDOK Hannover, Deutscher Autoren-Verband Hannover, Hinz & Kunst Peine, Freundeskreis Düsseldorfer Buch.

Veröffentlichungen *Geh mit der Sehnsucht*. Lyrik. Kairos, Peine 1988 ■ *Wir fahren nach Jerusalem und wer fährt mit?* Berichte und Gedichte. Selbstverlag, Hannover 1988 ■ Beiträge in zahlreichen Anthologien

Vita Margarete Hannsmann, 1921 in Heidenheim/ Württemberg geboren. Freie Schriftstellerin, lebt in Stuttgart. Schauspiel-Ausbildung. Nach dem frühen Tod des Mannes mancherlei Tätigkeiten, um die Kinder durchzubringen. Begann spät mit Schreiben. Inzwischen zahlreiche Gedichtbände und autobiographische Prosa. Präsidiums-Mitglied im PEN-Club.

Veröffentlichungen u. a. *Tauch in den Stein.* Gedichte. Bläschke, Darmstadt 1964 ■ *Drei Tage in C.* Roman. Nymphenburger Verlagsanstalt, München 1964 ■ *Maquis im Nirgendwo.* Gedichte. Bläschke, Darmstadt 1966 ■ *Grob fein & göttlich.* Gedichte und Prosa. Claassen, Hamburg 1970 ■ *Das andere Ufer vor Augen.* Gedichte. Ebd. 1972 ■ *Fernsehabsage.* Gedichte. Claassen, Düsseldorf 1974 ■ *Blei im Gefieder.* Gedichte. Eremiten-Presse, Düsseldorf 1975 ■ *Chauffeur bei Don Quichote.* Roman. Claassen, Düsseldorf 1977 ■ *Kato i Diktatoria.* Katalog. Galerie Valentien, Stuttgart 1977 ■ *Rauch von wechselnden Feuern.* Gedichte. Aufbau, Berlin und Weimar 1978 ■ *Aufzeichnungen über Buchenwald.* Gedichte. Röderberg, Frankfurt 1978 ■ *Schaumkraut.* Gedichte. Eremiten-Presse, Düsseldorf 1980 ■ *Spuren.* Gedichte. Ph. Reclam jun., Leipzig und Claassen, Düsseldorf 1981 ■ *Der helle Tag bricht an.* Roman. Knaus, Hamburg 1982 ■ *Drachmentage.* Gedichte. Eremiten-Presse, Düsseldorf 1986 ■ *Pfauenschrei.* Lebensbericht. Knaus, München 1986 ■ *Rabenflug.* Gedichte. Klett-Cotta, Stuttgart 1987 ■ *Raubtier Tag.* Gedichte. Ebd. 1989

Jutta-Natalie Harder

Vita Jutta-Natalie Harder, 1934 in Fehrbellin/Mark geboren. Schreibt Lyrik und Prosa. Von 1953 bis 1958 Studium der Malerei, HfbK Berlin. Seit 1969 Einzel- und Gruppenausstellungen, u. a. im Neuen Berliner Kunstverein. 1963 bis 1968 Studium des Tanzes und der Pantomime. Seit 1972 eigenes Marionettentheater. Gastspiele mit der Wanderbühne und an der Akademie der Künste im Künstlerhaus Bethanien Berlin. 1979 Uraufführung der Produktion *Recht mitten hindurch*, Stationen des *Parzival* nach Wolfram von Eschenbach. 1987 *Der Teufel mit den drei goldenen Haaren*, Uraufführung der GEDOK, Literaturhaus Berlin. 1983 bis 1984 Arbeit an der Existential-psychologischen Bildungs- und Begegnungsstätte Todtmoos-Rütte. Seit 1985 eigenes Studio für schöpferisches Gestalten in Berlin, seit 1988 Mitarbeiterin der Schule für initiatische Therapie, Rütte. 1957 Preis des Kulturkreises im Bundesverband der deutschen Industrie für Malerei. 1974 Preis der Stadt Bochum für Puppenspiel. 1985 Stipendium der Sudermann-Stiftung Gütersloh für Lyrik.

Veröffentlichungen *Am Abend gabeln sich die Dinge.* Lyrik. Justinus, Stuttgart 1979 ■ *Schon über den Zenit.* Lyrik. Bläschke, St. Michael 1984 ■ *Der verlorene Apfelbaum, eine Pfarrhauskindheit in der Mark.* Prosa. Alkyon-Verlag Gerlind Stirn, Weissach im Tal 1988 ■ Dramaturgie: Textbuch für *Recht mitten hindurch.* Harder/Heinze M. A. und *Der Teufel mit den drei goldenen Haaren.* Harder/Töbermann/Döhler (nach Gebr. Grimm) ■ Videofilm der Aufführung *Recht mitten hindurch.* Farbig, Spieldauer 2 Std.

Vita Geno Hartlaub, 1915 in Mannheim geboren. 1934 Abitur. Aus politischen Gründen keine Studienerlaubnis. Kaufmännische Lehre. Auslandskorrespondentin, ein Studienjahr Italien. 1939–1945 dienstverpflichtet zur Wehrmacht (Frankreich, Norwegen), Kriegsgefangenschaft. 1945–1946 Lektorat bei literarischer Monatszeitschrift *Die Wandlung,* freie Lektorate, 1962–1980 Redakteurin beim *Deutschen Allgemeinen Sonntagsblatt*, Hamburg. Ausgedehnte Reisen nach Asien und Amerika. 1988 Alexander-Zinn-Preis des Hamburger Senats.

Veröffentlichungen u. a. *Anselm der Lehrling.* Phantastischer Roman. Fischer 1946 ■ *Die Tauben von San Marco.* Roman. Ebd. 1953 (auch als TB) ■ *Windstille vor Concador.* Ebd. 1958 ■ *Gefangene der Nacht.* Roman. Claassen 1961 ■ *Die Schafe der Königin.* Roman. Ebd. 1964 ■ *Unterwegs nach Samarkand.* Eine Reise durch die Sowjetunion. Ebd. 1965 ■ *Rot heißt auch schön.* Erzählungen. Ebd. 1969 ■ *Lokaltermin Feenteich.* Roman. Piper, München 1972 ■ *Sprung über den Schatten.* Orte, Menschen, Jahre. Scherz, Bern 1984 ■ *Noch ehe der Hahn kräht.* Herder, Freiburg 1985 ■ *Der Mond hat Durst.* 2001-Verlag 1985 ■ *Muriel.* Roman. Scherz, Bern 1986 (auch als TB bei dtv) ■ *Die Uhr der Träume.* Erzählungen. Ebd. 1986 ■ *Einer ist zuviel.* Kriminalroman. Kellner 1989 ■ Herausgeberin der Tagebuchaufzeichnungen ihres Bruders Felix *(Aus der windstillen Mitte des Taifuns)*, die heute als bedeutende Zeugnisse antifaschistischer Literatur gelten

Vita Elfriede Hasekamp, 1906 in Hagen/Westfalen geboren. Bereits nach dem Zweiten Weltkrieg Mitglied der GEDOK und seit ihrer Gründung Mitglied der Brüder Grimm Gesellschaft Kassel. Erhielt die Medaille des Deutschen Börsenvereins für Autoren an Schulen 1959 in Saarbrücken und weitere Medaillen zur Jugendbuchwoche in Heilbronn.

Veröffentlichungen *Schuffelinchen.* Märchen für Kinder von 5–10 Jahren. Dr. Monninger 1953 ■ *Umgang mit Märchen.* Julius Boltze, Allensbach 1958 ■ *10 Märchen für 10jährige zum Weltspartag.* Degenhard, München in Verbindung mit dem Bayerischen Kultusministerium 1958–1968 ■ *Mit Märchen leben – Kontrast zur Moderne.* Werner Bentz, Art und Graph. Verlag 1988 ■ *Mein Leben – das Märchen.* Von Loeper, Karlsruhe 1986 ■ Außerdem zahlreiche Hörspiele für den Kinderfunk des SDR, des SWF und WDR zwischen 1953 und 1973

Vita Heima Hasters, 1942 in Düsseldorf geboren. Kriegskind aus bürgerlichem Elternhaus. Studium der Neuphilologie, davon zweieinhalb Jahre im Ausland. Presse- und Rundfunkarbeit (Hörspiel, Kulturberichterstattung). Lehrtätigkeit (Sprachen, Literatur, Medienpädagogik). Seit 1977 (Geburt einer Tochter) frauenpolitisch, später auch friedenspolitisch engagiert. Hierzu dokumentarische Video-Arbeit. Literarische Veröffentlichungen seit 1980. 1981 Stipendium des Deutschen Literaturfonds (Arbeit am Thema Literatur und Film). 1983 Stipendium des Förderkreises deutscher Schriftsteller in Baden-Württemberg. 1987 Kurzgeschichtenpreis des Süddeutschen Rundfunks. Mitglied des Verbandes deutscher Schriftsteller.

Veröffentlichungen *Mein System. 20 private Rettungsversuche*. Monologe und Aphorismen. Fächerverlag, Karlsruhe 1982 ■ *Reisende Frauen*. Kurzgeschichten. Frau & Zeit, Karlsruhe 1986 ■ *Tiefflug Feuerwerk*. Roman. Ebd. 1989 ■ Mitherausgeberin: *Schreibende Frauen*. Anthologie. Von Loeper, Karlsruhe 1982

Vita Renate Hausmann, 1942 in Dresden geboren. Abitur in Bremen. Studium von Sprecherziehung, Gesang und Rhythmik an der Staatlichen Hochschule für Musik und Darstellende Kunst Stuttgart. Seit 1966 Lehrtätigkeit als Sprecherzieherin an der Pädagogischen Hochschule Reutlingen, später auch an der Musikhochschule Stuttgart. Meisterkurs bei Prof. Marga Muff-Stenz. Privatunterricht bei Prof. Vilma Mönckeberg-Kollmar. Künstlerische Tätigkeit: Rezitation und Märchen-Erzählen. Plattenaufnahme. 1986 erstmals sechs Gedichte in einer Anthologie veröffentlicht. Mitglied u. a. in der Europäischen Märchengesellschaft, in der Anthroposophischen Gesellschaft sowie der GEDOK.

Veröffentlichungen Übersetzungen aus dem Holländischen: L. F. C. Mees, *Ausgerechnet*. Kurze Geschichten. Die Pforte, Basel 1987 ■ L. F. C. Mees, *Tiere sind was Menschen haben*. Wissenschaftliche Abhandlung. Mellinger, Stuttgart 1987 ■ L. F. C. Mees, *Wie Rudolf Steiner sprach*. Erinnerungen. Die Pforte, Basel 1988 ■ L. F. C. Mees, *Wie sich der Mensch bewegt*. Wissenschaftliche Abhandlung. Ebd. 1989

Vita Birgit Heiderich, 1947 in Schermbeck/Rees geboren. Aufgewachsen in Dinslaken am Niederrhein. Studierte in Bonn, lebt und arbeitet seit 1978 in Tübingen. Seit 1977 schriftstellerische Tätigkeit. Mitglied im VS. Mitorganisatorin der Initiative Schreibende Frauen. Stipendien des Förderkreises deutscher Schriftsteller in Baden-Württemberg. Stipendium der Kunststiftung Baden-Württemberg 1986, Reisestipendium des Auswärtigen Amtes 1988.

Veröffentlichungen *Mit geschlossenen Augen*. Tagebuch. Suhrkamp, Frankfurt/M. 1980 ■ *Auskunft über das Reisen*. Kurzprosa. Ulrich Keicher, Warmbronn 1988 ■ Als Herausgeberin und Mitherausgeberin: *Jahrbuch schreibender Frauen*. Zus. mit Anne Birk und Regine Kress-Fricke. Von Loeper, Karlsruhe 1985 ■ *Don Juan*. Geschichten zwischen Liebe und Tod. Zus. mit Frank Göhre. Rowohlt, Reinbek 1986 ■ *Anstiftungen*. Tübinger Lesebuch. Flugasche, Stuttgart 1988 ■ Lesebuch *Schreibende Frauen*. Zus. mit Anne Birk und Regine Kress-Fricke. Braun, Karlsruhe 1988

Irmgard Heilmann

Vita Irmgard Heilmann, in Zeitz geboren. Wohnhaft in Westerland/Sylt bis 1953, seitdem in Hamburg ansässig. 1953 Gründung des I. Heilmann Verlag (Hamburg-Bildbände und -Kalender). 1973 Verkauf des Verlages an den Printas Verlag, in dem die Publikationen weiter erscheinen. Gründungsmitglied des Bundesverbandes Deutscher Autoren und der Hamburger Autorenvereinigung, Fachbeirätin für Literatur der GEDOK/Hamburg. Initiatorin des Hamburger Literaturpreises für Kurzprosa.

Veröffentlichungen *Wahlheimat am Meer.* Bildband mit Text über Sylt. Gustav Weise, Berlin 1944 ■ *Sylter Inselsommer.* Heiterer Ferienroman. Heinrich Möller Söhne, Rendsburg 1952 ■ *Pension Dünenblick.* Jugendbuch. Boje, Stuttgart 1955 ■ *Die Nachtigall stieg herab.* Frauen schreiben über Tiere. Droemer Knaur, München 1982 ■ *Aylsdorfer Kirschkuchen.* Erinnerungen an Thüringen. Langen Müller, München 1987. Ullstein TB 1989 ■ *Die Sängerin im Meer.* Erzählungen von Sylt bis Afrika. Heinrich Möller Söhne, Rendsburg 1989 ■ Literarisches Kabarett: *Karussel der Zeit.* Aufführung im Nordmark-Landestheater Westerland und im NWDR. Mit Chansons vertont von Siegfried Franz, NDR

Jutta Heinrich

Vita Jutta Heinrich, 1940 in Berlin geboren. Berufe: Betriebsleiterin, Buchhalterin, Vertreterin, Wochenmarktbeschickung, Imbißbesitzerin, Unternehmerin eines Großhandels, ab 1975 Studium der Sozialpädagogik, danach Studium der Literaturwissenschaften an der Universität Hamburg. Seit 1975 freie Schriftstellerin. Stellvertretendes Vorstandsmitglied des LIT (Literaturzentrum Hamburg), Vorstandsmitglied im Fachbereich Literatur in der GEDOK/Hamburg. Preise: Werkstipendien aus dem Literaturförderungsprogramm der Hamburger Kulturbehörde (1977 und 1982); Stipendium durch die Hamburger Kulturbehörde (1978); Stipendium der Stiftung Kulturaustausch Niederlande–Deutschland (1984); Jahresstipendium und Aufenthalt in der Künstlerstätte Schreyahn (1984/85); Einladung nach Klagenfurt zum Ingeborg-Bachmann Wettbewerb (1987); Einladung durch das Goetheinstitut an Universitäten in Griechenland (1988).

Veröffentlichungen u. a. *Das Geschlecht der Gedanken.* München 1977, Fischer TB 1988 ■ *Mit meinem Mörder Zeit bin ich allein.* München 1981. Fischer TB 1987 ■ *Unterwegs.* Stück in zwei Akten. Berlin Theaterverlag 1978 ■ *Die Geschlechtlichkeit der Badehauben.* In: Kleine Monster. Innenansichten der Pubertät. Hamburg 1985 ■ *Männerdämmerung.* Ein Lustspiel. Frankfurt 1985 ■ *Schreiben Jutta Heinrich.* Texte, Analysen, Portraits. Bremen 1985 ■ *Eingegangen.* Roman. Berlin 1987 ■ *Oberstes Gericht.* In: Klagenfurter Texte. München 1987 ■ *Die Macht des Kopfkissens.* In: Reisen. Tübingen 1989

Vita Irma Hildebrandt, 1935 in Hergiswil bei Luzern geboren. Studium der Germanistik und Romanistik in Zürich. Durch Heirat Übersiedlung nach Norddeutschland. 4 Kinder, Lehrtätigkeit, Zweitstudium in Bielefeld (Germanistik, Pädagogik, Soziologie). Vortragsreisen u. a. nach Südamerika, Japan. Mitarbeit an literarischen Projekten, Bundesfachbeirätin für Literatur in der GEDOK, seit 1983 Redakteurin der Zeitschrift *Frau und Kultur*. Mitglied der KOGGE und des PEN-Zentrums Schweiz. 1989 IVG-Journalistenpreis und Werkpreis der Stadt Luzern. Lebt in Vlotho an der Weser.

Veröffentlichungen *Warum schreiben Frauen?* Emanzipation im Spiegel der modernen Literatur. Herder, Freiburg 1980 ■ *In der Fremde zu Hause?* Flüchtlinge und Emigranten in der Schweiz. Ebd. 1982 ■ *Vom Eintritt der Frau in die Literatur*. Profil, München 1983 ■ *Es waren ihrer Fünf*. Die Brüder Grimm und ihre Familie. Eugen Diederichs, Köln 1984 (3. Aufl. 1986, ins Japanische übersetzt) ■ *Leben aus der Kraft der Stille*. (Zus. mit Walter Hildebrandt). Herder, Freiburg 1986 ■ *Zwischen Suppenküche und Salon*. Achtzehn Berlinerinnen. Eugen Diederichs, Köln 1987 (4. Aufl. 1988) ■ *Im tück'schen Eichendorffschen Frieden*. Gedichte. Waldkircher Verlag, Waldkirch 1988 ■ *Curtidas pieles de años/Gegerbte Jahreshäute*. Gedichte, spanisch/deutsch. Oscar Todtmann Editores, Caracas 1988 ■ *Morgengrauen*. Hörspiel. Kassette Radio DRS Zürich 1989 ■ Zahlreiche Beiträge in Zeitschriften, Sammelbänden und im Rundfunk. Übersetzungen ins Englische, Spanische und Japanische

© Photo: Barbara Sarx, Burscheid

Vita Brunhilde Hoch, 1922 in Ihringshausen/Kassel geboren. Freischaffende Publizistin, verheiratet, vier Kinder. Kaufmännische Ausbildung. 1969 Kommunalpolitikerin und Vorsitzende eines Begrünungsausschusses. 1973 Gründerin und Vorsitzende einer Bürgerinitiative (A. B. U. e.V. Köln). 1976 Idee, Text und Regie der Schrift *Es geht um die Zukunft dieses Planeten*. 1984 Beiträge zur Fachtagung für Lehrer zum Thema *Widerstand im Dritten Reich* und 1986 zu einer Dokumentation über die Ausstellung *Frauen im KZ*. Nach fünfjährigen Studien, Arbeiten mit Ton, 1986 eigenes Studio *Kreativer Treffpunkt*, öffentliche Ausstellungen. Mitgliedschaften: Kant-Gesellschaft e.V. Bonn, Lokaler Rundfunk Bergisches Land, Förderverein e.V., Freier Deutscher Autorenverband e.V., Steinbach-Ensemble Baden-Baden, Verein für Kunst & Kultur e.V. Burg Zweiffel, Schloßbauverein Burg e.V., Altenberger Domverein e.V., acht Jahre Ökumenearbeit im Christenrat der Kirchengemeinde am Altenberger Dom.

Veröffentlichungen Lyrikbände: *Wortbeleuchtungen*. Licht Umwelt Frieden. Mit Bildern der Malerin Erika Zeh. Ute Kierdorf, Remscheid/Wipperfürth 1983 ■ *Ver-Stimmungen*. Hoffnung Umwelt Frieden. Mit Fotografien von Barbara Sarx. Ebd. 1985 ■ *Begegnungen*. Mut Umwelt Frieden. Mit eigenen Keramiken, fotografiert von Barbara Sarx. Ebd. 1987 ■ *Egal, wie du es siehst, ich seh es anders*. Kinderbuch. Künstl. Bildbearbeitung Herbert Döring. Druck LBS Düsseldorf (Sponsor) zugunsten Behinderter 1989

Karla Höcker

Vita Karla Höcker, 1901 in Berlin geboren. Sie studierte auf der Staatlich-Akademischen Hochschule für Musik, Berlin, und war 10 Jahre hindurch Bratschistin des Bruinier-Quartetts. Sie veröffentlichte 1938 ihr erstes Buch, dem noch 30 weitere folgen. Einer ihrer Romane, *Die Mauern standen noch*, erhielt 1954 den Romanpreis des Berliner Kulturbuch-Verlages. In vielen ihrer Werke ist Musik das tragende Element. Eine über 12jährige Musik-Freundschaft verband sie mit Wilhelm Furtwängler, den sie auf allen Konzertreisen journalistisch betreute. 1977 zum Prof. e. h. ernannt, 1982 mit dem Bundesverdienstkreuz I. Kl. ausgezeichnet. Lebt und arbeitet in Berlin.

Veröffentlichungen u. a. *Der Hochzeitszug*. Eine romantische Erzählung. Hoffmann und Campe 1941 ■ *Begegnung mit Furtwängler*. Bertelsmann 1956 ■ *Dieses Mädchen*. Quartett-Roman. Deutsche Verlags-Anstalt 1962 ■ *Wilhelm Furtwängler*. Dokumente–Berichte–Aufzeichnungen. Rembrandt 1968 ■ *Das Leben des Wolfgang Amadé Mozart*. Klopp ^{4}1984 ■ *Das Leben von Clara Schumann geb. Wieck*. Ebd. 1975 ■ *Die schöne unvergeßliche Zeit. Franz Schubert in seiner Welt*. Ebd. 1978 ■ *Die nie vergessenen Klänge. Erinnerungen an Wilhelm Furtwängler*. arani 1979 ■ *Verweile doch. Aus einer Lebenslandschaft*. Ebd. 1981 ■ *Carl Maria von Weber*. Klopp 1986 ■ *Die Mauern standen noch*. Roman. Neuausgabe. arani 1989 ■ Dramatische Arbeiten: *Der gefangene Vogel*. Ein Spiel für Menschen oder Marionetten. Musik von Hans Chemin-Petit. Uraufführung 1927, 1969

Anneliese Hölder

Vita Dr. Anneliese Hölder, 1909 im Calwer Amtsgericht geboren. Abitur in Stuttgart. Staatl. geprüfte Kindergärtnerin 1933. Studium der Fächer Psychologie, Philosophie, Deutsch. 1937 Heirat nach Königsberg. 1940 Wiederaufnahme des Studiums in Tübingen. Scheidung 1944. Februar 1945 von der Universität relegiert wegen antinazistischer Äußerungen. 1947 Promotion zum Dr. phil. Lehraufträge an verschiedenen Schulen des Schwäbischen Frauenvereins e.V. in Staatskunde, an der Höheren Fachschule für Sozialpädagogik in Jugendschrifttum, an der Frauenfachschule Feuerbach in Deutsch; Lehrauftrag für Jugendschrifttum an der Pädagogischen Hochschule Ludwigsburg. Vorstandsmitglied im Schwäbischen Frauenverein seit 1979 Ehrenmitglied. 1959–65 Vorsitzende der CDU-Frauengruppe Stuttgart. Mitglied der GEDOK. Rezensionen von Jugendbüchern für *Die Welt*. Auszeichnungen: 1969 Europäischer Buchpreis der Stadt Caorle an der Universität Padua mit Goldmedaille und Diplom für *Critica Letteratura* (Sekundärliteratur zur Jugendliteratur).

Veröffentlichungen *Christophs Weihnachtswunsch*. Weihnachtsmärchen. Illustriert von Dorle à Wengen. Gangolf Rost, Augsburg ²1946 ■ *Das Abenteuerbuch im Spiegel der männlichen Reifezeit*. Alois Henn, Ratingen 1967 ■ *Jugendbuch in aller Welt*. Ergebnisse einer Umfrage des Internationalen Kuratoriums für das Jugendbuch. (Angeregt von Direktorin Yella Lepmann). Juventa Verlag GmbH, München und Verlag für Jugend und Volk, Wien 1953 bis 1955

Veronika Horch

Vita Veronika Horch, 1949 am Niederrhein geboren. Lehre als Speditionskauf»mann«. Heirat mit zwanzig. Während der 8jährigen Ehe selbstständige Kauffrau. 1975–80 in der autonomen Frauenbewegung aktiv. 1980 Zulassung zur Hochschule für Wirtschaft und Politik in Hamburg über Begabtenprüfung. 1982 Umzug von Bonn nach Berlin. Seitdem freie Schriftstellerin. Eintritt in den Verband deutscher Schriftsteller. Autodidaktisches Lernen in humanistischer Psychologie, körperlichen Disziplinen, unterschiedlichen Meditationsformen sowie östlichen und westlichen Philosophien. Seit 1982 Herstellung von Collagen. Einzelausstellungen und Lesungen. Seit 1986 Mitglied der GEDOK. 1987 wird das Buch *Der Freiheit entgegen* von Vladimir Rodzianko für die Bühne inszeniert und von Lieselotte Leist als Solo-Oper aufgeführt.

Veröffentlichungen *Von wegen Schicksal – eine Frau steht auf.* Autobiographische Erzählung im Tagebuchstil. Lucy Körner, Fellbach 1981 ■ *Der Freiheit entgegen.* Gedichte und Collagen. Selbstverlag, Berlin 1985

Vita Hilla Jablonsky, 1932 in Dudweiler/Saar geboren. Kindheit und Jugend in Schleswig-Holstein. Zweite Heirat 1963, ein Sohn. Versteht sich als deutsche Europäerin und Grenzüberschreiterin. Seit 1963 verschiedene Auslandsaufenthalte. Schreibt in zwei Sprachen (deutsch/englisch). Bildende Künstlerin (Malerei, Plastik, Graphik, Kunst am Bau, Buchgestaltung) und Autorin.

Veröffentlichungen *Lesebuch Zukunft*. Anthologie. tende, Dülmen/Frankfurt 1984 ■ *Erkenne mich*. Gedichte. edition gelber igel, Köln 1984 ■ *48 Gedichte*. Billerbecker Protokolle Nr. 1. Verlag Galerie am Dom, Billerbeck 1985 ■ *Logbuch der Pilotin*. Gedichte. edition gelber igel, Bonn 1986 ■ *Nachtschiffe*. Gedichte. Ebd. 1986 ■ *Feuerschiffe*. tende, Dülmen/Frankfurt 1988 ■ Außerdem Katalogvorworte, Essays zu Fragen der Bildenden Kunst in GEDOK-Katalogen, Bonn, in BBK-Nachrichten Nordrhein-Westfalen (Düsseldorf), *Kunstkurier* (Düsseldorf), *Neues Rheinland* (Düsseldorf), *Kulturpolitik* (Berlin/Bonn) ■ Aufzeichnungen durch Rundfunk und Fernsehen: *Gedichte von Bildern*, WDR 3 1987, *Kunst an der Küste*, NDR 3 1987, *Miniaturen*, BR 1987

Vita Margarete Jenne, 1941 in Freiburg i. Br. geboren, dort Grundschule und Gymnasium. 1958 Internatsschule in Ingenbohl (Schweiz), Ausbildung zur Erzieherin, zehnjährige Tätigkeit in diesem Beruf. 1969 Studium der Sozialarbeit, seit 1973 als Dipl. Sozialarbeiterin tätig. Ab 1962 die ersten Gedichte. Veröffentlichungen in Zeitungen, Zeitschriften und Anthologien. Lesungen. Sporadische Herausgabe eines Lyrikheftes *Stimmgabel*. Langjähriges Mitglied der GEDOK Freiburg.

Veröffentlichungen *Ich lebe aus meinem Herzen*. Lyrik. Edition L, Loßburg 1975 ■ *Lyrik heute*. Ebd. 1978 ■ *Spuren der Stille*. Ebd. 1979 ■ *Unterwegs*. GEDOK-Anthologie. Freiburg 1988 ■ *Denn du bist bei mir*. Lyrik. Edition L, Loßburg 1988

Vita Ute Jons (Ute Bartling), 1943 in Stargard geboren, aufgewachsen in Schleswig-Holstein. Sprach- und Pädagogikstudium in München und Heidelberg. Übersetzerin und Dolmetscherin, Lehrerin. Journalistische Mitarbeit im Fachbereich, für Feuilleton und Kunstkritik in Zeitung, Zeitschrift und Funk. Dissertation über amerikanische Erziehung, Referentin für Erziehungswissenschaft an internationalen Tagungen in den USA. Unterricht an amerikanischen Schulen und Universitäten.

Veröffentlichungen *Das Geheimnis des Wortes*. Lyrisches Kinderbuch. Fabula, Bad Aibling 1983 ■ *Zuagroast*. Essays über Bayern. Passavia, Passau 1984 ■ *Sprechverbot*. Gedichte. Ebd. 1986

Vita Hanne F. Juritz, 1942 in Straßburg geboren. Studierte Architektur und Graphik. Als freie Schriftstellerin lebt sie in Dreieich/Hessen. Auszeichnungen: 1971 Leporello-Preis des S. Fischer-Verlags, 1972 Leonce-und-Lena-Preis für Lyrik, 1978 Georg Mackensen-Preis für die beste deutsche Kurzgeschichte, 1979 Preis der Schüler zum deutschen Kurzgeschichtenpreis, 1981 und 1983 Stadtschreiberin von Offenbach am Main.

Veröffentlichungen u. a. *Nach der ersten Halbzeit.* Gedichte. Eremiten-Presse, Düsseldorf 1973 ■ *Spuren von Arsen zwischen den Bissen.* Gedichte. Pfaffenweiler Presse 1976 ■ *Vorzugsweise wachend.* Gedichte. Hrg. Karl Krolow. Bläschke, Wien 1976 ■ *And so on and other lyrics.* Poems. Dimension, USA 1976 ■ *Sieben Wunder!* Gedichte. pawel pan presse, Büdingen 1978 ■ *Der Paul.* Gedichte. Ebd. 1979 ■ *Ausgewählte Gedichte.* Pendragon, Bielefeld 1979 ■ *Schilderey Nr. 1.* Fragmente. Gedichte. Ebd. 1979 ■ *Hommage an Marcel Marceau.* Gedichte. Eremiten-Presse, Düsseldorf 1980 ■ *Die Unbezähmbarkeit der Piranhas.* Erzählungen. Pendragon 1980 ■ *Gesammelte Werke Band 1.* Hrg. Günter Butkus. Ebd. 1983 ■ *Der weiche Kragen Finsternis.* Gedichte I. Gesammelte Werke Band 2. Hrg. G. Butkus. Ebd. 1985 ■ *Gelegentlich ist Joe mit Kochsalz unterwegs.* Gedichte II. Gesammelte Werke Band 3. Hrg. G. Butkus. Ebd. 1985 ■ *Die Nacht des Trommlers.* Gedichte III. Gesammelte Werke Band 4. Hrg. G. Butkus. Ebd. 1986 ■ *Verwehung im Park.* Gedichte IV. Gesammelte Werke Band 5. Hrg. G. Butkus. Ebd. 1988

© Photo: Rausch + Pester, Karlsruhe

Vita Thea Kaarow-Himmelreich, 1918 in Gelsenkirchen geboren. Gymnasium. 1936–39 buchhändlerische Ausbildung und Buchhandelsschule Leipzig. Besuch der Werkkunstschule Dortmund und der Folkwangschule Essen. 1943 Heirat mit dem Bildhauer und Architekten Claus Dillinger (1944 in Rußland gefallen). 1948 Wiederverheiratung mit dem Vermessungsingenieur Rolf Kaarow in Karlsruhe. Drei Söhne und eine Tochter. Langjährige Mitgliedschaft in der GEDOK Karlsruhe, der Literarischen Gesellschaft Karlsruhe, im Badischen Kunstverein und in der Künstlergilde Buslat. Lesungen und Ausstellungen.

Veröffentlichungen *Ein kleines Buchtheater in Gedichten und Scherenschnitten.* Lyrik und Bilder der Autorin. Bläschke, St. Michael 1984 ■ *Wenn du leise sprichst.* Lyrik und farbige Bilder der Autorin. Von Loeper, Karlsruhe 1985

Vita Utta Keppler, 1905 in Stuttgart geboren. Höhere Mädchenrealschule, Kunstgewerbeschule Stuttgart (Meisterreife). 1928/29 Kunstgewerblerin und Entwerferin. 1929 Heirat. Seit 1957 zahlreiche Romane, Essays, Gedichte, Feuilletons, historische Dokumentationen, Kritiken, Hörspiele und Hörfolgen im Rundfunk. Jahrelange journalistische Arbeit, Theater- und Konzertkritiken, Kunstausstellungsrezensionen.

Auszeichnungen: Kepler-Medaille der Stadt Regensburg, Uhlandmedaille der Stadt Tübingen. Mitgliedschaften: GEDOK, DSW.

Veröffentlichungen u. a. *Die Falterfrau, Leben der Maria Sibylla Merian*. Roman. Salzer 1961 ■ *Liebe Malerin*. Roman. Rainer Wunderlich, Tübingen 1976 und Stieglitz, Mühlacker 1985 ■ *Ein genialer Rebell*. Roman, Stieglitz, Mühlacker 1982 ■ *Für mich gab's nur Jerome*. Roman. Ebd. 1985 ■ *Franziska von Hohenheim*. Roman. Ebd. 1984 ■ *Peregrina, Mörikes geheimnisvolle Gefährtin*. Roman. Langen-Müller-Bechtle, Esslingen 1982 ■ *Die Droste, Leben der Annette von Droste-Hülshoff*. Roman. Ebd. 1985 und Ullstein TB 1987 ■ *Friederike Kerner und ihr Justinus*. Roman. Stieglitz, Mühlacker 1983 ■ *Die Keplerin, Mutter des Astronomen*. Erzählung. Ebd. 1981 ■ *Charlotte von Schiller*. Roman. Ebd. 1986 ■ *Marianne Pirker, die Sängerin am Hof Carl Eugens*. Roman. Ebd. 1988 ■ *Schattengrenzen*. Reihe Schwarzgoldene Lyrik. Schmidt, Pfullendorf 1988 ■ Außerdem zahlreiche Novellen, Erzählungen. Mitarbeit in diversen Sammelbänden, Zeitschriften

Sarah Kirsch

Vita Sarah Kirsch, 1935 in Limlingerode geboren. Abitur, Studium der Biologie (Diplom) in Halle. 1963–65 Studium der Literatur in Leipzig. Ehe mit Rainer Kirsch. Lebte bis 1977 als Schriftstellerin in Ostberlin. Ausreise in die BRD wegen ihres Einsatzes für W. Biermann. Mitglied des PEN-Zentrums der Bundesrepublik und der GEDOK Schleswig-Holstein. Erhielt den Kunstpreis der Stadt Halle, die Erich Weinert Medaille zus. mit Rainer Kirsch, den Heinrich-Heine-Preis, den Petrarca-Preis, den Österreichischen Staatspreis für europäische Literatur, den Roswitha-Preis der Stadt Gandersheim, den Hölderlin-Preis der Stadt Bad Homburg, die Goldmedaille Literatur, den GEDOK-Literaturpreis, Schleswig-Holstein, den Literaturpreis des Landes Schleswig-Holstein, den Stadtschreiber-Literaturpreis des ZDF und der Stadt Mainz.

Veröffentlichungen u. a. *Landaufenthalt*. Gedichte. Berlin, DDR, Weimar (Aufbau) 1967. Lizenzausgabe: Langewiesche-Brandt, Ebenhausen 1969, Neuausgabe 1977 ■ *Es war dieser merkwürdige Sommer*. Gedichte. Claassen, Berlin 1974 ■ *Rückenwind*. Gedichte. Berlin, DDR, Weimar (Aufbau) 1976. Lizenzausgabe: Langewiesche-Brandt, Ebenhausen 1977 ■ *La Pagerie*. DVA, Stuttgart 1980, TB dtv, München 1984 ■ *Katzenleben*. Gedichte. Ebd. 1984 ■ *Landwege*. Eine Auswahl 1980–1985. Mit einem Nachwort von G. Kunert. Ebd. 1985 ■ *Hundert Gedichte*. Langewiesche-Brandt, Ebenhausen 1985 ■ *Irrsterne*. Prosa. Ebd. 1986 ■ *Allerlei-Rauh*. Prosa. Ebd. 1988 ■ *Schneewärme*. Lyrik. DVA, Stuttgart 1989

Vita Marianne Klaar, 1905 in Berlin geboren. Nach Abschluß des »Lyzeums« Ausbildung u. Tätigkeit als Buchhändlerin. 1934–1942 in Athen Mitarbeiterin einer wissenschaftlichen Zeitschrift. Seit 1944 ansässig in Freiburg/Brsg. Hörerin an den Universitäten Berlin, Athen, Freiburg. 1983 Bundesverdienstkreuz am Bande für Förderung der Deutsch-Griechischen Verständigung. Mitglied der GEDOK, Freiburg, der Gesellschaft »Deutsch-Griechischer Begegnung«, Freiburg, und der Europäischen Märchengesellschaft, Rheine/Westf. Seit 1955 lange Reisen nach Athen und auf Inseln der Ägäis.

Veröffentlichungen *Klephtenkrieg*. Neugriechische Volkslieder. (In rhythmischer Prosa frei ins Deutsche übertragen. Byzantinisch-Neugriechische Jahrbücher, Beiheft Nr. 26. Athen 1938 ■ *Die Gastliche Stadt*. Ein Dank an Athen. Paul Pattloch, Aschaffenburg 1947 ■ *Christos und das verschenkte Brot*. Neugriechische Volkslegenden. Ins Deutsche übertragen, zu einem Teil gesammelt und herausgegeben von M. Klaar. Erich Röth, Kassel 1963 ■ *Tochter des Zitronenbaums*. Märchen aus Rhodos. Aus der Sammlung Vrondis und der eigenen, herausgegeben von M. Klaar. Ebd. 1970 ■ *Die Reise im goldenen Schiff*. Märchen von Ägäischen Inseln. Gesammelt im Dodekanes, übersetzt und herausgegeben von M. Klaar. Ebd. 1977 ■ *Die Pantöffelchen der Nereïde*. Griechische Märchen von der Insel Lesbos. Ebd. 1987

Vita Dr. Margaret Klare, 1932 in Essen geboren und aufgewachsen. Abitur. Studium an der Pädagogischen Hochschule Essen, später Germanistik, Französisch und Sprachwissenschaft in Bonn und Nancy. Promotion über Thomas Mann. Neben Lehrtätigkeit in Schule und Hochschule Veröffentlichung literaturwissenschaftlicher Aufsätze und Mitarbeit an Sprachbüchern. Wohnort: St. Augustin bei Bonn. Schriftstellerische Tätigkeit: Lyrik, Kurzprosa, Kinderbuchtexte. 1988 Peter Härtling-Preis für Kinderliteratur.

Veröffentlichungen Kinderbücher: *Harry Hamster*. Herder, Freiburg 1987 ■ *Harry Hamster II*. Ebd. 1988 ■ *Heute nacht ist viel passiert*. Beltz & Gelberg, Weinheim 1989

Vita Dr. Ilse Kleberger, 1921 in Potsdam geboren. Schule und Ausbildung in Sachsen, Potsdam, Berlin, Schneidemühl. Medizinstudium in Berlin, Greifswald Tübingen. 1946 Staatsexamen in Berlin, 1947 promoviert zur Dr. med. 2 Jahre Assistenzärztin, 28 Jahre praktische Ärztin in Berlin. Nebenbei immer geschrieben. Veröffentlichung von Feuilleton und Lyrik, erste Buchveröffentlichung 1961. Seit 10 Jahren freie Schriftstellerin. Mitglied von GEDOK, NGL Berlin, Ärzteschriftsteller, IPPNW (Ärzte gegen den Atomkrieg).

Veröffentlichungen Jugendbücher: *Unsere Oma*. Erika Klopp, Berlin 1964 ■ *Ferien mit Oma*. Ebd. 1967 ■ *Villa Oma*. Ebd. 1972 ■ *2 : 0 für Oma*. Ebd. 1979 ■ Die Serie ist auch als TB bei Meier, Ravensburg und als Sammelband bei Xenos erschienen, außerdem vielfach übersetzt ■ *Christine 15 – Hinter der Fassade*. Meier TB, Ravensburg 1986 ■ *Die Nachtstimme*. Jugendroman. Edition Pestum, Schneider, Berlin 1982 (ab 1989 Arena TB) ■ *Schwarz-weiß-kariert*. Jugendroman. Herder, Freiburg 1989 ■ Berlin-Bücher: *Berlin unterm Hörrohr*. arani, Berlin 1976 ■ *Damals mit Kulicke*. Ebd. 1978 ■ Biographien: *Eine Gabe ist eine Aufgabe – Käthe Kollwitz*. Erika Klopp, Berlin 1980 ■ *Der Wanderer im Wind – Ernst Barlach*. Ebd. 1982 ■ *Die Vision vom Frieden – Bertha von Suttner*. Ebd. 1987 ■ *Albert Schweitzer – Das Symbol und der Mensch*. Ebd. 1989 ■ Alle Biographien auch bei dtv ■ Übersetzungen ins Französische, Spanische, Englische, Amerikanische, Polnische, Tschechische, Dänische, Holländische, Räto-Romanische, Ivrit, Chinesische

Vita Marliese Klingmann, 1937 in Heidelberg geboren. Aufgewachsen in Eschelbronn, einem kleinen Kraichgaudorf. Dort festgewachsen. Volksschule, Berufsfachschule, Lehre. Verdient den Lebensunterhalt als Sekretärin. Mitglied im Literarischen Verein der Pfalz, der GEDOK Heidelberg, den *Räubern* Mannheim. Schreibt Lyrik und Prosa, vorwiegend in Mundart. Zahlreiche Mundartpreise, u. a. 1983 1. Preis Bockenheimer Mundartwettbewerb und 1986 2. Preis für Mundartprosa beim Wettbewerb Arbeitskreis Heimatpflege, Regierungspräsidium Karlsruhe.

Veröffentlichungen *Stoppelfelder streichle*. Mundartgedichte. Zus. mit Ilse Rohnacher, Zeichnungen Thomas Rohnacher. Pfälzische Verlagsanstalt Landau 1984 ■ *Du un ich*. Mundartgedichte. Zus. mit Ilse Rohnacher, Zeichnungen Werner Schaub. Heidelberger Verlagsanstalt 1988

Vita Dagmar Köppen, 1951 in Berlin geboren. Ausdrucksbedürfnis in Lyrik, Malerei – überwiegend Pastell, Bildhauerei – Stein, Holz – Terrakotta, Fotografie – Rauminstallationen. Bewußte Raumgestaltung im Alltag von Schule, Hochschule und Lebens-/Wohnumfeld. Studienaufenthalte in Türkei, England und Italien, Pietrasanta. Mitarbeit in Projekten interkultureller Erziehung und Lehrerweiterbildungszentren. Lehraufträge TU und FU Berlin. Leitung der Literatur-Workshopgruppe für Nachwuchsliteratinnen in der GEDOK 1985/86. Moderations- und Autorentätigkeit für Friedrich-Verlag. Lyrik-Lesungen u. a. Literaturhaus Berlin. Teilnahme an verschiedensten Gruppenausstellungen und Aktionsmalereien 1986–89.

Veröffentlichungen *70 Zwiebeln sind ein Beet.* Mathematikmaterialien im offenen Anfangsunterricht. Sachbuch. Reihe: Interkulturelle Erziehung. Beltz praxis, Weinheim 1988 ■ *Mal sehen, ob unsere Füße hören können* (zus. mit Brigitte Riess). Reihe: Interkulturelle Erziehung. Ebd. 1989

Vita Olly Komenda-Soentgerath wurde 1923 in Prag als Deutsche geboren. Sie studierte Germanistik und Geschichte an der Karls-Universität. Erste Gedichte und Kurzgeschichten erschienen im *Prager Tagblatt*. Seit 1946 lebt sie in der Bundesrepublik Deutschland, wo sie, bedingt durch ihre private Lebenssituation, relativ spät zu veröffentlichen begann. Bereits 1982 übersetzte sie Gedichte von Jaroslav Seifert, der 1984 den Nobelpreis für Literatur erhielt. Seifert übertrug seinerseits die Gedichte von Olly Komenda-Soentgerath ins Tschechische und veröffentlichte sie in Prag. – Die Autorin ist Mitglied der GEDOK und des PEN-Clubs.

Veröffentlichungen *Das andere Ufer*. 1979 ■ *Wasserfall der Zeit*. 1981 ■ *Das schläft mir nachts unter den Lidern*. Gedichte. Heiderhoff, Waldbrunn 1981 ■ *Mit weniger kann ich nicht leben*. Gedichte. Ebd. 1983 ■ *Netopýří mlčení*. Gedichte. Prag 1985 ■ *Unerreichbar nahe*. Gedichte. Heiderhoff, Eisingen 1986 ■ *Ein Strahl von deinem Licht*. Gedichte. Claudius, München ²1987 ■ *Co mi spí v noci pod víčky*. Gedichte. Prag 1989 ■ *Nedosažitelně blízko*. Gedichte. Prag 1989 ■ *Im Schatten Prags*. Prosa. Wissenschaft & Politik, Köln 1990 ■ Übertragungen aus dem Tschechischen: Jaroslav Seifert, *Im Spiegel hat er das Dunkel*. Gedichte. Heiderhoff, Waldbrunn 1982 ■ *Was einmal Liebe war*. Gedichte. Dausien, Hanau 1985 ■ *Ein Himmel voller Raben*. Gedichte. Knaus, München ■ Die Gedichte von Olly Komenda-Soentgerath wurden in zahlreichen Anthologien, Zeitschriften und Zeitungen veröffentlicht

Vita Eva Korhammer, 1932 in Frankfurt/M. geboren. Seit 1966 Wahl-Hannoveranerin, bis dato 3 Jahrzehnte verheiratet, zwei erwachsene Kinder. Medizin- und Kunststudium in Frankfurt/M. abgebrochen, zugunsten einer soliden Verlagslehre. Auf dieser Basis auch als Familienfrau ständige Beschäftigung mit dem Hobby-Beruf: 6 dicke Ordner voll Rezensionen, bislang 30 Sachbuch-, Roman- und Jugendbuchübersetzungen sowie 17 eigene Kinderbücher und Jugendromane. – GEDOK-Erzählpreis (Hannover 1974). – Mitgliedschaften: GEDOK, Friedrich-Bödecker-Kreis, VS.

Veröffentlichungen *Die guten Sonntage*. Roman. Steinkopf, Stuttgart 1965 ■ *Die glückliche Wahl – Ich gehöre dazu*. Jugendromane. Ueberreuter, Wien 1968 und 1975 ■ *Der Floh im Ohr*. Kinderbuch. Bitter, Recklinghausen 1972 ■ Jugendromane: *Fremde Federn*. Kibu, Menden 1981 ■ *Wo wohnst du, Mama*. Ebd. 1982 ■ *Sandra M., Azubi*. Ebd. 1984 ■ *Viel Theater in der Klasse*. Weichert, Hannover 1983 ■ *Warum gerade Astrid?* Ebd. 1984 ■ *Musik aus der Coladose*. Ebd. 1985 ■ *Fast eine Schwester*. Ebd. 1987 ■ *Zwilling gesucht!* Fischer, Remseck 1978, 1983, 1984, 1985, 1988 ■ *Reifezeit für Doris*. Ebd. 1983 ■ *Nestwärme – Nein danke!* Ebd. 1984 ■ *Tanja, 14, Heimschülerin*. Ebd. 1985 ■ *Notfalls Spaghetti*. Ebd. 1988, 89 ■ *Flicflac liebt Flohilde*. Kinderbuch. Moorburg, Hannover 1988

Vita Ursula Krambs-Huber (Ursula Krambs-Vogelsang), 1929 in Karlsruhe geboren. Kindheit und Jugend in Karlsruhe, Berlin, Trachenberg/Schlesien und Heidelberg. Gymnasiale Schulbildung in Berlin und Heidelberg. Handwerkliche Lehre, Gesellenprüfung, Berufsausübung. Durch 1. Ehe (1951–1985) in der Landwirtschaft tätig. Nach dem Tod des Ehemannes 2. Ehe 1987 ebenfalls mit einem Landwirt. Lebt in Heidelberg und Großeicholzheim. Vier eigene, fünf angeheiratete Kinder, acht Enkel. Mitglied der Literarischen Vereinigung *Räuber 77*, Mannheim. Veröffentlichungen von Lyrik in verschiedenen Literaturzeitschriften, Anthologien und Tagespresse. Anerkennungspreis 1980 im internationalen Lyrikwettbewerb *Das Boot*. Vertonungen durch den Berliner Musiker und Fachschriftsteller Franz Lorenz. Lesungen in In- und Ausland. 1985–1989 mehrere Rundfunkinterviews und Fernsehportrait 1988.

Veröffentlichungen *Über trockenen Wassern*. Lyrik. Heidelberger Verlagsanstalt 1983, ²1985 ■ *Wurzeln und Flügel*. Lyrik. Ebd. 1986 ■ *Lichtmachen*. Lyrik. Ebd. 1988 ■ *Brückenbeschreiten*. Lyrik. Ebd. 1989

Vita Ute Maria Krasser, in Hermannstadt/Siebenbürgen geboren, Vater Gelehrter und Schriftsteller. Studien in Klausenburg und Freiburg (Germanistik, Kunstgeschichte, Weltliteratur u. a.), Schauspielerin und Erzieherin. Ehe mit Dr. Michael Belgrader. Trat vor fünf Jahren an die Öffentlichkeit. War Mitglied der GEDOK, der Esslinger Künstlergilde und des Freien Deutschen Autorenverbandes. Sie veröffentlichte Gedichte und Essays im In- und Ausland. Ihre Gedichte wurden zum Teil von Wolf von Aichelburg vertont.

Veröffentlichungen *Kinder des Lichts*. Lyrik und Essay. Waldkircher, Waldkirch 1986

Regine Kress-Fricke

Vita Regine Kress-Fricke, 1943 in Kiel geboren. Wirtschaftsdolmetscherin, Schauspielausbildung, geschieden, ein Sohn. Sie arbeitete in verschiedenen Berufen: als Wäscherin, Lehrerin, Verkäuferin, PR-Frau, Journalistin. Mitbegründerin und -organisatorin der Initiative *Schreibende Frauen in Baden-Württemberg,* Aktionen seit 1982. Beiträge in in- und ausländischen Tageszeitungen, Literatur- und Fachzeitschriften, im Fernsehen und Rundfunk. Beteiligung an zahlreichen Anthologien. Mitglied in der IG Medien, in *Die Kogge.* 1. Preis für Prosa, Goldener Federkiel der IGDA, Stipendium des Förderkreises Deutscher Schriftsteller in Baden-Württemberg, Reisestipendium des Auswärtigen Amts für Mexiko, Kunststiftung Baden-Württemberg. Seit 1972 Vorlagen für Theater. Multimedia Shows, Performances. Gastspiele bei Festivals, in Theatern und alternativen Veranstaltungsorten.

Veröffentlichungen *Was weinst du Faizina.* Gedichte. Meister, Heidelberg 1966 ■ *Sag mir wo du wohnst.* Prosa. Burtan, Adelsheim 1974 ■ *Die liebevollen Hinterhöfe.* Roman in Segmenten. Atelier im Bauernhaus, Fischerhude 1978 ■ *Match.* Gedichte. edition fischer, Frankfurt 1982 ■ *Mein mexikanischer Traum.* Edition Jakob, Karlsruhe 1989 ■ Mitherausgeberin: Anthologien *Schreibende Frauen,* 1–3. Von Loeper, Karlsruhe 1982/85 und Braun, Karlsruhe 1988 ■ Zahlreiche Minutenstücke im SDR, Literarisches Kabarett. ■ *Umkehr in Mexiko.* Hörstück, SDR 1986

Vita Dr. Ingrid Kreuzer (Angelika Jakob), 1926 in Pethau/Sachsen geboren. Studium der Kunstgeschichte, Germanistik, Archäologie, Abschluß mit dem Dr. phil. in Tübingen. Verheiratet mit dem Germanisten Helmut Kreuzer. Freiberuflich tätig unter beiden Namen, veröffentlicht unter dem Pseudonym Angelika Jakob jedoch erst seit 1982. Mitglied der GEDOK, des VS, des Literaturbüros Unna und der Künstlergilde Esslingen.

Veröffentlichungen Ingrid Kreuzer: *Studien zu Winckelmanns Ästhetik*. Normativität und historisches Bewußtsein. Jahresgabe der Winckelmann-Gesellschaft. Akademieverlag, Berlin 1959 ■ *Entfremdung und Anpassung*. Die Literatur der Angry Young Men in England der 50er Jahre. Winkler, München 1972 ■ *Märchenform und Individuelle Geschichte*. Zu Text und Handlungsstrukturen in Werken Ludwig Tiecks. Vandenhoeck & Ruprecht, Göttingen 1983 ■ *Literatur als Konstruktion*. Studien zur deutschen Literaturgeschichte zwischen Lessing und Martin Walser. Peter Lang, Frankfurt 1989 – Angelika Jakob: *Amie*. Erzählung. R.G. Fischer, Frankfurt 1982 ■ *12*. Gedichte. Universität Siegen 1982 ■ *Flieg, Schwesterlein flieg*. Erzählungen. Machwerk Siegen 1984 ■ *Grauer Stein und Gelbe Flügel*. Gedichte. Affholderbach & Strohmann, Siegen 1986 ■ *Die Lady und der Boy*. Erzählungen. edition isele, Eggingen 1989 ■ Außerdem Lyrik und Erzählungen in Anthologien, Zeitschriften und Sammelbänden

Margarete Kubelka

Vita Margarete Kubelka, 1923 in Haida/Nordböhmen geboren. Germanistik- und Lateinstudium an den Universitäten Prag, Rostock und Hamburg, ein Jahr im Lehrberuf, seit 1951 freie Schriftstellerin in Darmstadt. Preise und Auszeichnungen unter anderem: Sudetendeutscher Kulturpreis für Literatur 1967, Andreas Gryphius-Preis 1976, Erzählerpreis des Bayerischen Rundfunks 1979, Adalbert Stifter-Medaille 1982, Bundesverdienstkreuz 85, Lyrikpreis der Künstlergilde 1985 und 1988, Exlibris-Preis der GEDOK 88, Bronzene Verdienstmedaille der Stadt Darmstadt 1983, Johann Heinrich Merck-Ehrung 1988. Mitgliedschaften: GEDOK, Der Marburger Kreis, Die Künstlergilde, Europäische Autorenvereinigung *Die Kogge*, VS, Autorenkreis Plesse International, Regensburger Schriftstellergruppe, *Das Syndikat* (Verband deutscher Kriminalschriftsteller).

Veröffentlichungen u. a. *Odysseus kommt zu spät.* Roman. Maximilian Dietrich, Memmingen 1962 ■ *Der arme Heinrich Rosenkranz.* Roman. Ebd. 1964 ■ *Von allem bleibt nur ein Bild.* Roman. Pustet, Regensburg 1966 ■ *Myrrhe für das Kind.* Roman. S. Hirschberger, Heidenheim 1985 ■ *Heilige sind auch Menschen.* Erzählung. W. Jerratsch, Heidenheim 1979 ■ *Tagebuch einer Kindheit.* Verlagshaus Sudetenland, München 1980 ■ *Kurkonzert.* Erzählungen. Hirschberger, Heidenheim 1984 ■ *Absage an das Mondlicht.* Gedichte. Delp, München 1972 ■ *Verhängte Spiegel.* Gedichte. Ebd. 1979 ■ *Burgbett und Feuerlampe.* Ein Kinderbuch. Anrich, Kevelaer 1977 ■ *Ich werde Oma fragen.* Ellermann, München 1983

Vita Vera Lebert (Vera Lebert-Hinze; Claire Grohé), 1930 in Mannheim geboren. Sie lebt als freie Schriftstellerin in Hilchenbach, Kreis Siegen/Westf. Erste Lyrik während der Gymnasialzeit in Mannheim. In der Nachkriegszeit hat sie sich vorübergehend der Schauspielkunst zugewandt. Von 1963–1966 nahm sie Unterricht in Malerei. Erste Veröffentlichungen ab 1979. Als Auszeichnungen erhielt sie die Medaille *Unsterbliche Rose* und den 2. Preis Urban/Witten. Beim Ex-libris-Wettbewerb GEDOK-Rhein-Main-Taunus wurde ihr der 3. Preis verliehen. Mitgliedschaften: VS/NRW, Literaturbüro Unna, Literatur-Gesellschaft Schleswig-Holstein, Autorenkreis Ruhr-Mark, Peter-Hille-Gesellschaft, Gertrud von le Fort-Gesellschaft, Freundeskreis Romano Guardini, Esslinger Künstlergilde, GEDOK.

Veröffentlichungen *Wenn die Schatten leben.* Lyrik. Bläschke, St. Michael 1981 ■ *Flugtuch der Träume.* Lyrik. Gauke, Hannover-Münden 1984 ■ *... und die Wege sind ohne Zeichen.* Lyrik. Von Loeper, Karlsruhe 1988

Vita Helga Levend (Helga Häsing-Yorulmaz), 1944 geboren und aufgewachsen in Braunschweig. Lehr- und Wanderjahre in der Zeit von 1960 bis 1987 zwischen Berlin, Göttingen, Weinheim, Frankfurt und Marburg. Studium der Pädagogik in Göttingen. Redakteurin bei drei verschiedenen Zeitschriften – u. a. *betrifft: erziehung* und *päd. extra* in den Jahren 1973 bis 1987. Seit 1980 Arbeit als Buchautorin und Herausgeberin unter dem Namen Helga Häsing. Seit 1984 Veröffentlichungen als Buchautorin und freie Journalistin für Rundfunk, Zeitschriften und Zeitungen unter dem Namen Helga Levend. Derzeitiger Arbeits- und Wohnort Heidelberg.

Veröffentlichungen *Mutter hat einen Freund.* Frankfurt 1983 ■ Als Herausgeberin oder Mitautorin: *Das Herz für Kinder klebt an den Autos.* Reinbek 1983 ■ *Unsere Kinder, unsere Träume.* Hrg. H. Häsing. Frankfurt 1987 ■ *Ich erziehe allein.* Zus. mit Sophie Behr. Reinbek 1980 ■ *Kinder, Kinder! – Lust und Last der linken Eltern.* Zus. mit V. Brandes. Frankfurt 1983 ■ *Schmusekater sucht Frau zum Pferdestehlen.* Zus. mit Elisabeth Alexander. Frankfurt 1986 ■ *Du gehst fort und ich bleib da.* Zus. mit Ingeborg Mues. Frankfurt 1989

Vita Monique Lichtner, 1942 in Meerbusch/b. Düsseldorf geboren. Nach der mittleren Reife Ausbildung zur medizinisch-technischen Assistentin. 1968 Heirat mit dem Maler Werner Lichtner-Aix. 1969 Geburt der Tochter. Von 1969 an lebte die Familie den Großteil des Jahres in der Provence/ Frankreich. Kontakte mit der Dorfbevölkerung, die noch in überlieferter Tradition lebt, begeistert sie. Sie beginnt das Gehörte, Erlebte aufzuzeichnen. 1977 Geburt des Sohnes. 1987 Tod des Ehemannes. Monique Lichtner lebt in München und in Südfrankreich.

Veröffentlichungen *La cuisine provençale*. Kunstverlag Weingarten 1979 ■ *Knoblauch, Kräuter und Oliven*. Ebd. 1982

Vita Ursula Irmgard Linnhoff, 1936 in Wuppertal geboren. Studium der Philologie, Pädagogik, Soziologie, Staatsexamen. Postgraduate-Studium: Deutsches Institut für Entwicklungspolitik Berlin: 1. Kurs. Seit 1967 in Institutionen und später freiberuflich in der Entwicklungspolitik und in der politischen Erwachsenenbildung mit Frauen tätig. Ab 1971/72 auch publizistisch aktiv; frauenbezogene(r) Journalismus/Sachbücher. Versucht im Augenblick, Schreiben zu vereinen mit der Tätigkeit als Geschäftsführerin des Vereins Frauen der Welt e.V.-Büros für Interkulturelle Bildung und Begegnung. Mitgliedschaft: u.a. GEDOK, VS, Women in Development.

Veröffentlichungen *Die neue Frauenbewegung. USA-Europa seit 1968*. Kiepenheuer & Witsch, Köln 1974 ■ *Weibliche Homosexualität. Zwischen Anpassung und Emanzipation*. Ebd. 1976 (ins Spanische übersetzt) ■ *Berufliche Bildungschancen von Frauen*. Zus. mit Brunhilde Sauer. Schwartz & Co., Göttingen 1976 ■ *Zur Freiheit, oh, zur einzig wahren – Schreibende Frauen kämpfen für ihre Rechte*. Kiepenheuer & Witsch, Köln 1978. Dann veröffentlicht von Ullstein, Berlin 1983

Vita Isolde Loock, 1943 in Görlitz/Schlesien geboren. Nach dem Studium der Soziologie, Philosophie, Pädagogik in Freiburg und Hamburg Lehrerin in Hamburg. Heirat 1967. Zwei Töchter, 1967 und 1973. Autorendebüt 1981, *Bibliothek* NDR 3 bei Günter Kunert. Seitdem zahlreiche Lyrik- und Prosaveröffentlichungen im Funk, in Anthologien, Zeitungen und Zeitschriften. Seit 1984 intensive Malexperimente. Zunehmende Auseinandersetzung mit Text und Bild. Interdisziplinäre Zusammenarbeit mit den Medien Video und Bildende Kunst. Lebt freischaffend in Bremen.

Veröffentlichungen *Gefangene unseres Blickes*. Gedichte. Mit einem Vorwort von Günter Kunert. Edition Toni Pongratz, Hauzenberg 1983 ■ *Die Kerze im Fisch*. Prosa. Zeichen und Spuren, Bremen 1985 ■ Mitautorin: *Jahrbuch für Lyrik 3*. Hrg. Günter Kunert. Athenäum, Königstein/Taunus 1981 ■ *Und was ist das für ein Ort*. Lyriklesebuch. Hrg. Peter Kirchhof. Brockkamp, Bremen 1984 ■ *Wenn das Eis geht*. Ein Lesebuch zeitgenössischer Lyrik. Hrg. Helmut Lamprecht. dtv, München ²1985 ■ *Texte zur Bildenden Kunst*. Kunstfrühling Katalog des BBK, Bremen 1988 ■ Veröffentlichungen zu Film/Theater: *Zentral Bad*. Videofilm. Zus. mit Claudia Schillinger. Bremen 1987 (Förderpreisausstellung und Filmschau/Bremen. Feminale/Köln. Kulturfest/Saarbrücken. Video Women/Valencia, Spanien) ■ *Und lebe mit den Augen*. Videofilm für das Gerhard-Marcks-Haus. Zus. mit Marikke Heinz-Hoek. Bremen 1989 ■ *Alles*. Lyrik-Videoclip. Zus. mit Marikke Heinz-Hoek. Bremen 1989

Doris Lott

© Photo: Uschi Hofmann

Vita Doris Lott, 1940 in Karlsruhe geboren. Realschullehrerin für Deutsch und Französisch. Zwei Jahre Frankreichaufenthalt in Nancy und Chartres. Seit dem Alter von 20 Jahren kulturpolitische Mitarbeiterin bei mehreren Tageszeitungen und dpa. Mitarbeiterin beim Süddeutschen Rundfunk (Funkfeuilleton), 1983 ausgezeichnet beim Wettbewerb Oberrheinischer Erzähler. Veröffentlichungen von Kurzgeschichten und zwei Büchern. Lebt in Karlsruhe. Verheiratet, zwei Kinder.

Veröffentlichungen *Mein blau-weiß-rotes Herz.* Begegnungen mit Frankreich. Morstadt, Kehl 1988 ■ Herausgeberin: *Mein liebes Karlsruhe.* Von Loeper, Karlsruhe 1985 ■ Beiträge in: Jahrbuch schreibender Frauen, Band 2. Von Loeper, Karlsruhe 1985 ■ *Karlsruher Lesebuch.* G. Braun 1988 ■ Lesebuch *Schreibende Frauen.* Ebd. 1988 ■ *Rollwagen-Buch.* N. P. Engel, Kehl 1987

Vita Irmgard von der Lühe, 1919 in Mecklenburg geboren und aufgewachsen. Studium in Rostock und Freiburg i. Br. (Geschichte, Deutsch, Erdkunde), Landwirtschaftslehre auf der Insel Poel in Mecklenburg, weil Ehemann Landwirt. Mutter von vier Kindern. Preise: 1960 Bertelsmann-Preis für die Erzählung *Schneefall,* 1986 Bronzemedaille der *Haute Académie Littéraire et Artistique de France* für Lyrik (deutsch und französisch). Mitgliedschaften: GEDOK, Europäische Autorenvereinigung *Die Kogge,* Freier deutscher Autorenverband, Fritz-Reuter-Gesellschaft, Gertrud von le Fort-Gesellschaft.

Veröffentlichungen *Schneefall*. Erzählung. 1960 ■ *Elisabeth von Thadden*. Biographie. Diederichs ²1966, 3. Aufl. als TB bei Herder, 4. Aufl. als Neuausgabe bei Lax, Hildesheim 1989 ■ Lange Schreibpause durch Problemjahre: Tod eines Sohnes, Scheidung, volle Berufstätigkeit. ■ *Diese Straße keine andere Wahl*. Gedichte. Bläschke 1979 ■ *Bewahr deine Träume*. Gedichte. Lax, Hildesheim 1984 ■ *Fragen nach der wahren Zeit*. Gedichte. Graphikum, Göttingen 1986 ■ Aufsätze und Erzählungen in Funk, Zeitschriften und Sammelbänden (regelmäßig in *der literat*, Frankfurt), 1988 bei Suhrkamp, Burg, Kogge/Davids Drucke, Universitas, Edition L u. a. Gedichte in Kalendern, Anthologien und Zeitschriften

Vita Gisela Maler, 1943 in Zittau/Sa. geboren, aufgewachsen in Aurich, Köln und Frankfurt am Main. Studierte Völkerkunde, Volkskunde und afrikanische Sprachen in Marburg und Hamburg. Sie ist seit 1970 als Autorin für Verlage und Rundfunkanstalten sowie als Redakteurin tätig. Neben ihrer Arbeit als Lyrikerin interessiert sie sich vor allem für die archaischen Strukturen des Menschen und für die Rituale, die sein Leben regeln. Lebt mit zwei Kindern und drei Katzen auf dem Lande in der Nähe von Lübeck.

Veröffentlichungen *Das Verhalten des Menschen*. Bertelsmann, Gütersloh/Berlin 1976 ■ *Völkerkunde, die uns angeht*. Bertelsmann, Gütersloh 1978 ■ *Verhaltensforschung*. Ebd. 1982 ■ *Wortflucht*. Gedichte. Hertenstein-Presse, Pforzheim 1982 ■ *Traumzeit*. Gedichte. Ebd. 1984 ■ *Unter dem Hundsstern*. Gedichte. Ebd. 1985 ■ *Langsame Entfernung*. Gedichte. Ebd. 1989

© Photo: Wolfgang Rösler

Ursula Matenaer

Vita Ursula Matenaer, 1928 in Fulda geboren. Verheiratet, Fünf Kinder. Abitur, 1964 Pharmazeut. Vorexamen, seitdem in Apotheke tätig. Schreibt Lyrik und Feuilleton, seit 1979 in Zeitschriften veröffentlicht, ebenso in Rundfunksendungen. Gehört zur GEDOK Wuppertal und Niederrhein.

Veröffentlichungen *Eine Tagreise weit, Richtung Licht.* Sonnenreiter Publikationen, Rosenheim 1986 ■ *Möchtest du lieber ein kaltes Herz haben.* Edition L, Loßburg 1989

Vita Dr. Doris Maurer, 1951 in Duisburg geboren. Studium der Germanistik, Anglistik und Philosophie in Bonn und Tübingen, 1976 Erstes Staatsexamen, 1978 Promotion. 1978–1982 wissenschaftliche Mitarbeiterin bei der Schiller-Nationalausgabe, zugleich Lehrauftrag am Germanistischen Seminar der Universität Bonn. Seit Februar 1982 freiberuflich tätig als Sachbuchautorin, Dozentin in der Erwachsenenbildung, Leiterin von Literaturseminaren, freie Mitarbeiterin bei Zeitung und Rundfunk, Vortragstätigkeit.

Veröffentlichungen u. a. *August von Kotzebue.* Ursachen seines Erfolges. Konstante Elemente unterhaltender Dramatik. Bonn 1979 ■ *Annette von Droste-Hülshoff.* Ein Leben zwischen Auflehnung und Gehorsam. Biographie. Bonn 1982 (vergriffen) ■ *Eleonora Duse mit Selbstzeugnissen und Bilddokumenten.* Rowohlt, Reinbek bei Hamburg (= Rowohlts Monographien) 1988 ■ Herausgeberin und Mitautorin: *Venedig.* Hrg. Doris Maurer und Arnold E. Maurer. Mit zahlreichen Abbildungen. Frankfurt 1983, ³1988 (= Insel-TB 626) ■ *Wuppertal erzählt.* Literarische Streifzüge durch die Stadt an der Wupper (zus. mit A. E. Maurer). Bonn 1983 ■ *200 Jahre Lese- und Erholungs-Gesellschaft Bonn. 1787–1987* (zus. mit A. E. Maurer). Bonn 1987 ■ *Literarischer Führer durch Italien.* Ein Insel-Reiselexikon (zus. mit A. E. Maurer). Frankfurt 1988 (= Insel-TB 1071) ■ *Das andere Venedig.* Leben in der Lagune (zus. mit A. E. Maurer und M. Zanetti-Fotos). Dortmund 1988 (= Die bibliophilen TB 556)

Vita Dr. Annelise Mayer, 1906 in Mannheim geboren, wohnhaft in Freiburg. Studium der Germanistik mit dem Abschluß des Dr. phil., Schauspielschule, Lehrerin am Gymnasium. Oft im Auslandsschuldienst (z. B. in Perú), Regisseurin, Bundesverdienstkreuz. Mitglied der GEDOK.

Veröffentlichungen *Im Zwischenreich.* Gedichte aus fünf Jahrzehnten. Waldkircher Verlagsgesellschaft, Waldkirch 1983 ■ *Unterwegs.* Anthologie Freiburger Schriftstellerinnen. Hrg. GEDOK Freiburg 1987 ■ *Lyrik Heute.* Eine Auswahl neuer deutscher Lyrik. Edition L, Loßburg 1988

Vita Dr. Ingeborg Meidinger (Inge Meidinger-Geise), 1923 in Berlin geboren. Studierte Germanistik und Geschichte in Berlin und Erlangen und wurde zum Dr. phil. promoviert. Seit ihrer Studienzeit sind von ihr zahlreiche Veröffentlichungen im In- und Ausland in den Bereichen Lyrik, Prosa, Essays, Hörspiele und Fachpublikationen erschienen, manche davon wurden übersetzt. Sie erhielt mehrere Auszeichnungen, unter anderem 1972 den Kulturpreis der Stadt Erlangen, 1973 den *Kogge*-Ehrenring der Stadt Minden, 1985 das Bundesverdienstkreuz, 1988 den Wolfram-von-Eschenbach-Preis (Mittelfränkischer Kulturpreis). Sie ist Mitglied des PEN der Bundesrepublik und war von 1967 bis 1988 Vorsitzende der Europäischen Autorenvereinigung *Die Kogge e.V.*

Veröffentlichungen ca. 50 Bücher, davon die jüngsten Veröffentlichungen: *Zwischenzeiten*. Lyrik. Delp, München 1988 ■ *Mauros Partner*. Erzählungen. Quell, Stuttgart 1988 ■ *Menschen-mögliches*. Geschichten zum Schmunzeln. Bleicher, Gerlingen 1988 ■ Herausgeberin: *Das verfolgte Wort*. Internationale Anthologie der *Kogge*. Verlag davids-drucke, Göttingen 1988

Vita Ilse Meinck-Goedecke, 1907 in Berlin geboren. Arztfrau, Mutter von drei Söhnen, Teilnahme an literarischen Seminaren an beiden Berliner Universitäten. Mehrere Literaturpreise. Mitglied: Bodenseeklub, GEDOK, FDA.

Veröffentlichungen *Noch bist du fern.* Terzinen. Deutsche Buchgemeinschaft, Berlin 1947 ■ *Mütter euch blühe der Strauss.* Lyrik. Union, Berlin 1953 ■ *Der Mutter Tag und Wort.* Lyrik. Bläschke, Darmstadt 1977 ■ *Klirrprobe.* Lyrik. Edition Leu, Zürich 1982 ■ *Echo vom eigenen Schritt.* Lyrik. Edition L, Loßburg 1987 ■ Außerdem Mitautorin in über 50 Anthologien des In- und Auslandes, literarischen Zeitschriften und Zeitungen; Lyrik- und Prosabeiträge im ZDF und NDR

Gerhild Michel

Vita Gerhild Michel, 1942 in Berlin geboren. Aufgewachsen in Heidelberg. Zunächst Theaterarbeit. Nach vier Jahren als Schauspielerin Studium der Pädagogik. Lebt als Mutter zweier Kinder, Autorin und Lehrerin in Heidelberg. 1985 Mannheimer Lyrikpreis. Seit 1981 Mitglied der GEDOK Heidelberg.

Veröffentlichungen *Wie der Regen fällt.* Gedichte und Zeichnungen. Eigendruck, Heidelberg 1981 ■ *Hier könnten wir leben.* Gedichte. Heidelberger Verlagsanstalt 1985 ■ *Weiter ein Jahr.* Gedichte und Zeichnungen. Eigendruck, Heidelberg 1988 ■ *Überwintern.* Gedichte. Heidelberger Verlagsanstalt 1989

Vita Hildegard Moos, 1935 in Köln geboren. Abitur und Studium der Germanistik und Pädagogik in Bonn. Seit 1958 verheiratet mit dem Bildhauer Helmut Moos, vier Kinder, wohnhaft in Bensberg-Lustheide, Lehrtätigkeit an verschiedenen Schulformen. Seit 1983 Veröffentlichungen in Zeitschriften und im Rundfunk, öffentliche Lesungen in Bonn, Köln, Düsseldorf, Mainz, Bergisch Gladbach, Monreal u. a. 1984 Aufnahme in die GEDOK.

Veröffentlichungen *Knöpfe im Dutzend.* Verse zum Schmunzeln und Nachdenken. Wienand, Köln ³1989 ■ *Kurzwaren.* Verse zum Schmunzeln und Nachdenken. Ebd. 1986 ■ *Alle Tassen im Schrank.* Verse zum Schmunzeln und Nachdenken. Ebd. 1989

Vita Dagmar von Mutius (Eleonora Haugwitz) 1919 in Oslo, Norwegen geboren. Kindheit in Schlesien, in Berlin und durch den Diplomatenberuf des Vaters bis 1931 in Kopenhagen, und in Bukarest. Schule in Berlin von 1931–1937. Ausbildung: Dolmetscher Schule. Kriegsdienstverpflichtung, landwirtschaftliche Lehrstellen in Schlesien. 1941 Übernahme der Verwaltung des Familiengutes für den Bruder. Nach kurzem Treckversuch 1945 Arbeit auf dem nun polnischen Staatsgut bis zur Aussiedlung Ende 1946. 1950 Umzug nach Heidelberg. 1954 Erste Erzählungen in literarischen Wettbewerben und Anthologien. 1960 Beginn der Buchhandelstätigkeit und erste Buchveröffentlichungen. Büchergespräche und Funkerzählungen u. a. bei Radio Bremen, in Zeitschriften und Anthologien. 1989 noch im Buchhandel tätig. Mitglied im Verband deutscher Schriftsteller, der Künstlergilde e.V. Esslingen, der GEDOK, dem Ostdeutschen Kulturrat, Wangener Kreis e.V.

Auszeichnungen: 1963 Eichendorff-Literatur Preis, 1965 Ehrengabe des Andreas-Gryphius Preises; 1987 Verleihung des Bundesverdienstkreuzes, 1988 Sonderpreis Kulturpreis Schlesien des Landes Niedersachsen.

Veröffentlichungen *Wetterleuchten*. Erzählende Chronik. Vandenhoeck & Ruprecht, Göttingen ³1988 ■ *Grenzwege*. Erzählung. Ebd. 1964 ■ *Wandel des Spiels*. Roman. Ebd. 1966 ■ *Versteck ohne Anschlag*. Erzählungen. Bergstadt, Würzburg 1975 ■ *Einladung in ein altes Haus*. Erzählungen. Ebd. 1980 ■ *Draußen der Nachtwind*. Erzählungen. Ebd. 1985

Vita Dagmar Nick, 1926 in Breslau geboren. Ab 1933 in Berlin. Nach 1945 Graphologie- und Psychologiestudium in München. Wechselnde Domizile: 10 Jahre Köln, vier Jahre Israel. Ab 1967 wieder in München, verheiratet mit dem Internisten Dr. Kurt Braun. Literarischer Start: Herbst 1945. Mitgliedschaften: Deutscher Schriftstellerverband (seit 1948), Künstlergilde Esslingen, Wangener Kreis, RSGI (Regensburg), PEN-CLUB der Bundesrepublik seit 1965, GEDOK-Rhein-Main-Taunus seit 1989. Auszeichnungen u. a.: Eichendorff-Preis 1966, Ehrengabe zum Gryphius-Preis 1970, Roswitha von Gandersheim-Medaille 1977, Tukan-Preis der Stadt München 1981, Kulturpreis Schlesien des Landes Niedersachsen 1986, Schwabinger Kunstpreis für Literatur der Stadt München 1987 u. a.

Veröffentlichungen *Märtyrer.* Gedichte. Drei Fichten, München 1947 ■ *Holofernes.* Gedichte. Klemmsche Verlagsanstalt, Freiburg/Br. 1955 ■ *In den Ellipsen des Mondes.* Gedichte. Ellermann, München 1959 ■ *Einladung nach Israel.* Prosa und Lyrik. Langen-Müller, München 1963 ■ *Israel gestern und heute.* Sachbuch. Sigbert Mohn, Gütersloh 1968 ■ *Zeugnis und Zeichen.* Gedichte (übersetzt ins Englische). Delp, München 1969 ■ *Sizilien.* Prosa. Langen-Müller, München 1976 ■ *Fluchtlinien.* Gedichte aus 33 Jahren. Delp, München 1978 ■ *Götterinseln der Ägäis.* Prosa. Langen-Müller, München 1981 ■ *Gezählte Tage.* Gedichte. Heiderhoff, Würzburg/Waldbrunn 1986 ■ *Medea. Ein Monolog.* Prosa. Eremiten-Presse, Düsseldorf 1988

Vita Elke Oertgen-Twiehaus, 1936 in Koblenz geboren. Aufgewachsen in Koblenz, Ostpreußen, Friedrichstadt/Eider, Offenbach, Bielefeld und Bonn. 1956–1962 Studium der Literaturwissenschaft, Geschichte und Kunstgeschichte in Freiburg i. Br. und Bonn. 1963–1966 im Höheren Schuldienst tätig (Mülheim/Ruhr und Essen). Seit 1975 Kursleiterin an der Volkshochschule Duisburg (Literatur) und freie Mitarbeit an einer Tageszeitung (Kritiken über Autorenlesungen). Mitgliedschaft im Schriftstellerverband (VS) und der Europäischen Autorenvereinigung *Die Kogge*. Seit 1988 Mitglied in der GEDOK.

Veröffentlichungen *Vogelstunden*. Gedichte. Gilles & Francke 1975 ■ *Rutengänge*. Gedichte und lyrische Prosa. Ebd. 1978 ■ *Erdberührung*. Gedichte. Ebd. 1985 ■ *Steine haben Gedächtnis*. Gedichte. Ebd. 1988 ■ Zahlreiche Erzählungen und Gedichte in Zeitschriften und Anthologien

Vita Petra Ohl, 1957 in Bonn Bad Godesberg geboren. Seit 1984 mit Kantor Fritz Ohl verheiratet. Private Gesangsausbildung. Mitgliedschaften: FDA, Landesverband Nordrhein-Westfalen; GEDOK, Ortsgruppe Bonn

Veröffentlichungen *Beflügelte Stimme.* Lyrikauswahl. Kunst und Literatur, Darmstadt 1989

Vita Waltraud Ohm, 1959 in Köln geboren. Ist von Beruf Graphikerin und seit 1984 freischaffend künstlerisch tätig im Bereich angewandte und bildende Kunst und Lyrik. Mitglied der GEDOK Bonn.

Veröffentlichungen *Treibgut*. Gedichte. Edition L, Loßburg 1989. Dieses Buch erscheint auch in arabischer Übersetzung im Albaz Verlag, Damaskus

Vita Reinhild Paarmann, 1950 in Berlin geboren. Dipl. Sozialarbeiterin/Sozialpädagogin. Mitglied im VS, NGL und GEDOK. 1984 3. Vorsitzende des Berliner Vereins für Literaturarbeit e.V. 1984 und 1985 Leitung der Prosa-AG der NGL. 1985 mit im Vorstand der Berliner Autorentage. 1987 und 1988 Leitung des Literaturworkshops der GEDOK.

Veröffentlichungen seit 1977 in verschiedenen Zeitschriften und Anthologien von Lyrik und Prosa. Wichtigste Veröffentlichungen in *Log*. Zeitschrift für internationale Literatur, Nr. 22/1984. *Fahndung*. KKZR-Anthologie III, Berlin 1985 und *Berliner Lesebuch*. Loeper Verlag, Karlsruhe 1986. Zahlreiche Lesungen in Berlin, Bremen und Zürich. Herausgabe von Zeitschriften.

Wichtigste Themen: Soziale Themen, Frauen, Umwelt, Esoterik, Erotik. Veröffentlichungen in den Zeitschriften *Anus, Schreiben und Lesen, Die Wolke, horizonte, Wackelkontakt, das boot, kolibri, log* u. a. Veröffentlichungen in Anthologien: *Lebensräume*. GEDOK, Berlin 1984 ■ *Wortschluchten & Sprachgitter*. Berliner Verein für Literaturarbeit e.V. (Mitherausgeberin) 1984 ■ *Textbuch I GEDOK*. Literaturreihe. Berlin 1985 ■ *Lyrum, Larum, Bestiarum*. NGL, Berlin 1985

Vita Elisabeth Poppe, 1928 in Berlin geboren. Ausbildung als Verlagsbuchhändlerin, Tätigkeit in allen Bereichen des Buchhandels, 2 Jahre Marionetten-Theater gespielt, 5 Jahre bei einer Bank gearbeitet, Verheiratung, während der Ehe nicht berufstätig. Nach der Trennung der Ehe Seniorenreisen geleitet und betreut, darüber geschrieben. Anschluß an die Frauenbewegung, Mitarbeit in einer bekannten Frauengruppe, vor allem Öffentlichkeitsarbeit. Mitarbeit an diversen Frauenprojekten. Preisträgerin im Erzählerwettbewerb für die Anthologie *Ehe in unserer Zeit,* Bertelsmann-Verlag.

Veröffentlichungen *Jede Menge Männer.* Eine Art Erlebnisbericht. Eichborn, Frankfurt 1984. Als TB bei: Goldmann, München 1986 ■ Mitautorin in den Anthologien: *Ehe in unserer Zeit.* Bertelsmann, Gütersloh 1988 ■ *Helenas Schwestern.* Kleine Schritte, Bietigheim-Bissingen 1987 ■ *Die kleine Märcheninsel.* Metta-Kinau, Hamburg 1988 ■ *Die Lust und Liebe.* EinfallsReich, Braunschweig 1986

Vita Konstanze Radziwill, 1947 in Dangast (Kreis Friesland). Nach dem Abitur Studium der Germanistik und Politikwissenschaft in Köln. Arbeitete dort als Lehrerin. Übersiedlung nach Bremen. Zweitstudium (Kultursoziologie). Erste Veröffentlichung 1979. Seitdem freie Autorin und Hausfrau. Zwei Töchter (1979 und 1981). Nachwuchsstipendium für Literatur des Landes Niedersachsen 1981; Stipendium in der Casa Baldi (Olevano bei Rom) vom Senator für Wissenschaft und Kunst, Bremen 1987.

Veröffentlichungen *Eine Art von Verwandtschaft*. Roman. Benzinger 1979 (und Fischer-TB) ■ Herausgeberin: *Raum und Haus*. Zum malerischen Werk Franz Radziwills. Bucher 1988 ■ Mitherausgeberin: *Mit Fischen leben*. Anthologie Bremer und Gdansker Autor/innen. Temmen 1989 ■ Drehbuch zum Fernsehfilm *Barbara greift an*. Kinderfilm 1986 ■ Weitere Veröffentlichungen in Anthologien und Zeitschriften. Seit 1973 Arbeiten für den Rundfunk. Organisation von Schreibwerkstätten

Vita Else Rein, 1914 in Mannheim geboren und aufgewachsen. Früh schon Neigung zur Literatur, insbesondere zum Gedicht und zur Musik. Als Folge des Krieges zum Verlassen Mannheims gezwungen. Seit 1965 verheiratet, eine Tochter. In verschiedenen Bereichen tätig. Journalistische Arbeit als Freie Mitarbeiterin verschiedener Zeitungen, u.a. der Rhein-Neckar-Zeitung, dem Heidelberger Tageblatt, der Offenburger Zeitung, der Badischen Zeitung und der Badischen Neueste Nachrichten. Vor allem Gedichte veröffentlicht, Kindergeschichten und Märchen. In Anthologien aufgenommen.

Veröffentlichungen *Vulkane ruhen lange.* Gedichte. Karlsruher Bote 1957 ■ *Von einer Insel.* Blätter für Dichtung. Kurt Rüdiger, Karlsruhe 1958 ■ *Vom Esel und dem wundersamen Kind.* Legenden. Martin, Buxheim 1961 ■ *Der Traumbaum.* Kindergedichte. Ebd. 1964 ■ *Die Flöte fällt.* Gedichte. Europäischer Verlag, Wien 1977 ■ *Die gesammelten Jahre.* Gedichte. Martin, Buxheim 1989

Gudrun Reinboth

Vita Gudrun Reinboth, 1943 in Berlin geboren. Studium der Germanistik und Kunstgeschichte. Diplombibliothekarin für wissenschaftliche Bibliotheken. Erste Gedichte und eine Erzählung in Zeitschriften 1960. Erste Einzelveröffentlichung 1969. Verheiratet, drei Kinder. Nach einer längeren Pause ab 1983 wieder schreibend, seither viele Veröffentlichungen in Zeitungen, Zeitschriften, Anthologien, Rundfunk. Drei Bücher. Mitglied im VS und in der GEDOK.

Veröffentlichungen Unter dem früheren Ehenamen Gudrun Kuhnert: *Die ersten glücklichen Tage mit meinem Kind*. Erzählung. Kiefel, Wuppertal ³1971 ■ (Alle weiteren Titel unter dem Namen Gudrun Reinboth) ■ *Gnadengesuche*. Gedichte. Heidelberger Verlagsanstalt ²1986 ■ *Der Weg nach Heidelberg*. Gedichte und Erzählungen. Ebd. 1986 ■ *In meinem Baumhaus wohnen die Raben*. Roman für Kinder. Arena, Würzburg 1989

Vita Elisabeth Sophie Reiprich, 1922 in Heidelberg geboren und aufgewachsen. Volksschule. Mithilfe im Gartenbaubetrieb der Eltern. Kindergartenhelferin. Näherin. Saaltochter. Laienspielerin. Erste Gedichte und Erzählungen mit siebzehn Jahren. Buchveröffentlichungen seit 1961. Mitarbeit an Zeitungen, Zeitschriften, Kalendern, Jahrbüchern, Anthologien und im Rundfunk. Rund 60 Gedicht-Vertonungen durch bekannte Komponisten. Seit 1948 mit Walter Reiprich verheiratet. Eine Tochter. Mehrere Preise, Ehrungen und Auszeichnungen, u. a. Lyrikpreis *Dem deutschen Gedicht* (Goldener Ehrenring), Dome im Gedicht, Internationaler Lyrikpreis der AWMM, Brüssel 1982, Buchpreis der Künstlergilde. U. a. Mitglied in: Deutsche Akademie für Bildung und Kultur, München 1971, GEDOK, Freier Deutscher Autorenverband (FDA), Künstlergilde, Wangener Kreis, Arbeitskreis für deutsche Dichtung, Mannheimer Literarisches Zentrum *Die Räuber* '77.

Veröffentlichungen u. a. *Der schmale Steg.* Gedichte. Karlsruher Bote 1961 *Signale + Träume.* Gedichte. Europäischer Verlag, Wien 1964 ■ *In des Himmels Freiwilligkeit.* Gedichte. Ebd. 1972 ■ *Im windgepflügten Smog.* Gedichte. Martin, Buxheim 1972 ■ *In den dunklen Nächten.* Erzählungen, Legenden und Gedichte. Zus. mit Walter Reiprich. Manfred Ludwig, Warendorf 1978 ■ *Von Klippe zu Klippe.* Gedichte. Bläschke, St. Michael 1980 ■ *Die Kleinbahn hat Verspätung.* Geschichten. Zus. mit W. Reiprich. Manfred Ludwig, Warendorf 1981 ■ *In den purpurnen Abend.* Gedichte. Esslinger Reihe Nr. 6. Delp, Bad Windsheim 1984

Elsa Rentrop

Vita Elsa Rentrop, 1907 in Metz/Lothringen geboren. Abitur 1926. Studium der Malerei, Musik und Philosophie. 1928 staatl. Musikexamen, Köln, Heirat, drei Kinder. Trägerin der *Goldenen Europanadel*. Prosa- und Lyrik-Veröffentlichungen, Märchen (Hörspiel) 1934 im Berliner Rundfunk. Mitglied: GEDOK, Deutscher Frauenring, Europa-Union, Colloquium Humanum (Bonn).

Veröffentlichungen Ab 1922 Märchen in der Beilage der Saarbrücker Zeitung ■ Erzählungen, Gedichte, Aphorismen in der damaligen Frankfurter Zeitung und Kölnischen Zeitung ■ *Eindrücke und Erkenntnisse*. Norman Rentrop, Bonn 1977 ■ *Erzählungen*. Ebd. 1977 ■ Außerdem Gedichte in Anthologien

Ilse Rohnacher

Vita Ilse Rohnacher, 1926 in Heidelberg geboren. Kindheit und Jugend in Heidelberg und Kaiserslautern. Ausbildung zur Übersetzerin in Heidelberg. Kunststudium in Mainz. Sozialpädagogin in Mannheim. Verheiratet, drei Kinder. Kulturreferentin des Stadtteilvereins Heidelberg-Ziegelhausen. 1981–1989 acht Preise beim Pfälzischen Mundartdichterwettbewerb in Bockenheim; 1981 und 1987 erster Preis. 1984 4. Preis beim Schreibwettbewerb: Leben in Nordbaden. 1986 und 1988 Mundartlyrik – und 1989 Mundartprosapreis für den Regierungsbezirk Karlsruhe. Mitgliedschaften: *Räuber 77* in Mannheim, Literarischer Verein der Pfalz, GEDOK Heidelberg, Gruppe 79 Heidelberg.

Veröffentlichungen *Walter Jensen und das Naturtheater auf dem Haarlass*. Dokumentation kulturgeschichtlichen Inhaltes. Verlag der Stadt Heidelberg 1981 ■ *Stoppelfelder streichle*. Zus. mit Marliese Klingmann, mit Illustrationen von Thomas Rohnacher. Mundartgedichte. PVA Pfälzische Verlagsanstalt, Landau in der Pfalz 1984 ■ *Du un ich*. Zus. mit Marliese Klingmann, mit Illustrationen von Werner Schaub und einem Nachwort von Karl-Friedrich Geißler. Mundartgedichte. HVA Heidelberger Verlagsanstalt, Heidelberg 1988 ■ *Eine Kindheit in der Kurpfalz*. Autobiographische Erzählungen. Illustrationen: Kinderzeichnungen der Verfasserin. 1989

Photo: Renate Altenrath, Berlin

Vita Jutta Rosenkranz, 1957 in Berlin geboren, dort aufgewachsen. 1979 bis 1986 Studium der Germanistik und Romanistik in Berlin (Staatsexamen, Magister). 1983/84 Lehrtätigkeit in Lyon/Frankreich. Seit 1986 freie Schriftstellerin und Dozentin für Literatur in Berlin. Veröffentlichte Lyrik und Prosa in Zeitungen, Zeitschriften, Anthologien und im Rundfunk. 1988 Stipendium der Hermann-Sudermann-Stiftung. Mitglied der GEDOK, des VS und der NGL Berlin.

Veröffentlichungen Herausgeberin folgender Lyrik-Anthologien: *Oft bin ich schon im Traume dort*. Deutschsprachige Dichterinnen und Dichter in ihren letzten Versen. Diogenes, Zürich 1986 ■ *Berlin im Gedicht*. Husum Druck- und Verlagsgesellschaft, Husum 1987 ■ *Wenn wir den Königen schreiben*. Lyrikerinnen aus der DDR. Luchterhand Literaturverlag, Darmstadt 1988

Vita Doris Ruge, 1946 in Langenberg (Rheinland) geboren, lebt in Sankt Augustin bei Bonn. Nach dem Abitur und einer kaufmännischen Ausbildung berufliche Tätigkeit in verschiedenen Bereichen, zur Zeit Lektoratsassistentin in einem Schulbuchverlag. Sie hat schon als Jugendliche geschrieben, dies aber mit Beginn der Berufstätigkeit zunächst aufgegeben. Seit einigen Jahren gehört das Schreiben von Prosatexten fest zu ihrem Leben. Veröffentlichungen in Anthologien, Zeitschriften und Zeitungen und in drei eigenen Sammlungen von Kurzprosatexten. 1986 Förderpreis für Literatur der Stadt Siegburg.

Veröffentlichungen *Eine Art Glück*. Sammlung von Kurzgeschichten. Verlag freier Autoren, Fulda 1984 ■ *Eine Art Leben*. Sammlung von Kurzgeschichten. Ebd. 1985 ■ *Eine Art Brief*. Sammlung von Prosatexten. Ebd. 1989 ■ Veröffentlichungen u. a. in den Anthologien *Herz Kopfüber*. Einfalls-Reich, Braunschweig 1988 ■ *End – lich leben*. Kleine Schritte, Bonn 1988

Vita Margot Scharpenberg, 1924 in Köln geboren, aufgewachsen und bis zur Auswanderung als wissenschaftliche Bibliothekarin tätig. 1957–58 erster USA-Aufenthalt, 1960–62 in Ottawa, Kanada (als Instructor im Sprachlabor der Carleton University), seit 1962 in New York, jährlich zweimal ein längerer Deutschlandaufenthalt, mit Lesungen, aber auch Lesungen in Amsterdam, London, Quito sowie bei Universitäten und Goethe-Instituten in USA und Kanada. In den USA jährliche Reisen, meist zu indianischer Felskunst im Westen, ein mit dem Mediziner-Ehemann geteiltes Interesse, das auch nach seinem Tod, genau wie der New Yorker Wohnsitz, beibehalten wurde. Außer vielen Beiträgen in Zeitungen, Zeitschriften und Anthologien (dazu gelegentlich übersetzte oder original englische Gedichte) seit 1957 19 Lyrik- und 3 Prosabände. Mitglied des PEN. 1968: Georg-Mackensen-Literaturpreis für die beste dt. Kurzgeschichte, 1975: GEDOK-Literaturpeis, 1988: Robert L. Kahn-Lyrikpreis für das beste Gedicht in deutscher Sprache.

Veröffentlichungen *Gefährliche Übung*. Lyrik. Piper, München 1957 ■ *Spiegelschriften*. Lyrik. Ebd. 1961 ■ *Brandbaum*. Das Neueste Gedicht 22. Lyrik. Bläschke, Darmstadt 1965 ■ *Schwarzweiß*. Hundertdruck II. Lyrik Hildebrandt, Duisburg 1966 ■ *Vermeintliche Windstille*. Lyrik. Verlag der Galerie am Bismarckplatz, Krefeld 1968 ■ *Mit Sprach- und Fingerspitzen*. Lyrik. Gilles & Francke, Duisburg 1970 ■ *Spielraum*. Lyrik. Verlag der Galerie am Bismarckplatz, Krefeld 1972 ■ *Spuren*. Lyrik. Gilles & Francke, Duisburg 1973 ■

Margot Scharpenberg

Bildgespräche mit Zillis. Lyrik. Beuroner Kunstverlag 1974 ■ *Neue Spuren.* Lyrik. Gilles & Francke, Duisburg 1975 ■ *Veränderungen eines Auftrags.* Lyrik. Ebd. 1976 ■ *Fundfigur.* Lyrik. Ebd. 1977 ■ *Bildgespräche in Aachen.* Lyrik. Ebd. 1978 ■ *Fundort Köln.* (Römisch-Germanisches Museum). Lyrik. Ebd. 1979 ■ *Domgespräch.* Lyrik. Ebd. 1980 ■ *Moderne Kunst im Bildgespräch.* Lyrik. Ebd. 1982 ■ *Fallende Farben.* Lyrik. Ebd. 1983 ■ *Windbruch.* Lyrik. Ebd. 1985 ■ *Verlegte Zeiten.* Lyrik. Ebd. 1988 ■ *Ein Todeskandidat und andere Erzählungen.* Prosa. Fischer, Frankfurt 1970 ■ *Einladung nach New York.* Prosa. Langen-Müller, München 1972 ■ Neu aufgelegt als *New York.* Moewig Reisebuch 1980 ■ *Fröhliche Weihnachten und andere Lebensläufe.* Prosa. Langen-Müller, München 1974

Vita Dr. Ruth Schirmer, 1919 in Ludwigshafen/Rh. geboren. Abitur 1938. Nach einem Feriensemester in Genf Studium der Fächer Englisch, Französisch und Deutsch an der Universität Berlin. Dissertation über Mme de Staëls englische Gäste in Coppet. Tätig an der Oberschule Eichwalde. Seit 1946 Assistentin am englisch-amerikanischen Seminar der Humboldt Universität, Berlin. Seit 1950 lebt sie nach der Heirat mit Prof. Dr. Walter Schirmer, Anglist, in Bonn. Mit ihm zusammen gab sie *Thomas Morus Lebenszeugnis* (in Briefen); und *Troilus and Criseyde* von Chaucer (bei Reclam) heraus. Mitglied der Thomas-Morus-Gesellschaft, der Goethe-Gesellschaft (Weimar), der Shakespeare-Gesellschaft (Bochum). Erhielt 1988 den Dr.-Th.-Simon-Kunstpreis.

Veröffentlichungen *Unsere liebe kleine Freundin.* Biographie der Amalie von Imhoff 1952 ■ *Berlin, Dritter Akt.* Rainer Wunderlich 1969 ■ *August Wilhelm Schlegel und seine Zeit.* Ein Bonner Leben. Bonn 1986 ■ Übersetzung und Nacherzählung: *Lancelot und Ginevra.* Ein Liebes-Roman am Artushof. Manesse, Zürich 1969 ■ *Der Roman von Tristan und Isolde.* Ebd. 1969 ■ *Der Prozess Jeanne d'Arc.* dtv ^{4}1987 ■ *Marie de France, Novellen und Fabeln.* Manesse, Zürich 1977 ■ *Jane Austen, Vernunft und Gefühl.* Ebd. 1984 ■ *Germaine de Staël, Rettet die Königin!* – Aufruf zur Verteidigung von Marie-Antoinette und andere Dokumente zur französischen Revolution. Manesse Bücherei Nr. 22; 1989

Vita Isa-Irin Schirren-Heitmann (Isa-Irin Schirren), 1924 in Kiel geboren, Kindheit und Jugend in Potsdam. Abitur, Goldschmiedelehre, nach dem Krieg Studium an der HFBK Berlin, in der Klasse für Buntmetalle. 1951–54 Arbeit in Goldschmiede und Email in Heidelberg. Dort Eheschließung mit dem Theologie-Studenten Claus Heitmann. Aus der Ehe drei Töchter. 1976 geschieden. Seit 1978 Werkstatt für Buntmetall in der Werkstatt e.V. Düsseldorf. Lyrikerin, schreibt auch Märchen (Kunstmärchen und Kurzprosa). Lesungen in Berlin, Hamburg, Köln, Duisburg und Düsseldorf. Mitglied der GEDOK und der Heinrich-Heine-Gesellschaft. Arbeitsstipendien der Stadt Düsseldorf (Kulturamt) und des Landes Nordrhein-Westfalen.

Veröffentlichungen *Schon-Zeit.* Gedichte. Gilles & Francke, Duisburg 1985 ■ Außerdem Gedichte in Anthologien und Zeitschriften: *Horizont.* Berlin 1946 ■ *Autoren-Patenschaften.* Gilles & Francke, Duisburg 1978 ■ Jahrbuch für Literatur. Euterpe. Husum 1985

Vita Ellen Schmidt-Bleibtreu (Ellen Conradi-Bleibtreu), 1929 in Heidelberg geboren. Mitglied der GEDOK; der Europäischen Autorenvereinigung *Die Kogge 73*; Delegierte und Europabeauftragte für das Komitee Kunst, Musik, Literatur beim Int. Frauenrat, Paris 1977; Lyrikpreis beim Wettbewerb »Zwei Menschen« 1976; Ehrengabe beim Prosa-Wettbewerb »Mauern« 1977; Companion of Western Europe Diploma, Cambridge 1980; Weltkulturpreis d. Accademia Italia 1984; Prof. h. c. Istituto Europeo di Cultura Populare E Ambiente 1989.

Veröffentlichungen *Jahre mit F.J.* Gedichte. BASF Ludwigshafen 1951 ■ *Kraniche.* Lyrik. Kirschbaum, Bonn 1970 ■ *Fragmente.* Lyrik. Bläschke, Darmstadt 1973 ■ *Ruhestörung.* Erzählungen. 1975 ■ *Unter dem Windsegel.* Lyrik. Lechte, Emsdetten 1978 ■ *Im Schatten des Genius.* Bibliographischer Roman. Aschendorff, 1981/89, Münster ■ *Zeitzeichen.* Lyrik. Tentamen-Drucke, Stuttgart 1983 ■ *Die Schillers.* Bibliographischer Roman. Aschendorff, Münster 1986/89 ■ *Klimawechsel.* Lyrik. Himmerod 1989 ■ Herausgeber: *Anthologie de la Poésie féminine mondiale.* Lyrik. Saint-Germain-des-Prés, Paris 1973 ■ *Short Stories Side by Side.* Short Stories. International Council of Women, Paris 1980 ■ *Authoresses in the Federal Republic of Germany 1950–1980.* Werkverzeichnis. Inter Nationes, Bonn 1979; Weltverzeichnis für die Bundesrepublik 1980 ■ *Children's Stories from many lands.* Short Stories. Weltanthologie. Vibal Publishing House Inc., Manila 1989

© Photo: Gertrud Glasow, Erlangen

Vita Christa Schmitt, 1941 in Kratzau/Sudeten geboren. Nach der Vertreibung 1946 ansässig geworden in Oberwinterbach/Oberfranken. Gymnasium in Bamberg, damals freie Mitarbeiterin beim *Fränkischen Tag* Bamberg. Dort erste Veröffentlichungen (Gedichte, Erzählungen). Studium der Germanistik in Würzburg. Seit 1968 im Verwaltungsdienst der Stadt Erlangen, z. Zt. im Schulbereich.

Freie Mitarbeiterin bei verschiedenen Zeitungen und Zeitschriften. Ortsgeschichtliche Arbeiten zur Marktgeschichte Erlangens und zum Erlanger Ortsteil Dechsendorf. Editorische Arbeiten (u. a. Willy R. Reichert: *Schööna Aussichtn*. Gedichte in unterfränkischer Mundart aus dem Nachlaß herausgegeben, Verlag Greß, Marktbreit 1983, auch Nachlaßverwaltung). Beiträge in Anthologien. 1985–1989 Leitung des VHS-Kurses »Freies Schreiben« in der VHS-Literaturwerkstatt Erlangen. – Mitgliedschaften: VS Bayern (Verband deutscher Schriftsteller e.V.), NGL (Neue Gesellschaft für Literatur Erlangen e.V.), VFS (Verband Fränkischer Schriftsteller e.V.).

Veröffentlichungen *Windmitte*. Lyrik. VHS-Werkstattschreiben. Hrg. Wolf Peter Schnetz, Erlangen 1978 ■ *Auge und Lidstern*. werk statt text. Hrg. Literaturbüro Erlangen 1986 ■ *Die Katze in Sprichwort und Redensart*. AT-Verlag, Aarau 1988 ■ *Katzengedichte*. Verlag zum Halben Bogen, Göttingen 1989 ■ In in Zusammenarbeit mit Ernst Vollmer und Dorothee Brown die Serigraphiemappe *Flußgedichte* mit 8 Blättern. Aschaffenburg 1989

Vita Rotraud Schöne, 1928 in Görlitz/Schlesien geboren, wuchs in Görlitz auf und machte dort wenige Jahre nach dem Krieg ihr Abitur. Anschließend absolvierte sie in Dresden und Berlin ein Schauspielstudium. Nach kurzem Engagement in Berlin heiratete sie und wurde Mutter von drei Kindern.

Mit der Schriftstellerei – Kurzgeschichten, Märchen und Gedichte – begann sie schon als Sechzehnjährige und nahm diese Tätigkeit – als zweiten Beruf sozusagen – intensiv wieder auf, als ihre Kinder erwachsen waren.

Veröffentlichungen *Deutsche Lyriker der Gegenwart.* Anthologie, Gedichte. ars nova, Zell a. H. 1984 ■ *Mein Leseabend.* Anthologie, Gedichte. Ebd. 1985 ■ *Lunetta.* Drei Märchen. Gustav Lübbe, B.-Gladbach 1985 ■ *Intermezzo.* Tagebuch einer Liebe. Wort- und Bild Specials. Berlin 1987

Margarete Schrader

Vita Margarete Schrader (Iris Perlmutt), 1915 in Paderborn geboren. Studienaufenthalte in Heidelberg, Kopenhagen und Dresden 1935–1938. Missio canonica an der Religionshochschule Elkeringhausen/Winterberg 1938. 1978 Lyrikpreis des Invandranas Kulturzentrums, Stockholm zum Thema: Internationalismus im Umgang mit anderen Völkern. 1981 ein 1. Preis zum Thema: Die Rose, Bildhauer Prof. Karlheinz Urban, Witten/W. 1982 Arbeitsstipendium des Kultusministeriums Düsseldorf. 1982 Verdiensturkunde der Universita delle Arti Salsomaggiore, Parma und Aufnahme in die Internationale Literaturgeschichte der Accademia Italia. Mitgliedschaften: Verband Deutscher Schriftsteller Nordrhein-Westfalen in der IG Druck und Papier, Europäische Autorenvereinigung *Die Kogge*, Minden/Westfalen. GEDOK Köln, Fachgruppe Literatur. *Academy of Poets* Cambridge. Gertrud-von-le-Fort-Gesellschaft, Würzburg. Kunstverein Paderborn e.V.

Veröffentlichungen *Paderborn zwischen Pfauenauge und Hochschulsiegel*. Prosa und Gedicht mit einem Nachwort von Prof. Dr. Dr. Friedrich Kienecker. Bonifatius Druckerei GmbH, Paderborn 1972 ■ *Wir suchen dich, Christus*. Zeitnahe Meditationen mit einem Nachwort von Paul Hübner. Matthias-Grünewald, Mainz 1976 ■ *Menschen heute*. Perspektiven, Gedichte. Echter, Würzburg 1982 ■ Mitarbeit bei: *Christ in der Gegenwart*. Herder, Freiburg seit 1950 ■ *Frankfurter Hefte*, seit 1975 bis 1985 und weiteren bekannten Zeitschriften ■ Beiträge in zahlreichen Anthologien

Vita Eva Schultz-Kersten, 1922 in Groß Schierstedt/Kr. Quedlinburg geboren, aufgewachsen in ländlicher Umgebung. Besuch der Oberschule Aschersleben, Landfrauenschule Naumburg. Nach dem Krieg Ausbildung zur Diplom-Bibliothekarin an wissenschaftlichen Bibliotheken in Halle/S. und Leipzig. Stationen: Humboldt-Universität in Ost-Berlin, 1957 übergesiedelt in den Westen. Hochschule für Musik, West-Berlin, Universität Frankfurt/M., Hannover. Wichtigste Station für die literarische Tätigkeit: Universität Frankfurt/M. Mitgliedschaften: Deutscher Autorenverband Hannover bis 1986 (Vorsitzende von 1985–86), GEDOK, Fördererkreis deutscher Schriftsteller in Niedersachsen und Bremen. Finanzierung einer Buchveröffentlichung durch das Land Niedersachsen.

Veröffentlichungen *Die lêre von der kocherie.* Kulturgeschichtliche Arbeit. Insel, Leipzig 1969 ■ *historia.* Fiktive Texte zum Thema Geschichte. Schlütersche Verlags-Anstalt, Hannover 1976 ■ *konfrontationen.* Fiktive Texte. Bläschke, St. Michael 1982 ■ Bild-Text-Exponat in Leporello-Form. Gemeinschaftsarbeit mit Heinz G. Kanitz zur Literanover 1980 ■ *Zeitgeister.* Stück, aufgeführt anläßlich der Literanover 1984 ■ Kurzprosa und Texte in Anthologien und Zeitschriften

Sigrid Schuster-Schmah

Vita Sigrid Schuster-Schmah, 1933 in Breslau geboren. Vertreibung 1945/46 aus Schlesien, Abitur und Studium in Westfalen. Seit 1973 als Diplom-Bibliothekarin tätig, ab 1978 Leiterin einer Schul- und Öffentlichen Bibliothek in Mannheim. Schreibt vorwiegend für Kinder und Jugendliche. Einige Jahre freie Mitarbeit beim Schulfunk des Südwestfunks. Rezensentin einer bibliothekarischen Fachzeitschrift, Fachaufsätze in *Buch und Bibliothek* u. a. Verschiedene literarische Auszeichnungen bei Autorenwettbewerben, Auswahlliste zum Deutschen Jugendbuch-Preis 1979, *Weiße Raben* 1979. Aufnahmen in Lesebücher. Vortragstätigkeit zur Leseerziehung (auch Lehrerfortbildung), Schullesungen. Mitglied der GEDOK, VS, Bödecker-Kreis, literarisches Zentrum *Die Räuber* '77.

Veröffentlichungen *Mädchen heiraten ja doch*. Arena-TB, Stuttgart 1977 ■ *Staatsangehörigkeit: griechisch*. dtv, Baden-Baden 1978, ⁵1988 ■ *Der Leserattenfänger*. München 1979 ■ *Ich laß von mir hören*. Baden-Baden 1981 ■ *Hände wie Kastanienblätter*. Würzburg 1986, dtv 1989 ■ Mitautorin in Anthologien: *Selbstverwirklichung*. In: *Alternatives Leben*. Baden-Baden 1980 ■ *Feierabend*. In: *Lesebuch schreibender Frauen 1*. Karlsruhe 1983 ■ *Der Älteste*. In: *Rhein-Neckar-Lesebuch*. Karlsruhe 1983 ■ *Teletext*. In: *Lesebuch schreibender Frauen 2*. Karlsruhe 1985 ■ *Isch weeß net, do is was*. In: *Tübinger Vorlesebuch*. Stuttgart ³1988 ■ Beiträge in Funk und Fernsehen

Marta Schwarz

Vita Marta Schwarz, 1909 in Gengenbach/Schw. geboren. Nach Volksschule und Mädchengymnasium in Offenburg Ausbildung als Verlagsbuchhändlerin in Stuttgart. Tätigkeit in verschiedenen literarischen Verlagen. Mitarbeit an einer Kulturzeitschrift in Stuttgart. Freie Lektoratsarbeit für Verlage und eine große Buchgemeinschaft. Veröffentlichung von Gedichten und Erzählungen in Zeitungen, Zeitschriften und Rundfunk. 1956 bis 1970 Redakteurin einer Zeitschrift.

Veröffentlichungen *Poetischer Imperativ.* Gedichte. Bläschke, St. Michael 1982 (erweiterte Auflage in Edition Klaus Isele, Eggingen 1987)

Vita Barbara Schwindt (Alexandra Schwarz), 1914 in Hamburg geboren. Musikstudium (Konzertpianistin, Dozentin für Musik). Verheiratet seit 1937 mit Prof. Dr. H. Schwindt, Mathematiker. Drei eigene Kinder, zwei Pflegekinder, sieben Enkelkinder. GEDOK-Mitglied seit 1986.

Veröffentlichungen *Die fremden Kinder.* Agentur des Rauhen Hauses, Hamburg ²1960 ■ *Holgers Weihnachten.* Ebd. 1961 ■ *Weihnachtserfahrungen. Im Kinderheim.* Ebd. 1961 ■ *Die Anderssonkinder.* Franckh, Stuttgart 1964 ■ *Die Anderssonkinder und ihre Freunde.* Ebd. 1965 ■ *Zu Besuch bei den Anderssonkindern.* Ebd. 1967 ■ *Katja.* Hoch, Düsseldorf 1972 ■ *Spaghetti, Spaghetti.* Otto-Maier, Ravensburg ⁷1974 ■ *Rotes Haar und Sommersprossen.* Hoch, Düsseldorf 1976 ■ *Carolin und Peter.* Fischer, Göttingen 1976 ■ *Ein Hund für Annette.* Ebd. 1977 ■ *Daniela – Für Kost, Logis und Taschengeld.* Hoch, Düsseldorf 1977 ■ *Daniela – Keine Zeit für Träume.* Ebd. 1978 ■ *Daniela – Träume werden Wirklichkeit.* Ebd. 1979 ■ *Wer weiß weiter?* Aare, Schweiz 1982 ■ *Das gestohlene Schmuckstück.* Ebd. 1982 ■ *Schneeweißchen und Rosenrot.* Breitkopf und Härtel, Wiesbaden 1983 ■ *Frau Holle, Rumpelstilzchen und Die Bremer Stadtmusikanten.* Ebd. 1989 ■ *Schneewittchen.* Ebd. 1989 ■ *Geschichten für Lerchen.* Englisch-Verlag 1989

Vita Ellen Seib-Schaefer, 1906 in Bad Münster a. Stein geboren. Im Anschluß an das Lyzeum Gasthörerin der Münchener Universität in den Fächern Literatur, Kunstgeschichte und Musik. Danach Heirat und Mitarbeit im eigenen Hotel in Wiesbaden. Fotolehrgang. Zahlreiche Reisen nach Italien, Spanien, in die Balkanländer, besonders nach Griechenland. Reiseberichte, Kurzprosa, Lyrik und Pflege des Haiku. Veröffentlichungen in verschiedenen Zeitschriften und in zahlreichen Anthologien. Drei eigene Lyrikbände. Ausstellungen eigener Fotoarbeiten, Literaturtelefon.

Auszeichnungen: 2. Preis im Lyrikwettbewerb *Die Rose*, 1. Preis im AOK-Fotowettbewerb. Mitgliedschaften: GEDOK Rhein-Main-Taunus, Kreis der Freunde, Haiku-Gesellschaft, Vechta, Gesellschaft der Lyrikfreunde Innsbruck.

Veröffentlichungen *Saat für die Lauschenden.* Lyrik. Calatra-Press, Lahnstein 1981 ■ *Goldpyrol und Drachenvogel.* Haiku. Ebd. 1982 ■ *Sichelmond.* Gedichte und Lichtbilder. Th. Breit, Marquartstein 1986

Margarete Sorg

© Photo: Foto-Rimbach, Mainz

Vita Margarete Sorg, 1937 in Bochum geboren. Schriftstellerin, seit 1960 in Mainz, seit 1989 in Wiesbaden. Vorsitzende der GEDOK/Rhein-Main-Taunus seit 1985. Verheiratet mit Dr. med. Albert Sorg, eine Tochter. Mitgliedschaften: GEDOK, Künstlergilde Esslingen, Schillergesellschaft Marbach, Carl Zuckmayer-Gesellschaft Mainz, Freier Deutscher Autorenverband. GEDOK-Lyrik-Preis 1989.

Veröffentlichungen *Streiflichter.* Gedichte. Bläschke ²1984 ■ Als Herausgeberin: GEDOK-Journal 1986/1987 ■ GEDOK-Zeitung seit 1986 (halbjährlich) ■ *Ein wenig Verschwörung.* GEDOK-Anthologie 1989 der Gruppe Rhein-Main-Taunus. Thorbecke, Sigmaringen 1989

Vita Dr. Lore Sporhan (Lore Sporhan-Krempel), 1908 in Stuttgart geboren, Vater Papierfabrikant. Schulabschluß mit Abitur, anschließend Studium der Geschichte, Literaturgeschichte und Zeitungswissenschaft in Tübingen, Leipzig, Wien und München. Doktorarbeit bei Prof. D'Ester über Geschichte und Entwicklung der deutschen Modezeitschrift. Doktor-Diplom 1934. Heirat mit Dr. med. vet. Wilhelm Sporhan, Wohnsitz in Schwenningen/N. Nach dem Tod des Ehemannes Rückkehr nach Stuttgart. Mitglied des Deutschen Schriftsteller-Verbandes, Wahlmitglied der Gesellschaft für Fränkische Geschichte. Inhaberin der Medaille für die Geschichte der Stadt Nürnberg, verliehen vom dortigen Geschichtsverein.

Veröffentlichungen *Die Hexe von Nördlingen*. I. Kullmann, Stuttgart 1949 (als Drama 1954 und 1983 aufgeführt in den Bastei-Spielen, Nördlingen) ■ *Eine Handvoll Glück*. Mercator 1958 ■ *Nürnberg als Nachrichtenzentrum zwischen 1400 und 1700*. Wissenschaftliche Abhandlung. Selbstverlag des Vereins für Geschichte der Stadt Nürnberg 1968 ■ *Herz-Ass*. Jugendbuch. Mellinger, Stuttgart 1988 ■ Außerdem zahlreiche wissenschaftliche und geschichtliche Abhandlungen in Zeitungen und Zeitschriften. ■ Mitarbeit beim Süddeutschen Rundfunk, Bayrischen Rundfunk, Saarländischen Rundfunk ■ Vollständige Auflistung der über 900 Titel in der anläßlich des 70. Geburtstages erschienenen Bibliographie

Vita Katja Stehli-Christaller, 1925 in Berlin geboren, verbrachte ihre Kindheit in Berlin und Bonn. Studierte Germanistik und Anglistik an der Bonner Universität. In 1. Ehe Geburt einer Tochter, Scheidung, Berufstätigkeit als Sekretärin und Übersetzerin an Bonner Ministerien. In 2. Ehe Geburt eines Sohnes. Viele Umzüge. Arbeitet an der Württembergischen Landesbibliothek in Stuttgart. 1983 Elle-Hoffmann-Preis der Stuttgarter GEDOK für ihre Lyrik. Veröffentlichungen in zahlreichen Anthologien, Lesungen.

Veröffentlichungen *Schattenstufen*. Gedichte. Edition L, Loßburg 1984

Vita Doris Stepperger-Raila, 1914 in Bayreuth geboren, aus alter Offiziersfamilie stammend. Mittlere Reife. 44 Jahre als Buchhändlerin tätig. Sportliche Betätigung im Schwimmen (Bayrische Strommeisterin) und Reiten. Staatliche Reitlehrerprüfung 1936. Während der Nazi-Zeit gelang es ihr über den Polizeipräsidenten von München, den sie als bekannte Reiterin kannte, ihre Tante, eine Volljüdin, vor dem Abtransport nach Theresienstadt zu bewahren. Ihre Mühen in dieser Zeit sind in einem Beitrag in *Verdunkeltes München*, Geschichtswettbewerb der Landeshauptstadt München 1985/86, enthalten (Buchendorfer Verlag).

Veröffentlichungen *Haustierkinder.* Verse für Kinder. Josef Müller, München 1955 ■ *Tierlein im Winter.* Ebd. 1956 ■ *Weihnachtsarbeit der Englein.* Ebd. 1957 ■ *Aufgesessen.* Kleine Anweisung für Amazonen. E. Hoffmann, Heidenheim ²1972 ■ *Tagebuch einer Jägerin.* Landbuchverlag, Hannover 1967 ■ *Wer reitet mit?* Reitfibel für Kinder. Paul Parey, Berlin 1975 ■ *Hurra, wir reiten aus und springen.* Reiterfibel für Kinder. Ebd. 1976 ■ *Das Jugend-Reiter-Abzeichen und der Reiterpaß.* Ebd. ²1980 ■ *Susannes Glück hat Pferdeohren.* Engelbert, Balve 1981 ■ *Kleines Mädchen – großes Reiterherz.* Ebd. 1983 ■ *Gabi auf Gestüt Arburg.* Ebd. 1984 ■ *Ratgeber für Pferdefans.* Ebd. 1982 ■ *Eva und die Stute Mary.* Kibu, Menden 1982 ■ *Heddas Ritt ins neue Leben.* E. Hoffmann, Heidenheim 1978 ■ Fachredaktion: *Das Lexikon für Pferdefreunde: Reiten A–Z.* Franz Schneider, München 1977

© Photo: Foto Hirchenheim, Hochheim

Vita Susanne Stirn (Susanne Faschon), 1925 in Kaiserslautern geboren, lebt in Mainz und Hochheim. Bis 1985 Sachbearbeiterin beim Südwestfunk, Landesstudio Rheinland-Pfalz. Mitarbeit an zahlreichen Zeitschriften, Anthologien und Funkanstalten. Mehrere Fernsehsendungen. Auszeichnungen u. a.: Förderpreis des Kultusministeriums Rheinland-Pfalz 1963; Ehrengabe der Deutschen Schillerstiftung, Berlin 1963; Reisestipendium des Auswärtigen Amtes und des VS 1967; Pfalzpreis für Literatur 1978. Vorstandsmitglied des VS Rheinland-Pfalz von 1960 bis 1984.

Veröffentlichungen *Korn von den Lippen.* Gedichte. Relief, München 1976 ■ *Das Dorf der Winde.* Neske, Pfullingen 1976 ■ *Der Traum von Jakobsweiler.* Pfälzische Verlagsanstalt, Landau 1980 ■ *Unter der Arche.* Gedichte. Reihe Punkt im Quadrat, Kusel 1982 ■ *Vogelzug.* Gedichte zu Grafiken von C. M. Kiesel. Von der Stiftung zur Förderung der Kunst in der Pfalz, Pfälzische Verlagsanstalt, 1984. ■ *Die alte Stadt Moguntia kommt immer mehr zu Ehr.'* Schmidt. Mainz 1986 ■ *Mei Gedicht is mei Wohret.* Gedichte. Pfälzische Verlagsanstalt, Landau 1988 ■ Mitherausgeberin u. a. von: *Literatur aus Rheinland-Pfalz II – Sachliteratur* und *Literatur aus Rheinland-Pfalz III.* Dr. Hanns Krach, Mainz 1981 und 1985

Vita Lisa Stockhausen (Lisa Stromszky), in Deutsch-Jahrndorf/Burgenland geboren, dort Kindheit und Jugend im zweisprachigen Elternhaus. Abitur in Wien. Wohnhaft an der Saar und in Lothringen, beheimatet sowohl in »Pannonien«, als auch in »Lotharingen«. Verwurzelt in europäischer Geschichte und Kultur. Interessengebiete: Geschichte, Zeitgeschichte, Architektur. Erste literarische Versuche mit vierzehn Jahren, systematische literarische Arbeit und Veröffentlichungen, nachdem die Kinder »flügge« waren. 1977 Preis der *Literarischen Union* in einem Wettbewerb. 1985 Kulturpreis des Landes Burgenland für Literatur. Mitgliedschaften: FDA (Vorsitzende des Landesverbandes Saarland), GEDOK, RSGI (Regensburger Schriftstellergruppe International). Freie literarische Mitarbeiterin beim ORF.

Veröffentlichungen u. a. *Nimm deinen Rest Mensch in die brennenden Hände.* Gedichte. Ellenberg, Köln 1976 ■ *Rückantworten.* Fiktive Briefe. Roetzer, Eisenstadt/Wien 1980 ■ *Kreise.* Erzählungen. Bläschke, Kärnten 1981 ■ *Zwischenräume.* Erzählungen. Ebd. 1982 ■ *Begegnungen. Menschen, Wirklichkeiten und Phantome.* Poetische Prosa. Ebd. 1983 ■ *Bregenz, hin und zurück.* Heitere Reisegeschichten. Ebd. 1983 ■ *Dammbrüche.* Gedichte. Internationaler Lyrik Verlag, Wien 1986 ■ *Heut schmink ich mich wie ein Schmetterling.* Gedichte. R. G. Fischer, Frankfurt 1987 ■ *Rückzug aus Fiume.* Roman. Roetzer, Eisenstadt/Wien 1987 ■ Literarische Texte zu: Fotografiken (Rudolf Fuchs), Emailarbeiten (G. Rittmann-Fischer), Aquarellen (Mona Stockhausen)

Vita Doris Stößlein, 1935 in Brux (Nordböhmen) geboren. 1957 Abitur. 1957–61 Studium an der Hochschule für Bildende Künste in Kassel. Schülerin von Professor Arnold Bode. Studium der Pädagogik, Psychologie und Germanistik. 1. und 2. Staatsexamen in Kunsterziehung in Kassel und München. 1960 Katalogpreis der Stadt Kassel. 1973 Förderpreis der Stadt Fürth/Bayern (Malerei). Seit 1972 Mitglied der Nürnberger Künstlergruppe *Der Kreis*. Seit 1988 Mitglied der GEDOK. Mitbegründerin der Künstlergruppen *Existent* und *Spiegelkabinett*.

Veröffentlichungen *Appel an Apoll*. Lyrik mit Handzeichnungen. Haller, Nürnberg und Fürth 1985 ■ *Testflug*. Kurzprosa mit Handzeichnungen. Manfred Schirmer, Nürnberg 1989 ■ Dort auch in Vorbereitung: *Grenzgänger*. Doppelbiographischer Roman

Vita Monica Streit, 1948 in Hilbringen/Saar geboren. Lehre als Industriekauffrau. Machte auf dem Zweiten Bildungsweg Abitur in Speyer/Rhein, Studium von Psychologie (Abschluß: Diplom) und Politologie. Freiberuflich seit 1978 als Psychotherapeutin und Schriftstellerin. Veröffentlichung von Gedichten, Erzählungen, Roman, Essays, Reiseberichten, frauenpolitischen Kommentaren. Stipendium des Berliner Kultursenators 1985, Aufenthalt im Atelierhaus Worspwede 1988, Stipendium des Kultursenators Niedersachsen 1988, Aufenthalt im Atelierhaus Toya-Lake, Hokkaido, Japan 1989, Aufenthaltsstipendium des Berliner Kultursenators 1989.

Veröffentlichungen *Issi Marocco.* Erzählungen über Gewalt. Guhl, Berlin 1982 ■ *Busy to be free.* Gedichte. Ebd. 1983 ■ *Joschi – Eine Kindheit nach dem Krieg.* Roman. Hoffmann und Campe, Hamburg 1984 ■ Gedichte in: *Fließpunkte.* SV, Berlin 1978 ■ *Das Kopfdromedar.* Ebd. 1980 ■ 1980–1989: Veröffentlichungen von Gedichten, Erzählungen, psychologischen Fachaufsätzen und Essays in diversen Verlagen

Vita Ursula Student, 1922 in Wanne-Eickel geboren. Abitur in Bernburg 1941. Studium der Germanistik in Leipzig und Greifswald. Heirat 1947 in Northeim/Hannover. Seit 1957 wohnhaft mit Familie in Hildesheim. Schreibbeginn: 1966.

Auszeichnungen: Silberne Peter-Coryllis-Nadel 1984, Ehrungen in Regensburg: 1982 und 1987 (Großes Stadtsiegel). Mitgliedschaften: Freier Deutscher Autorenverband (Landesvorsitzende für Niedersachsen) (FDA), Regensburger Schriftstellergruppe International (RSGI), Gertrud-von-le-Fort-Gesellschaft (Würzburg), Turmbund Innsbruck (Gesellschaft für Literatur und Kunst), GEDOK Hannover, Interessengemeinschaft deutschsprachiger Autoren (IGDA), Societé Internationale des artistes crétiens (SIAC), Interessengemeinschaft um Peter Coryllis.

Veröffentlichungen *Nicht geboren für Unendlichkeit.* Lyrik. Bläschke, Darmstadt 1977 ■ *Es mag sein daß ich dich kenne.* Lyrik. A. Lax, Hildesheim 1979 ■ *Leben ereignet sich an jedem Tag.* Lyrik und Prosa. Ebd. 1982 ■ *Im Fluß ist alles... sagt man.* Lyrik und Prosa. Ebd. 1986 ■ *Die heilige Elisabeth von Thüringen.* Bühnenstück. Erstaufführung in Hildesheim 1988 ■ Beiträge in ca. 30 Anthologien in Deutschland, Österreich, der Schweiz und Jugoslawien ■ Beiträge in Zeitungen im Deutschsprachigen Raum

Vita Ingeborg Sulkowsky, 1925 in Elberfeld geboren, aufgewachsen in Gummersbach, erlernte den Beruf eines Industriekaufmanns, später auch den einer Journalistin, siedelte 1952 nach Überlingen/Bodensee über, 1970 nach Sipplingen/Bodensee. Schreibt seit 1973 Lyrik, Prosa, Essays, Rezensionen. Bisher nur gelegentliche Veröffentlichungen in Zeitschriften und Anthologien. Lesungen in Überlingen, Meersburg, Karlsruhe, Freiburg, Konstanz, Stuttgart u. a. Mitglied der GEDOK Freiburg, Mitglied im Internationalen Bodensee-Club Konstanz, dort bis Juli 1989 stellvertretende Vorsitzende der Fachgruppe Literatur, seither Sektionsleiterin für Literatur in dessen Orts-Club Überlingen. Vertrat 1985 und 1988 die Stadt Meersburg in der Jury für den Droste-Preis für Dichterinnen.

Veröffentlichungen Mitautorin in: *Polaris 5*. Phantastische Bibliothek. Suhrkamp TB ■ *Unterwegs*. Anthologie der GEDOK. Freiburg 1987 ■ *Aus gegebenem Anlaß*. Anthologie des Förderkreises Deutscher Schriftsteller. Edition Weitbrecht 1983 ■ *Allmende 18/19*. Elster, Bühl-Moos ■ *Leben am See*. Heimatjahrbuch des Bodenseekreises. Hrg. Bodenseekreis und die Stadt Friedrichshafen 1988 ■ *Schön wie der Mond*. (Meersburger Lesebuch). regio Glock & Lutz 1988 ■ Gedichte in mehreren Magazinen, Zeitschriften *(Bodensee Hefte*, Monatsmagazin, *Texte vom See*, literarischer Almanach, *konstanzer textheft 2)*

Elfriede Szpetecki

Vita Elfriede Szpetecki, 1921 in Costebrau/Niederlausitz geboren. Im Erzgebirge aufgewachsen, seit 1939 in Hamburg. 25 Jahre dort als Lehrerin tätig.

Nebenberuflich Gesang und Sprechausbildung, häufige Mitwirkung als Solistin in Kirchenkonzerten und Liederabenden. Mitglied der GEDOK, der Hamburger Autorenvereinigung und der Künstlergilde. Gedichtveröffentlichungen in Tageszeitungen, literarischen Zeitschriften und Anthologien; seit 1975 Lesungen und Vorträge an Volkshochschulen, Öffentlichen Bücherhallen, literarischen Vereinigungen und im Rundfunk.

1986 Lesungen in Japan im Poetry Club und an der Deutschen Schule in Tokyo und in Kobe. Mitglied der GEDOK, der Hamburger Autorenvereinigung und der Künstlergilde, Korrespondierendes Mitglied des Tokyoter Poetry-Clubs seit 1989.

Veröffentlichungen *Gedichte*. Eigenverlag 1974, ²1980 ■ *Gedichte*. Eigenverlag 1975 ■ *Und alles Sein wird Lauschen*. Gedichte nach Barlach-Plastiken. Hans-Christians, Hamburg 1979, ²1986 ■ *Bau dir ein Haus mit Wänden aus Lächeln*. Gedichte. Ebd. 1981

Vita Sabine Techel, 1953 in Berlin geboren. Studium der Germanistik, Anglistik, Amerikanistik. Schreibt Lyrik, Prosa, Drehbücher, Essays. Übersetzungen aus dem Englischen.

Veröffentlichungen *Es kündigt sich an*. Lyrik. edition Suhrkamp, Frankfurt/M. 1986 ■ *Mehr als Augen*. Prosa. Frankfurter Verlagsanstalt, Frankfurt/M. 1988 ■ Teilübersetzung: Sylvia Plath, *Die Bibel der Träume*. Frankfurt/M. 1987

Vita Ingeborg Tetzlaff-Heiderich, 1907 in Berlin geboren, Jugend in Berlin-Zehlendorf-West. Lyzeumsbesuch. Ein Jahr Verlagsausbildung, dann drei Jahre im väterlichen technischen Verlag Dr. Arthur Tetzlaff. Zweite Heirat 1939. Ein Sohn. Früh mit Lyrik und Prosa in Zeitungen und Zeitschriften Berlins. Zweitdrucke in anderen deutschen Blättern. 40 lange Aufenthalte in Italien. Ausgedehnte Reisen in Frankreich, Spanien, Griechenland, Malta, kürzere im nördlichen Europa. Bis 1947 in Berlin, drei Jahre Bad Harzburg, seit 1951 in Köln. Dort regelmäßige freie Mitarbeit in Rundfunk, Kultur, im WDR, 1. und 2. Programm, Südwestfunk, Hessischem Rundfunk, u. a. Mitgliedschaften in der GEDOK und im VS.

Veröffentlichungen *Romane Dreiklang der Einsamkeit* 1938 und *Die unvergängliche Stunde* 1948, vergriffen ■ *Einladung nach Sardinien*. Literarisches Reisebuch. Langen-Müller 1965, TB S. Fischer 1970 (vergr.) ■ *Die Provence*. Kunstreiseführer. DuMont, Köln 1975, [11]1983 ■ *Romanische Kapitelle in Frankreich*. Ebd. 1976 ■ *Malta und Gozo*. Kunstreiseführer. Ebd. 1977, [6]1988 ■ *Romanische Portale in Frankreich*. DuMont-Kunst-TB, Köln 1976 ■ *Licht der Provence*. Anthologie. DuMont, Köln 1978, [7]1988 ■ *Griechische Vasenbilder*. DuMont-Kunst-TB, Köln 1980 ■ *Stufen*. Gedichte. Mit Zeichnungen von Arne Heiderich. Uhu-Presse Merzhausen im Waldkircher Verlag 1984 ■ *Drei Jahrtausende Provence*. Kunstreiseführer. DuMont, Köln 1985, [3]1987 ■ *Romanische Engelsgestalten in Frankreich*. DuMont-TB 1987 ■ Kindertheaterstück: *Das tapfere Schneiderlein* 1939

Vita Lydia Tews wurde in Weiden, einer bayrischen Kleinstadt geboren. Sie wuchs dort auf und machte eine Lehre als Buchhändlerin. Sie übersiedelte nach Stuttgart und arbeitete als Buchhändlerin. In Schwäbisch Gmünd studierte sie Pädagogik und anschließend Kommunikationswissenschaft an der Universität Stuttgart/Hohenheim. Sie war einige Zeit als freie Journalistin für verschiedene Medien tätig. In Schwäbisch Gmünd gründete sie die alternative Stadtzeitung *gegen-Druck*. Mitgliedschaften: GEDOK, VS, Das Syndikat (Kriminalschriftstellerinnen).

Veröffentlichungen *Sie sind ein schlechter Bulle, gnädige Frau.* Knaur-TB 1982 ■ *Leichen brauchen kein Make-up.* Knaur-TB 1983 ■ *Störung der Totenruhe.* Knaur-TB 1984 ■ *Kalbfleisch schwäbisch.* Kriminalhörspiel. Südwestfunk 1986 ■ Als Mitautorin: *Was steckt hinter einem Verbrechen?* In: *Der neue deutsche Kriminalroman.* Loccumer Kolloquien, Band 5 ■ *Super-med.* In: *Tödliche Umwelt.* Diana 1986 ■ *Frauen als Krimi-Autorinnen.* In: *Leichen aus der Schreibmaschine.* die horen, 144 ■ *Wer nicht träumt ist tot.* Diogenes 1987 ■ Als Herausgeberin: *Kinder schreiben ein Buch.* Schwaben 1988 ■ *Schlimmer Appetit.* In: *Mordlust 4.* Westarp 1988 ■ *Alle fünf Minuten...* In: *Mordlust 6.* Westarp 1988 ■ *Super-med.* In: *Tatort Umwelt.* fibu 8311. 1989 ■ Darüber hinaus schrieb sie zwei Sachbücher, ein Jugendsachbuch und mehrere Kriminalhörspiele für Jugendliche und Erwachsene

Vita Heidrun Hanah Thiede, 1943 in Berlin geboren. 1972–1976 Studium an der HdK Berlin mit dem Abschluß als Designerin. Seit 1975 Mitglied im Berufsverband Bildender Künstler. Ausstellungen in Berlin und der BRD. 1975 Dritter Preis im Wettbewerb *Berliner Künstler malen Kreuzberg.* 1978 Mitwirkung bei der Fernsehserie *Berlinische Berichte*, Teil *Südliches Spreeufer* von Ingeborg Euler. Seit 1983 Mitglied der GEDOK-Bildende Kunst. Seit 1988 Mitglied der GEDOK Literatur. 12. 88–2. 89 Teilnahme an der Ausstellung *Handverlesen*. Die Tradition des Büchermachens in kleinen Berliner Verlagen und Werkstätten.

Veröffentlichungen *kreuzberger allerlei.* Lyrik. Selbstverlag, Berlin 1977 ■ *gebäumtes.* Lyrik. zy-presse, Berlin 1979 ■ *torsogesänge.* Lyrik. Ebd. 1979 ■ *vielgesichter.* Lyrik. Ebd. 1982 ■ *kleine schmeißfliegen.* Aphorismen. Ebd. 1982 ■ *lebenssplitter.* Aphorismen. Ebd. 1987 ■ *lebenslieder.* Lyrik. Ebd. 1987 ■ Alle Bücher sind bibliophile Ausgaben, die von H. H. Thiede im Handsatz gesetzt, gedruckt und gebunden worden sind. Die Bücher sind ohne ISBN-Nummer, jedoch in der B-Reihe, erschienen. Bis auf ein Buch sind alle Bücher von H. H. Thiede illustriert worden

Vita Aleke Thuja, 1940 in Kleve geboren, 1967–1973 Arbeit als Buchhändlerin. Studium in Göttingen, 1979 Zweites Staatsexamen. Dozententätigkeit an der Volkshochschule im Fachbereich pädagogische Psychologie und Deutsch für Ausländer (ca. 5 Jahre). Lektoratsarbeit (1982–1985). Autorentätigkeit seit 1977 (1. Veröffentlichung 1980). Seit 1986 im Schuldienst. Mitgliedschaften in der GEDOK Berlin und im VS seit 1984.

Veröffentlichungen *Nicht laut ist meine Sprache.* Lyrik. Bert Schlender, Göttingen 1980 ■ *Tauchen möchte ich in deine Seele.* Lyrik. Ebd. 1982 ■ *Manchmal berührte er das Innerste meiner Seele.* Erzählung. Ebd. 1983 ■ *Liebeserklärungen an Bäume.* Lyrik. Ebd. 1984 ■ *Träf dich nur das Zauberwort.* Lyrik. Ebd. 1985 ■ *Dem Einhorn auf der Spur.* Prosa. Chiva, Kiel 1984 und Knaur TB, München 1988 ■ Herausgeberin folgender Anthologien: *Frauen schreiben neue Liebesgedichte.* Lyrik. B. Schlender 1983 ■ *Der Weihnachtsbaum.* Geschichte, Gedichte, Geschichten. Ebd. 1982 ■ *Und wenn sie schrieben... ein Frauenlesebuch.* Lyrik. Ebd. 1984 ■ *Bäume sind Gedichte.* Lyrik. Ebd. 1985 ■ Mitautorin: Mäckler, Andreas, *Was ist Liebe.* DuMont, Köln 1988 ■ *Bäume – Impressionen.* Sigloch Edition, Künzelsau 1989 ■ *Zeitgesichte – Zeitgesichter.* Eanos, Berlin 1989

Vita Dr. Ilse Tielsch, 1929 in Mähren geboren. 1945 Flucht nach Oberösterreich, Herbst 1946 nach Wien. Studium der Zeitungswissenschaft und Germanistik an der Universität Wien. Promotion 1953. Heirat mit Rudolf Tielsch 1950. Vier Kinder. Während des Studiums und nachher in verschiedenen Berufen tätig, heute freie Schriftstellerin in Wien.

Preise und Auszeichnungen u. a.: Deutscher Kurzgeschichtenpreis (Arnsberg 1975), Niederösterreichischer Landeskulturpreis (1980), Großer Sudetendeutscher Kulturpreis (1983), Österreichisches Ehrenkreuz für Wissenschaft und Kunst (1989), Andreas Gryphius-Preis und Anton Wildgans-Preis (1989). Mitglied des PEN, des ÖSV, des A.-Stifter-Vereins München, der Esslinger Künstlergilde, Gründungsmitglied des Literaturvereins *Podium*.

Veröffentlichungen *Ein Elefant in unserer Straße*. Erzählungen. Styria, Graz–Wien–Köln 1977 (vgl. Europa Budapest 1984) ■ *Erinnerung mit Bäumen*. Erzählung. Ebd. 1979 (vgl. Wydawictwo, Bydogszcz 1989) ■ *Die Ahnenpyramide*. Roman. Ebd. 1980 (TB Lübbe 1988) ■ *Heimatsuchen*. Roman. Ebd. 1982 (TB Ebd. 1988) ■ *Fremder Strand*. Erzählung. Ebd. 1984 ■ Der Solitär. Erzählungen. Ebd. 1987 ■ *Die Früchte der Tränen*. Roman. Ebd. 1988 ■ Fünf Lyrikbände der Autorin erschienen in den Verlagen Bergland Wien, Tusch Wien, Jugend und Volk Wien, Delp München und Grasl Baden. Drei Hörspiele wurden vom ORF gesendet. Ein Filmdrehbuch *Treffpunkt Grenze* wurde vom ORF verfilmt und gesendet

Ulrike Tillich

Vita Ulrike Tillich, 1923 in Dorpat/Estland geboren. 1939 nach Polen umgesiedelt, 1945 nach Westdeutschland geflohen, seit 1963 wohnhaft in Düsseldorf. Bis zum Rentenalter berufstätig gewesen als Sachbearbeiterin im Landesinstitut für Schule und Weiterbildung Nordrhein-Westfalen. Schon als Kind Schreibversuche, aber spät in die Öffentlichkeit gewagt, zunächst mit Lyrik (Lesungen, Anthologien, Rundfunk, Literaturtelefon). Preisauszeichnungen für die Erzählungen *Das Schulfest* von der Internationalen Assoziation deutschsprachiger Medien, Bonn 1983 (auch vom Hörfunk gesendet) und für *Der Rentenbescheid*, ausgeschrieben vom Literaturbüro Nordrhein-Westfalen mit dem Schulreferat der evangelischen Kirche Nordrhein-Westfalen.

Veröffentlichungen Mitautorin: *Selbstbekenntnisse*. Gedichte von fünf Düsseldorfer Autoren. Eremitenpresse, Düsseldorf 1985 ■ *Liebe Eva, lieber David*. Fiktive Briefe. Gütersloher Verlagshaus Gerd Mohn 1989

Vita Inge Titzck, 1931 in Hamburg geboren. Schreiben als persönliche Notwendigkeit. Seit 1979 Leitung einer Literatur-AG im Deutschen Frauenring Kiel, Mitglied des Schleswig-Holsteinischen Schriftstellerverbandes, Mitglied der GEDOK. 1971–1977 1. Vorsitzende des Deutschen Frauenrings in Kiel. Seit 1988 2. Vorsitzende der GEDOK Schleswig-Holstein. Eigene literarische Arbeiten ab Ende der 60er Jahre.

Veröffentlichungen *Ein jegliches hat seine Zeit.* Lyrik. Svensson, Eckernförde 1986 ■ Seit 1984 Beiträge in: Euterpe-Jahrbuch für Schleswig-Holsteinische Literatur ■ Feuilleton-Beiträge in Tageszeitungen ab Ende der 60er Jahre ■ Reise-Berichte

Vita Charlotte Ueckert, geboren 1944 in Oldenburg i. O., seit 1965 in Hamburg lebend. Studierte Germanistik und Psychologie, arbeitete als Bibliothekarin, Literaturwissenschaftlerin, Lehrbeauftragte. Leitung von Seminaren zum »Kreativen Schreiben« und freiberufliche Autorentätigkeit. Redaktionsleiterin der Zeitschrift *Bildungsmarkt*, die der Volkshochschulverein Hamburg-Ost halbjährlich herausgibt. Mitglied im Verband deutscher Schriftsteller, im Literaturzentrum Hamburg und der Gesellschaft für Exilforschung.

Veröffentlichungen *Als wär ich hier nicht fremd.* Gedichte. A. Lehmann, Gerbrunn 1979, ²1983 ■ Hrg.: *Nur ich bin für die Jahreszeit zu kühl.* Hamburger Lyriker zum Thema Natur. Kabel, Hamburg 1981 ■ *Den Jaguarschrei üben.* Gedichte. Dölling und Galitz, Hamburg 1988 ■ Hrg.: *Hamburg, Menschen wie Schiffe.* Großstadtgeschichten. Christians, Hamburg 1988 ■ Hrg.: *Fremd in der eigenen Stadt.* Erinnerungen jüdischer Emigranten aus Hamburg. Junius, Hamburg 1989 ■ *Finnisch singen.* Lyrische Kurzprosa. Schwarze Kunst, Hamburg 1989 ■ Außerdem zahlreiche Beiträge in Anthologien und Zeitschriften

Vita Karin Voigt, 1936 in Berlin geboren. Pressefotografin (Autoren-Foto-Archiv), Journalistin (Reportagen in Wort und Bild) und Autorin. Mitglied des VS-Baden-Württemberg, der Internationalen Autorenvereinigung *Die Kogge* und der GEDOK Mannheim/Ludwigshafen. Zweimal Preisträgerin im Hörspiel und Erzählwettbewerb des Ostdeutschen Kulturrates Bonn und des Arbeitsministeriums Nordrhein-Westfalen. 1980 Literaturpreis der Stadt Mannheim für die Textcollage *stadtvision*, mittlerweile vom Süddeutschen Rundfunk verfilmt, 1981 aufgeführt als Rezitation zur Eröffnung des Kulturzentrums *Alte Feuerwache* sowie als Produktion für den Hessischen Rundfunk. 1981 Reisestipendium der Kunststifung Baden-Württemberg, 1984 Kulturaustausch Niederlande-Amsterdam (Arbeitsstipendium Kultusministerium Rheinland-Pfalz), 1985/86 Stipendienaufenthalt Künstlerstätte Schreyahn, Kultusministerium Niedersachsen. 1988/89 Reisestipendium Förderkreis VS-B.W. 1989 Einladung Goethe-Institut Israel. Schullesungen v. Bödecker-Kreis.

Veröffentlichungen *bewahre mich nicht.* (Kind in der Gesellschaft und Familie). Limes, München 1976 ■ *stadtvision.* Punkt im Quadrat 1980 ■ *gefahrenzone.* Limes, München 1981 ■ *Köpfe.* Schriftstellerfotos, Kurzprosa. Atelier im Bauernhaus 1982 ■ *Schlaglichter.* Uraufführung zur Bundesgartenschau in Mannheim 1975 ■ *kein glockenschlag vom campanile.* Junge Literatur 1987 ■ Außerdem Beiträge in Funk, Fernsehen und zahlreichen Anthologien

© Photo: Isolde Ohlbaum, München

Vita Keto von Waberer, in Augsburg geboren, Kindheit in Tyrol. Gymnasium in Franken, Internat. Studium Architektur und Kunst in München und Mexico City. Ehe und zwei Kinder. Seit 1971 in München; lebt mit den Kindern, geschieden, als freie Schriftstellerin. 1983 Förderpreis der Stadt München. 1988 Schwabinger Kunstpreis. Arbeitet als freie Drehbuchautorin. Journalistin, Übersetzerin, Interviews mit Künstlern. Beiträge: Art, Pan, Züricher Weltwoche, Zeit, Kursbuch, Rabe, Esquire, H–Q etc. Mitglied des PEN.

Veröffentlichungen *Der Mann aus dem See*. Erzählungen. Kiepenheuer & Witsch 1983 ■ *Die heimliche Wut der Pflanzen*. Erzählungen. Ebd. 1985 ■ *Blaue Wasser für eine Schlacht*. Roman. Ebd. 1987 ■ *Der Schattenfreund*. Erzählungen. Ebd. 1988 ■ *Heuschreckenhügel*. Novelle. Ebd. 1989

Vita Christa Wehner-Radeburg, 1920 in Radeburg geboren. Kindheit und Jugendzeit in Dresden, Oberschule. Weiterbildung an VHS und Universität (Archäologie). Anerkennungen der Jury, AWMM-Lyrikpreis 1983. Mitarbeit an zahlreichen Anthologien des In- und Auslandes. Lesungen in Galerien, Bibliotheken, literarischen Verbänden, Lyriktelefon, Rezensionen zu Lyrikbänden im deutschsprachigen Raum. GEDOK-Mitglied.

Veröffentlichungen *Traumhaus.* Lyrik. Bläschke, St. Michael 1978 ■ *Italienisches Andante.* Lyrik. Edition Leu, Zürich 1980 ■ *Aus Muscheln tropft unnennbarer Gesang.* Lyrik. Europäischer Verlag, Wien 1981 ■ *Wanderung zum Licht.* Lyrik. Halbe-Bogen-Reihe, C. H. Kurz, Göttingen 1981 ■ *Zauber zwischen die Dinge.* Lyrik. Bläschke, St. Michael 1983 ■ *Am Saume der Nacht.* Lyrik. Morstadt, Kehl 1987

Vita Sonya Weise wurde 1954 in Karlsruhe geboren. Die Eltern, beide Apotheker, hätten ihre älteste Tochter gern im selben Beruf gesehen, doch zeichnete sich der Drang zum Künstlerischen schon sehr zeitig ab. So gehörten von jeher Singen, Malen sowie jede Art des Sichproduzierens zu den absoluten Lieblingsbeschäftigungen von Sonya Weise. Bereits im Alter von neun Jahren versuchte sie sich an kleinen Versen und fand großen Spaß daran, mit der Sprache zu spielen und zu jonglieren.

Nach dem Abitur absolvierte sie dann, einer weiteren Neigung folgend, an den Hochschulen in Karlsruhe und Würzburg ihr Musikstudium mit Schwerpunkt Gesang. Inzwischen hat sie sich in ihrer Heimatstadt als erfolgreiche Gesangspädagogin etabliert. Bei diversen Konzertauftritten – wobei ihre Neigung vor allem dem Kunstlied galt – wie auch in kleinen Rollen am Badischen Staatstheater erwarb sie sich nebenbei jene Bühnenerfahrung, die ihr für die nun folgenden Lesungen ihrer Gedichte sehr zugute kam, denn die Liebe zum Dichten war ihr immer geblieben.

Erfolge bei Rezitationen in kleinerem und größerem Rahmen führten 1988 schließlich zur Veröffentlichung ihres ersten Lyrikbandes.

Veröffentlichungen *Gedanken der Ruhe*. Gedichte. Carl Roth GmbH & Co., Karlsruhe 1988

Vita Ruth Werner, 1930 in Karlsruhe geboren. Ausbildung: Abitur, Studium (Germanistik, Deutsch, Geschichte, Englisch). Doktorarbeit über Barockdichtung, Heirat, 3 Kinder. Spezialgebiete: Lyrik, Kurzgeschichten, moderne Märchen, Chansons. Mitgliedschaften: von 1954–1962 im Tukan-Kreis München, ab 1962 in Hamburg in der GEDOK und in der Hamburger Autorenvereinigung. Lesungen: Im Literaturtelefon Hamburg, in Schulen, Galerien, in Altersheimen. Hörspiel im Rundfunk. Leitung eines Literaturkreises in Hamburg-Othmarschen.

Veröffentlichungen von Gedichten und Kurzgeschichten in Zeitschriften. Ein Buch mit Gedichten und Kurzgeschichten ist in Vorbereitung.

Vita Katharina Wiessner, 1917 in Liegnitz/Schlesien geboren. Lebt seit 1936 in Berlin. Ab 1948 Sprechtechnik und Gesangsstudium. Aktive Arbeit als Konzertsängerin bis 1967. Schreibt ab 1971 erzählende Prosa. Redaktionelle Mitarbeit an Zeitschriften und Tageszeitungen in Berlin und Westdeutschland bis 1984. Veröffentlichungen in Literaturzeitschriften. Lesungen. Vom Dezember 1979 bis Ende März 1988 Leitung der *Literarischen Werkstatt Moabit* (VHS Berlin Tiergarten). Seit 1987 Mitglied der GEDOK-Berlin. Zur Zeit beschäftigt mit der Aufarbeitung *Kreuzberger Notizen* und einer Prosa-Arbeit *Räume und Zwischenräume*.

Veröffentlichungen Gedichte in *die Dichterbühne 1950*. Anthologie. Hrg. Erich Blaschker und Robert von Radetzky ■ Von 1978–1984 monatliche Beiträge von Künstler-Portraits, Reise-Prosa über Australien und Brasilien, Gedichten, Kurzgeschichten in der Berliner Senioren-Post. Veröffentlichungen ferner in *Gayda Press* sowie den Literaturzeitschriften *Silhouette-International, Schreiben & Lesen, Waage Mut* u. a. ■ *Zeitgesichte, Zeitgesichter*. Texte zu Grafiken von Lizzie Hosaeus. Eanos, Berlin 1989

Ingrid Wiltmann

© Photo: Foto-Rimbach, Mainz

Vita Ingrid Wiltmann, 1949 in Letmathe/Sauerland geboren. Lebt in Mainz, verheiratet, eine Tochter. Freiberufliche Übersetzerin, Leiterin von Literaturkursen in der Erwachsenenbildung. GEDOK-Mitglied seit 1987.

Veröffentlichungen *Fragmente*. Punkt im Quadrat, Kusel 1985 ■ *Widerspruch*. Junge Literatur, Rhodt unter Rietburg 1986 ■ *Windspur*. Ebd. 1987 ■ *Wahre Lügen*. Ebd. 1988 ■ *Seelenlärm*. Ebd. 1989 ■ Mitautorin: *Über den Wolken*. Anthologie. Limpert 1986

Vita Ingrid Würtenberger, 1921 in Weener geboren, aufgewachsen in Nord- und Ostdeutschland. Nach dem Abitur Jura-Studium. Durch intensive familiäre Einbindung relativ spät zu schreiben begonnen. Hauptgebiet: Lyrik, dabei Hinwendung zum »magischen Realismus«. 1978 ein 1. Preis des Ostdeutschen Kulturrats für einen Gedichtzyklus. Jährliche Veröffentlichungen in Zeitschriften, Anthologien etc. Vier selbständige Publikationen liegen vor, eine weitere erscheint im Laufe von 1989.

Veröffentlichungen *Liebesgedichte*. Zum Halben Bogen, Göttingen 1986 ■ *Die Stimme, die ich höre*. Graphikum, Göttingen 1987 ■ *Zeit-verwirkt*. Esslinger Reihe 11, 1987 ■ *Wanderung*. Graphikum, Göttingen 1988

Vita 1949 wurde Anna Würth in Göttingen geboren. Journalistin für Presse und Funk. Studium und Arbeitsplatz in Hamburg. Stationen: dpa, Merian, Saison. Mitglied der dju. Seit zwanzig Jahren Reisen um die Welt. Seitdem aktives Mitglied von Amnesty International. Veröffentlichungen von Lyrik und Kurzprosa in Anthologien, Zeitschriften, im Rundfunk, Literaturtelefon. Regelmäßig Lesungen. Mitglied des Literaturzentrums Hamburg.

Veröffentlichungen In: *Liebe unterwegs und anderswo.* Erotische Geschichten und Gedichte. Hrg. Annegret Meyer, München 1989 ■ *Euterpe.* Jahrbuch für Literatur. Hrg. Bodo Heimann, Husum Druck- und Verlagsgesellschaft 1988 ■ *Ferne Grüße.* Frauen erzählen von ihren Reisen. Hrg. Annegret Meyer, Mai-Verlag 1986 ■ *Hundert Hamburger Gedichte.* Hrg. Literaturzentrum Hamburg 1983 ■ *Nur ich bin für die Jahreszeit zu kühl.* Lyrik. Hrg. Charlotte Ueckert, Kabel 1981 ■ *Kein schöner Land.* Hrg. Uwe Wandrey, Rowohlt TB 1979 ■ *Allerlei Frau.* Hrg. Elfi Hartenstein, Frauenliteraturverlag 1980

© Photo: F. Hentschel, Heidelberg

Eva Zeller

Vita 1923 wurde Eva Zeller in Eberswalde geboren. 1941 Abitur in Droyssig bei Zeitz. 1941–45 Studium der Germanistik und Philosophie in Greifswald, Marburg und Berlin. 1948/49 Fortsetzung und Abschluß des Studiums in Greifswald. 1950 Heirat, vier Kinder. 1956–62 mit der Familie in Südwestafrika gelebt. 1962 Rückkehr nach Europa: Düsseldorf, Villingen, seit 1980 Heidelberg.

Mitgliedschaften und Preise: Mitglied des PEN-Zentrums der Bundesrepublik Deutschland, ordentliches Mitglied der Deutschen Akademie für Sprache und Dichtung und der Akademie der Wissenschaften und der Literatur zu Mainz. Georg-Mackensen-Literaturpreis, Droste-Preis, Ehrengabe zum Gryphius-Preis, GEDOK-Literaturpreis. Gastdozentur für Poetik an der Universität Mainz, Sommersemester 1987.

Veröffentlichungen *Der Sprung über den Schatten.* Roman. DVA, Stuttgart 1967 ■ *Lampenfieber.* Roman. Ebd. 1970 ■ *Die Hauptfrau.* Roman. Ebd. 1977 ■ *Solange ich denken kann.* Roman. Ebd. 1981 ■ *Nein und Amen.* Roman. Ebd. 1986 ■ *Die magischen Rechnungen.* Erzählungen. Ebd. 1965 ■ *Ein Morgen Ende Mai.* Erzählungen. Ebd. 1973 ■ *Der Turmbau.* Erzählungen. Ebd. 1975 ■ *Tod der Singschwäne.* Erzählungen. Ebd. 1983 ■ *Sage und schreibe.* Gedichte. Ebd. 1968 ■ *Fliehkraft.* Gedichte. Ebd. 1971 ■ *Auf dem Wasser gehn.* Gedichte. Ebd. 1980 ■ *Stellprobe.* Gedichte. Ebd. 1989

Vita Angelika Zöllner, 1948 in Wiesbaden geboren. Schulabschluß mit Abitur, danach Fachhochschule für Sozialarbeit. Berufstätig in der Jugend- und Obdachlosenfürsorge sowie schwerpunktmäßig in der Bewährungshilfe. Adoptivmutter von fünf Kindern. 1987 Internationaler AWMM-Preis, Luxemburg. 1987 1. Preis des *lyrischen Oktober* der Edition Czernik, Loßburg. 1989 1. Preis beim Wettbewerb: Eine Story für Köln. Colonia-Con. Die Terraner SFC.

Veröffentlichungen *Wenn Helligkeit kostbar wird.* Lyrik. Steinmaßl 1986, Neuauflage Kiefel 1990 ■ *Scherben und Federkleid.* Gedichtauswahl. Edition L, Loßburg 1987 ■ Beiträge in Literaturzeitschriften, Zeitungen und Anthologien in Deutschland und der Schweiz, u. a. im *Traumtanz.* Rowohlt 1986 ■ Beiträge beim Lyriktelefon Wiesbaden und Mainz sowie beim Rundfunk, NDR, WDR

Krystyna Zywulska

Vita Krystyna Zywulska wurde 1918 in Lodz geboren. Bis Kriegsbeginn studierte sie in Warschau Jura. Von 1939 bis 1942 lebte sie im Warschauer Ghetto und arbeitete nach ihrer Flucht im Widerstand mit. 1943 wurde sie von der Gestapo verhaftet und nach Auschwitz deportiert. Nach dem Krieg war sie in Polen als Schriftstellerin tätig und schrieb vornehmlich Satiren. Seit 1969 lebt sie in der Bundesrepublik. Hier erhielt sie den ersten Preis beim ersten Nordrhein-Westfälischen Autorentreffen, außerdem war sie Gaststipendiatin in der Villa Massimo, Rom. Ihre Bücher über das Warschauer Ghetto und über Auschwitz sind in zahlreiche Sprachen übersetzt worden, u.a. ins Englische, Französische, Japanische und Russische.

Veröffentlichungen *Wo vorher Birken waren.* Überlebensbericht. Darmstädter Blätter, Darmstadt 1980 ■ *Leeres Wasser.* Roman. Ebd. 1980 ■ *Tanz, Mädchen...* Vom Warschauer Ghetto nach Auschwitz. Ein Überlebensbericht. dtv, München 1988 ■ *Die reine Wahrheit.* Satiren. Edition Das andere Buch, Eremiten Presse, Düsseldorf 1983 ■ *Zu Ehren der Familie.* Satiren. Herbig, München 1988

Aktivitäten und Preisvergaben der GEDOK

GEDOK-Literaturpreis und GEDOK-Förderpreis

Der *GEDOK-Literaturpreis,* früher *Ida-Dehmel-Preis,* wurde 1968 gegründet. Stifter und Träger ist die GEDOK – Verband der Gemeinschaften der Künstlerinnen und Kunstfreunde e.V. Sitz Hamburg.

Kontakt-Adresse: Präsidentin Dr. Renate Massmann, Einern 29, 5600 Wuppertal 2, Telefon 02 02/52 46 42.

Der Preis bezieht sich auf die Sparte Literatur. *Vergabeform:* Der Preis wird möglichst alle drei Jahre im Rahmen eines Festaktes an die Preisträgerinnen verliehen (DM 10 000,– und Urkunde. Außerdem werden Möglichkeiten für öffentliche Lesungen, veranlaßt durch die einzelnen örtlichen GEDOK-Gruppen, angeboten. Die allgemeine Zielsetzung des Preises ist die Würdigung literarischer Leistungen von Frauen innerhalb des Deutschen Sprachraumes, meist für ihr literarisches Gesamtwerk. Es handelt sich um die Auszeichnung von Spitzenleistungen.

Besondere Bedingungen: Nur weibliche Preisträger. Eine Eigenbewerbung ist nicht möglich. Sie erfolgt nur über den Verband. Die Preisträgerin wird durch 5 Jurorinnen ermittelt, darunter bindend als Jurorinnen die letzte GEDOK-Literaturpreisträgerin sowie die Bundesfachbeirätinnen für Literatur und Sprechkunst.

Bisherige GEDOK-Literaturpreisträgerinnen: 1968 Hilde Domin, 1970 Erika Burkart, 1975 Margot Scharpenberg, 1977 Rose Ausländer, 1980 Ingeborg Drewitz, 1983 Barbara Frischmuth, 1986 Eva Zeller, 1989 Brigitte Kronauer.

Durch Anregung von Hilde Domin, Ehrenmitglied der GEDOK, wurde 1971 der *GEDOK-Förderpreis* für eine noch nicht bekannte Autorin ins Leben gerufen. Dieser Preis wird gleichzeitig mit dem *GEDOK-Literaturpreis,* bei gleicher Jury, verliehen (derzeitige Dotation DM 6000,– und Urkunde). Bisherige Förderpreisträgerinnen: 1971 Katrine von Hutten, 1980 Ute Zydek, 1983 Ingeborg Görler, 1986 Zsuzsanna Gahse, 1989 Verena Nolte.

Im Rahmen der festlichen Verleihung wird jeweils eine Laudatio mit entsprechender Würdigung des Werkes gehalten. Die Preisträgerinnen lesen aus ihren eigenen Werken.

Renate Massmann

Prämienstiftung

Die Prämienstiftung der GEDOK wurde 1974 gegründet.
Stifter und Träger ist die GEDOK – Verband der Gemeinschaften der Künstlerinnen und Kunstfreunde e.V. Sitz Hamburg.
Kontakt-Adresse: Präsidentin Dr. Renate Massmann, Einern 29, 5600 Wuppertal 2, Telefon 02 02/52 46 42.
Der Preis bezieht sich auf die Sparte Musik.

Vergabeform: Alle zwei Jahre werden für die zwei Folgejahre insgesamt vier Preisträgerinnen ermittelt, die mit einem gleichbleibenden Programm ihrer Wahl eine vierzehntätige Tournee durch die derzeit 19 örtlichen Gruppen der GEDOK durchführen. Die Höhe der Aufwandsentschädigung entspricht der finanziellen Lage der GEDOK. Neben einer Aufwandsentschädigung von 150,- DM pro Konzert für die Preisträgerin (und ebenso für den etwaigen Klavierbegleiter) übernimmt die GEDOK außerdem die Reise- und Übernachtungskosten.

Die allgemeine Zielsetzung der GEDOK-Prämienstiftung ist, jungen deutschen und österreichischen Musikerinnen zu Konzertroutine und Podiumserfahrung zu verhelfen. Die Konzerterfahrung steht im Vordergrund der Stiftung. Eine Rundfunkaufnahme ist gewährleistet.

Den Förderungstyp betreffend, handelt es sich bei der GEDOK-Prämienstiftung um Nachwuchsförderung.

Besondere Bedingungen: Bewerben können sich nur konzertreife Musikerinnen, die das 30. Lebensjahr noch nicht überschritten haben. Ausgeschlossen sind Preisträgerinnen der Bundesauswahl und des Deutschen Musikwettbewerbes. Als Richtlinie für die Teilnahme, bzw. für die Entsendung zur Auswahl, sollte das Niveau eines sehr guten Konzertexamens zugrunde gelegt werden. Sowohl beim Wettbewerb, als auch bei der Tournee muß das Programm ein Stück einer zeitgenössischen Komponistin enthalten.

Eigenbewerbung ist erforderlich.

Vergabegremium: Jede GEDOK-Gruppe kann Musikerinnen zum Wettbewerb entsenden. Der Preis ist für alle Instrumentengattungen offen, einschließlich Gesang. Die Preisträgerinnen werden durch eine Jury, die sich aus

7-9 Mitgliedern zusammensetzt, darunter Bundesfachbeirätinnen der GEDOK für Musik, möglichst ein Kritiker, ein Dirigent und ein Professor/Dozenten der jeweiligen Musikhochschule, ermittelt. Die Vor- und Endauswahl des Wettbewerbes findet alle zwei Jahre bei der Jahrestagung der GEDOK statt.

Bisherige Gewinnerinnen der GEDOK-Prämienstiftung: 1974: Rosi Weghofer, Vera Scherr. 1975: Elisabeth Schmidt, Sylvia Tröscher. 1976: Angela Münchow, Ulrike Schäfer. 1977: Konstanze Eickhorst, Katrin Eickhorst, Ingeborg Most. 1978: Marion Vetter, Birgit Erichson. 1979: Christina Bolze, Cornelia Weyhmann. 1980: Cordelia Höfer, Irmela Bossler. 1981: Ismene Then-Bergh, Susanne Eychmüller. 1982: Dorothea von Albrecht, Cornelia Thorspecken. 1983: Ingrid Schmithüsen, Yosh Müller-Abé. 1984/1985: Bettina Fuchs, Christine Olbrich, Traute Gravert, Sabine Krams, Agnes Malich. 1986/1987: nur drei Preisträgerinnen: Almut Steinhausen, Adnana Alexandrescu, Beate Berthold-Reber. 1988/1989: Daniela Steinbach, Macha Deubner, Franziska Pietsch, Brigitta Wollenweber.

Im Rahmen einer festlichen Konzert-Matinée werden die vier Preisträgerinnen vorgestellt und die Urkunden überreicht.

Renate Massmann

Internationaler Wettbewerb für Komponistinnen

Der Internationale Wettbewerb für Komponistinnen der GEDOK wurde im Jahr 1951 gegründet.

Stifter und Träger sind die Kultusministerien Baden-Württemberg und Rheinland-Pfalz, die GEDOK Mannheim-Ludwigshafen und die Stadt Mannheim.

Kontaktadresse: Prof. Leni Neuenschwander, Gründerin der Internationalen Wettbewerbe für Komponistinnen und u. a. Bundesfachbeirätin der GEDOK für Musik, Elisabethstraße 5, 6800 Mannheim-1, Tel.: 06 21/41 46 16. Präsidentin Dr. Renate Massmann, Einern 29, 5600 Wuppertal 2, Tel.: 02 02/52 46 42.

Der Preis bezieht sich auf die Sparte Komposition für Frauen.

Vergabeform: Alle vier Jahre werden 4-5 Preise und Förderpreise in Höhe von insgesamt 10 000,- bis 12 000,- DM sowie lobende Erwähnungen vergeben. Die preisgekrönten Werke werden aufgeführt und in Zeitungsartikeln und Festschriften bekannt gemacht.

Die allgemeine Zielsetzung des Wettbewerbes ist die systematische Förderung des kompositorischen Schaffens der Frau. Es handelt sich um die Auszeichnung von Spitzenleistungen und die Förderung von Nachwuchstalenten.

Besondere Bedingungen: Teilnahmeberechtigt sind nur Komponistinnen. Einsendungen nur nach den vorgeschriebenen Kompositionssparten (1985 z. B. erforderlich Einreichen von Streich-Trio oder Streichquartett, oder Kompositionen für Solobläser mit oder ohne Klavier). 1989 waren Werke für Kammerorchester bis zu 15 Streichern gefordert in der Kategorie A, in der Kategorie B waren Kompositionen für Orgelsolo einzureichen.

Eine Eigenbewerbung ist erforderlich.

Vergabegremium: Die Preisträgerinnen werden durch 7-9 Jury-Persönlichkeiten aus dem musikalischen Bereich ermittelt. Jury-Zusammensetzung z. B. 1982: Hans Vogt, Jsang Jun, Elsa Respighi (I), Henk Badings (NL), Sir Jack Westrup (GB), Zofia Lissa (PL), Yvonne Desportes (F), Miriam Marbé (R). – 1984/1985: Violeta Dinescu (R – BRD), Gertrud Firnkees u. a. Bundesfachbeirätin der GEDOK für Musik (BRD),

Internationaler Wettbewerb für Komponistinnen

Prof. Hans-Rudolf Johner (BRD), Elzbieta Sikora (PL – F), Prof. Robert Suter (CH), Prof. Hans Vogt (BRD), Direktor Hellmuth Weinland (BRD). Jury-Mitglieder des IX. Internationalen Wettbewerbes für Komponistinnen 1989: Biancamaria Furgeri (I), Myriam Marbé (R), Roland de Candé (F), Wolfgang Ludwig (BRD), Hans-Rudolf Johner (BRD), KMD Peter Schumann (BRD), Hellmuth Weinland (BRD).

Bisherige Preisträgerinnen des Internationalen Komponistinnenwettbewerbes 1951: Grete von Zieritz. 1961: Giulia Recli (I), Amy Dommel-Dieny (F), Sonia C. Gramatte (CDN), Yvonne Desportes (F), Elinor Remick-Warren (USA), Elizabeth Maconchy (GB), Elizabeth Gould (USA), Ilse Fromm-Michaels. 1976: Jacqueline Fontyn (B), Jennifer Fowler (GB), Sheila Jane Silver (USA), Miriam Marbé (R), Azuko Nozawa (Japan), Lucie Robert (F). 1982: Elzbieta Sikora (PL), Violeta Dinescu (R – BRD), Lidia Zielinska (PL), Anne LeBaron (USA). 1985: Biancamaria Furgeri (I), Caroline Ansink (NL), Susanne Erding (BRD), Yumiko Nishida (Japan), Adriana Hölszky (R). 1989 für Kategorie A: Adriana Hölszky (BRD), Grazyna Krzanowska (PL), Carmen Maria Carnecci (R), Liana Alexandra (R), Renata Kunkel-Polska (PL), Olga Widawska (PL), Sibylle Pomorin (BRD), Shu-Ying-Su (Taiwan). 1989 für Kategorie B: Caroline B. Ansink (NL), Jeannine Richer (F), Ursula Euteneuer-Rohrer (BRD), Ellen Ruth Harrison (USA), Ruth Watson Henderson (CN), Silvana di Lotti (I).

Anmerkung: Die Jury-Mitglieder beurteilen das Niveau der 1989 eingereichten Arbeiten sehr hoch. Das Können der Komponistinnen hat sich in den letzten Jahren auffallend gesteigert. Die Jury-Mitglieder betonen ausdrücklich, daß die Werke von zeitgenössischen Komponistinnen denen der Komponisten in nichts nachstehen.

Renate Massmann

Bundesweite Ausstellungen der Gruppen Bildende Kunst und Kunsthandwerk

Repräsentative Kunstausstellungen unter verschiedenen Themata, aber auch solche, die an kein Thema gebunden sind, finden jährlich – meist eingebunden in die Bundestagungen der GEDOK – statt. Erinnerungswürdige und für die jeweils ausstellende Künstlerin eine bleibende Dokumentation stellen die aufwendigen die Ausstellungen begleitenden Kataloge dar, aus denen man sich die einzelnen Ausstellungen immer wieder »zurückholen« kann.

Das gleiche gilt für die Gruppe Kunsthandwerk.

Die Vorbereitungen und Durchführungen dieser bundesweiten Ausstellungen bedingen durch die Dezentralisierung der 19 örtlichen Gruppen ungeheuren ehrenamtlichen Arbeits-, Organisations- und Koordinationsaufwand, der unterstützend von den örtlichen Gruppen und deren Kunstfreunden wesentlich mitgetragen wird.

Träger: GEDOK-Verband der Gemeinschaften der Künstlerinnen und Kunstfreunde e.V., Sitz Hamburg

Kontaktadresse: Präsidentin Dr. Renate Massmann, Einern 29, 5600 Wuppertal 2, Telefon: 02 02/52 46 42

Vergabeform: Eine Ausschreibung ergeht in alle örtlichen GEDOK-Gruppen. Gäste werden eingeladen. Katalog.

Allgemeine Zielsetzung: Die kontinuierliche Darstellung der qualitätsvollen Arbeit der künstlerisch schaffenden Frau. Durchsetzung der Gleichwertigkeit der künstlerischen Leistung von Frauen im öffentlichen Bewußtsein, Entgegenwirken der noch bestehenden Unterrepräsentation der Frauen im derzeitigen Ausstellungsbetrieb.

Förderungstyp: Künstlerinnen der Bildenden Kunst (Malerei, Bildhauerei, Fotografie, Performance). Angewandte Kunst (Textil, Papier, Holz, Keramik, Schmuck, Glas)

Besondere Bedingungen: Einreichung jüngster Arbeiten laut Ausschreibung, Vorjurierung durch die örtlichen Gruppen. Endauswahl durch eine 5–7köpfige Jury, darunter Bundesfachbeirätinnen der jeweiligen Sparte.

Eigenbewerbung nicht möglich.

Erwähnenswert sind die Ausstellungen mit den jeweiligen Katalogen: München 1982: »Die Welt ist schön – ist die

Welt schön?« mit »überwiegenden Darstellungen befremdeter Umwelt und der Mühsal und des Leidens allen Lebens« (Liselotte Camp).

Köln 1983: 22 Fotografinnen – ein Querschnitt zeitgenössischer Fotografie – in der Hahnentorburg, Köln, mit Aufzeigen eines bedeutenden Stellenwertes der Fotografie in der modernen Kunst, sowie Bereicherung des kulturellen Spektrums.

München 1984: Eine Ausstellung des Kunsthandwerkes im Pavillon des Botanischen Gartens München mit Keramik, Textil, Schmuck, Holz, Gerät.

Bremen 1985: »Schattengrenzen«, eine Performance-Reihe der GEDOK in der Weserburg Bremen. Performance – Grenzsprengung. Spezifisch für die Performance ist die Durchbrechung der ästhetischen Grenzen des Kunstwerkes durch Unmittelbarkeit und Lebensnähe.

Karlsruhe 1985: Malerei, Grafik, Plastik, Objekte – im Landesgewerbeamt Karlsruhe. Von 100 ausgestellten Exponaten ist die Hälfte gegenständlich, die andere nicht gegenständlich.

Diese Ausstellung wirkte insbesondere durch das Korrespondieren im Aufbau, den Bezug von den Tafelbildern zu den Objekten.

Berlin 1986: »Gegenlicht« – 60 Jahre GEDOK in der Kunsthalle Berlin.

Schleswig-Holstein 1987: »Urobos«, ein drittes Geschlecht, Mythos und ästhetische Projektion – im Schloß Gottdorf.

Heidelberg 1988: »Kompositionen auf Papier« – Malerei und Musik von Frauen heute – in der Alten Universität Heidelberg.

Berlin 1989: Ausstellungs- und Katalogprojekt »Werkwechsel I« in der Otto-Nagel-Galerie mit Begrenzung auf *drei* Künstlerinnen zwecks Darstellung ihres Œuvres in einem größeren Querschnitt mit Katalog als Ausdruck individueller Selbstdarstellung.

Hervorzuheben ist noch eine Ausstellung der Angewandten Kunst Köln 1986 (Brühl): Tapisserie – Schmuck – Keramik – Glas der Gruppe Köln mit einem Überblick über das Schaffen von Kunsthandwerkerinnen der heutigen Zeit.

Köln 1990: »Fantasie und Form« – erste bundesweite Ausstellung im Bereich Kunsthandwerk/Angewandte Kunst in der Handwerkskammer Köln. Erstmalige Vergabe von drei Preisen für je eine beste Arbeit unterschiedlicher Gewerke an Christina Weck – Silber- und Goldschmiedin – GEDOK München, Suse Güllert – Buchbinderin – GEDOK München, Barbara Schmedding – Schmuckdesignerin – GEDOK Köln. Juroren: Mechthild Baumann – Schmuck – Bundesfachbeirätin, Prof. Dorothea Reese-Heim – Papier-Textil – Bundesfachbeirätin, Barbara Stehr – Keramik-Porzellan – Bundesfachbeiträtin, Peter W. Bürkner – Keramion-Museum für Moderne Keramische Kunst Frechen, Dr. Helga Hilschenz – Mlynek – Kestner-Museum, Hannover –, Dr. Rüdiger Joppien – Museum für Kunst und Gewebe, Hamburg, Professor Dr. Gisela Reineking-von Bock – Museum für Angewandte Kunst, Köln.

Daß sich für die Sparten Bildende Kunst und Kunsthandwerk der GEDOK zukünftig ebenso institutionalisierte Ausstellungsprojekte mit Katalogen, einschließlich zu verleihender Preise (siehe Literaturpreisvergabe, Prämienstiftung, Komponistinnenwettbewerb) ergeben werden, bleibt zu hoffen.

Renate Massmann

Sprechkunst

Sprechen, »Sprechkunst« und Literatur stehen in engem Zusammenhang. Sinn und Zielsetzung der Sprechkunst ist, Texte in vollendeter Form darzubieten: Sprache als künstlerischer Ausdruck. Dichtung – Lyrik und Prosa – wird gesprochen; das erfordert die Auseinandersetzung mit dieser Kunst.

Die Sprechkunst ist sicher keine »laute«, keine spektakuläre Kunst, bedarf des intensiven Studiums, der Schulung der Sprache in Modulation und Ausdruck, des sich Beschäftigens mit der Literatur.

Die GEDOK versucht, mit dem gesprochenen Wort eine in unserer Zeit allzu vernachlässigte, mit Anglismen und Amerikanismen gespickte, gekürzte und vermischte deutsche Sprache durch Rezitationsprogramme zu pflegen, die Dichtung – auch unbekannte und vergessene Texte – durch die hohe Sprechkunst einem großen Interessentenkreis nahezubringen. Namen, die eng mit dem Bereich Sprechkunst in der GEDOK verbunden und durch die die Sparte Sprechkunst inhaltlich lebendig wird, sind, um nur einige zu nennen: Felicitas Barg, Ehrenmitglied der GEDOK Hamburg, Sibille Breuer, Hamburg, Helene Kraney, Johanna Kellenbach-Schliephake, Erika Hofmann, Cornelia Kuehn-Leitz, Hannover, Hilde Brüninghaus, Köln, Renate Rehm-Röper, Hamburg/Schleswig, Uta Kutter, Bundesfachbeirätin der GEDOK für Sprechkunst, Stuttgart, Ursula Kuhlmann († 21. 12. 1986), Wuppertal. Unvergessen bleibt deren Dichterlesung mit weihnachtlichen Texten von Marie-Luise Kaschnitz im Rahmen des Adventkonzertes der GEDOK im Hause der jetzigen Präsidentin am 2. 12. 1986.

Das Repertoire der Rezitatorinnen umfaßt eigentlich alle Epochen und unterschiedlichste Autoren und Autorinnen mit persönlichen Schwerpunkten; diese konzentrierten sich bei vielen auf die Moderne, das schriftstellerisch Aktuelle, vor allem auch auf das Werk der in dieser Dokumentation aufgeführten GEDOK-Literaturpreisträgerinnen.

Neben den reinen Leseprogrammen sind inzwischen Programmgestaltungen unter speziellen – auch frauenspezifischen – Themen erarbeitet worden: »Deutsche Dichterinnen«, »Berühmte Schauspielerinnen«, »Stimmen über Grenzen«, »Frauen als Kunstfreundinnen–Mäzeninnen«.

Einbezogen ist auch Regiearbeit und Theaterproduktion, so z. B. Textzusammenstellung von H. Brüninghaus: »Wenn du geredet hättest, Desdemona« sowie »Berühmte, berüchtigte und vergessene Berlinerinnen *Unter den Linden*«.

Anzuführen sind auch die glücklichen Verbindungen von »gesprochenem Wort« und Musik: Uta Kutter und das Diabelli-Trio, U. Kutter und das Trio con voce (deren Mitglied sie ist), Lesung in Verbindung mit dem Cherubini Quartett.

Selbst das Ausland – Frankreich, sogar Japan – interessiert sich für das fest etablierte und aktuelle »Studio Gesprochenes Wort« von Uta Kutter.

Renate Massmann

Regionale Literarische Projekte

Neben den auf Bundesebene vergebenen Literaturpreisen und den über die Bundesfachbeirätin organisierten Buchprojekten (Dokumentation, Anthologie im S. Fischer Verlag) sind gerade in letzter Zeit zunehmend Aktivitäten in den örtlichen Fachgruppen für Literatur zu beobachten. Es werden Lesungen mit eigenen und auswärtigen Autorinnen veranstaltet, Werkstattgespräche und Lesereisen organisiert, regelmäßig erscheinende Rundbriefe mit Werkproben der Mitglieder herausgegeben. Spartenübergreifend werden Kontakte gepflegt, die zu gemeinsamen Veranstaltungen etwa von Musikerinnen und Literatinnen oder zu Lesungen in Ausstellungsräumen führen. Auch regional vergebene Literaturpreise oder Anthologien auf örtlicher Ebene gehören zu diesen Aktivitäten. Einige Projekte sollen hier exemplarisch kurz vorgestellt werden.

Irma Hildebrandt

Bonn ■ Theobald-Simon-Kunstpreis

Erstmals im Jahr 1988 wurde der von Gabriele Vossebein, geb. Simon (Mitglied der GEDOK Bonn und Leiterin der Fachgruppe Bildende Kunst im Ortsverband Bonn) gestiftete Th.-Simon-Kunstpreis, dotiert mit DM 3000,–, an eine GEDOK-Künstlerin verliehen.

Der Preis soll turnusmäßig – alljährlich – für die einzelnen Fachgruppen zur Verfügung gestellt werden. Der Preis ging 1988 an die Anglistin Dr. Ruth Schirmer. 1989 wurde der Theobald-Simon-Kunstpreis an ein GEDOK-Mitglied der Bonner Gruppe Bildende Kunst verliehen.

Gabriele Usarski

Freiburg ■ Lyrik-Anthologie »Unterwegs«

Aus Anlaß ihres 25jährigen Bestehens brachte die GEDOK Freiburg i. Br. 1987 eine Lyrik-Anthologie im Eigenverlag heraus. Zehn Freiburger Autorinnen sind mit Gedichten darin vertreten:

Erika Brandner, Renate Brie-Kölmel, Dagmar von Dewitz, Eleonore Glaubitz, Margarete Jenne, Ute Krasser, Annelise Mayer, Ilse Meinck-Goedecke, Ingeborg Sulkowski und Ingrid Würtenberger. Die Redaktion lag in den Händen von Margarete Jenne, Barbara Wiesinger gestaltete Umschlag und Layout. Finanziert wurde der kleine Band, der den Titel *Unterwegs* trägt und 51 Seiten umfaßt, vom Freiburger Kulturamt, von der GEDOK Freiburg und von den Schriftstellerinnen selbst.

Erika Brandner

Heidelberg ■ Broschüre

In einer Broschüre mit dem Titel *Seiten Spiel,* herausgegeben von Gudrun Reinboth, stellen sich 17 Heidelberger Autorinnen mit Kurzvita und Textauszügen vor ■ *Seiten Spiel*. Heidelberg, Kurpfälzisches Museum 1989.

Gudrun Reinboth

Rhein-Main-Taunus ■ Vielfältige Aktivitäten

Seit 1986 findet in Wiesbaden jährlich eine Ausstellung von Plakatgedichten statt:
1986 Villa Clementine,
1987 Wilhelm-Kempf-Haus,
1988 Bellevue-Saal
1988 veranstaltete die GEDOK eine EXLIBRIS-Ausschreibung. Die Preisträgerinnen:
1. Preis: Olly Komenda-Soentgerath, Köln
2. Preis: Margarete Kubelka, Darmstadt
3. Preis: Vera Lebert-Hinze, Siegen

Eine GEDOK-Zeitung erscheint ab 1986 jährlich einmal, Herausgeberin: Margarete Sorg. Daneben kam 1986/87 ein GEDOK-Journal heraus (Folge 1, 103 S., Abbildungen und Text Margarete Sorg).

1989 erschien die GEDOK-Anthologie *Ein wenig von Verschwörung*. Gedichte. Thorbecke 1989.

Die Autorinnen: Johanna Anderka, Tonia Damm, Martina Dreisbach, Sigrid Grabert, Angelika Jakob, Olly Komenda-Soentgerath, Margarete Kubelka, Vera Lebert-Hinze, Dagmar Nick, Heike Reich, Margarete Rose, Ellen Seib-Schaefer, Margarete Sorg, Lisa Stromszky, Ingrid Wiltmann, Eva Zeller.

Ebenfalls 1989 erfolgte eine Ausschreibung für Lyrik zum Thema *Meine Stadt*.

Margarete Sorg

Schleswig-Holstein ■ Literaturpreis

Seit dem Jahre 1986 bestimmt und gestaltet die GEDOK Schleswig-Holstein die Vergabe eines Literaturpreises in der Höhe von DM 5000 den die Landesbank stiftet. Dieser Preis wird im Audienzsaal des Rathauses der Hansestadt Lübeck vergeben. Die Laudatio und das musikalische Rahmenprogramm werden von GEDOK-Mitgliedern und GEDOK-Preisträgerinnen aus dem Fachbereich Musik vorgetragen. Die erste Preisträgerin war die Autorin Ingrid Bachér, die, in Lübeck aufgewachsen und mit verwandtschaftlichem Bezug zu Theodor Storm, die vom Stifter des Preises gewünschte

Beziehung zum Lande Schleswig-Holstein gleich doppelt aufweisen kann.

Im Jahre 1987 wurde der Preis an die Lyrikerin Sarah Kirsch verliehen, die jetzt in unserem Lande lebt und ihrer neuen Heimat an der Eider schöne und aussagekräftige Gedichte gewidmet hat.

Im Jahre 1988 wurde das Preisgeld als Zuschuß für die Herstellung des Buches *Augenstimmen*, einer Bestandsaufnahme der bildenden Künstlerinnen in Schleswig-Holstein, aufgenommen vom GEDOK-Mitglied Dr. Roswitha Siewert, zur Verfügung gestellt.

Im Jahre 1989 wurde der Preis an Resi Chromik, Lehrerin in Kiel, verliehen. Er ist als Förderung für ihr vielversprechendes Talent gedacht.

Katharina Wesnigk

Stuttgart ■ Elle-Hoffmann-Preis

Elle Hoffmann (1892–1987), erste Vorsitzende der GEDOK Gruppe Stuttgart von 1946 bis 1965, stiftete nach ihrem Ausscheiden aus dem GEDOK Vorstand einen Preis zur »Förderung begabter Künstlerinnen« der GEDOK Stuttgart. Der Preis wird alle zwei bis drei Jahre an förderungswürdige Mitglieder jeden Alters, im Wechsel aus den verschiedenen Fachgruppen verliehen. Aus der Gruppe Schrifttum und Rezitation der GEDOK Stuttgart erhielten den Förderpreis, dessen Höhe vom Zinsertrag des Stiftungskapitals abhängt, folgende Mitglieder:
1974 Ulrike Maier-Hillenbrandt – Rezitation
1983 Katja Stehli-Christaller – Schrifttum
   Inga Storck-Schnabel – Rezitation

Förderungswürdige Künstlerinnen werden vom Vorstand der GEDOK Stuttgart vorgeschlagen, ein Stiftungsausschuß entscheidet über die Vergabe des Preises. Eine direkte Bewerbung ist ausgeschlossen.

Die Preisverleihung erfolgt in einer Feierstunde, in der sich auch die Künstlerin präsentiert.

Heidi Volz

Wichtige GEDOK-Adressen

GEDOK Gruppe Berlin

1. Vorsitzende

Christel Wankel
Pücklerstr. 4 B
1000 Berlin 33
Tel. 0 30/8 31 10 86

Fachbeirätin Literatur

Helmtrud Weber
Seydlitzstr. 18 B
1000 Berlin 21
Tel. 0 30/3 94 77 54

Autorinnen

Birgit Berg, c/o Wortwerkstatt
Poesie und Politik
Schwarenbergstr. 83
7000 Stuttgart 1

Marianne Blasinski
General-Barby-Str. 55
1000 Berlin 51
Tel. 4 13 34 76

Marianne Eichholz
Mommsenstr. 11
1000 Berlin 12
Tel. 3 24 22 88

Ingeborg Görler
c/o Christel Wankel
Pücklerstr. 4 B
1000 Berlin 33

Christel Guhde
Horst-Caspar-Steig 25
1000 Berlin 47
Tel. 6 61 38 21

Christiane Binder-Gaspar
Blücherstr. 37 a
1000 Berlin 61
Tel. 6 92 99 92

Inge Dreyer
Kurfürstenstr. 115/9
1000 Berlin 30
Tel. 2 11 75 40

Dagmar von Gersdorff
Kirchblick 10
1000 Berlin 38
Tel. 8 01 11 64

Annegret Gollin
Gleditschstr. 79
1000 Berlin 62
Tel. 7 84 58 03

Aldona Gustas
Elßholzstr. 19
1000 Berlin 30
Tel. 2 16 56 75

Dr. Marusja de Haan-Serck
Kirchweg 41
1000 Berlin 38
Tel. 8 03 52 44

Karla Höcker
Andreézeile 27 g
1000 Berlin 37
Tel. 8 15 27 65

Dr. Ilse Kleberger
Cimbernstr. 16
1000 Berlin 38
Tel. 8 03 58 28

Reinhild Paarmann
Luckeweg 17
1000 Berlin 48
Tel. 7 21 91 17

Sofia Reede-Bentinck
Paul-Lincke-Ufer 1 a
1000 Berlin 36
Tel. 6 11 98 34

Rotraud Schöne
Schwienfurthstr. 37
1000 Berlin 33
Tel. 8 32 77 20

Sabine Techel
Heckmannufer 4
1000 Berlin 36
Tel. 6 12 13 77

Aleke Thuja
Schönwalder Str. 24
1000 Berlin 65
Tel. 4 65 90 80

Jutta Natalie Harder
Freiligrathstr. 1
1000 Berlin 61
Tel. 6 94 22 22

Veronika Horch
Lindenallee 35
1000 Berlin 19
Tel. 3 02 41 07

Dagmar Köppen
Horst-Kohl-Str. 6 a
1000 Berlin 41
Tel. 7 95 65 89

Elisabeth Poppe
Neckarstr. 9
1000 Berlin 44
Tel. 6 81 10 64

Jutta Rosenkranz
Dahlmannstr. 3
1000 Berlin 12
Tel. 3 24 34 41

Monica Streit
Kreuzbergstr. 71
1000 Berlin 61
Tel. 7 85 64 67

Heidrun Thiede
Koburger Str. 12
1000 Berlin 62
Tel. 7 82 49 28

Katharina Wiessner
Adalbertstr. 4 D 11/1
1000 Berlin 36
Tel. 6 14 85 37

1. Vorsitzende

Erika Sebaldt
Matthäistraße 12
5300 Bonn 1
Tel. 02 28/62 69 94

Fachbeirätinnen Literatur

Renate Schneider-Hofrichter
Schumannstr. 12
5300 Bonn 1
Tel. 02 28/21 09 95

Gabriele Usarski
Im Bachele 41
5300 Bonn 2
Tel. 02 28/84 02 74

Autorinnen

Dr. Chow-Chung-Cheng
Hausdorffstraße 250
5300 Bonn 1
Tel. 02 28/23 17 14

Cornelia Conrad
Schwarzwaldstr. 9
7587 Rheinmünster
Tel. 0 72 27/10 50

Ellen Conradi-Bleibtreu
Pregelstraße 5
5300 Bonn/Ippendorf
Tel. 02 28/28 30 17

Felicitas Estermann
Waldstraße 90
5300 Bonn 2
Tel. 02 28/31 35 34

Anne Glock
Rieslingstraße 20
6501 Mommenheim
Tel. 0 61 38/17 12

Hilla Jablonsky
Enggasse 7
5205 St. Augustin-Menden
Tel. 0 22 41/31 67 45

Dr. Margaret Klare
Jagdweg 25
5205 St. Augustin-Menden
Tel. 0 22 41/33 50 80

Dr. Doris Maurer
Im Krausfeld 17
5300 Bonn 1
Tel. 02 28/65 71 94

Petra Ohl
Kurfürstenstraße 26
5300 Bonn 1
Tel. 02 28/21 64 54

Waltraud Ohm
Rheinallee 23
5330 Königswinter 1
Tel. 0 22 23/16 88

Elsa Rentrop
Hohenzollernstraße 10
5300 Bonn 2
Tel. 02 28/36 22 85

Dr. Ruth Schirmer
Dyroffstraße 1 b
5300 Bonn 1
Tel. 02 28/21 43 65

Doris Ruge
Böttgerstraße 38
5205 St. Augustin
Tel. 0 22 41/31 35 73

Irena Wachendorff
Brunnenallee 31
5300 Bonn 2

GEDOK Gruppe Bremen

1. Vorsitzende

Carla Wagner
Fehrfeld 7
2800 Bremen 1
Tel. 04 21/70 34 06

Fachbeirätin Literatur

Isolde Loock
Alten Eichen 22
2800 Bremen 33
Tel. 04 21/23 96 99

Autorinnen

Dr. Inge Buck
am Dobben 110
2800 Bremen 1
Tel. 04 21/70 32 58

Isolde Loock
Alten Eichen 22
2800 Bremen 33
Tel. 04 21/23 96 99

Rita Gerlach
Roonstr. 23
2800 Bremen 1
Tel. 04 21/7 80 51

Konstanze Radziwill
Benquestr. 9
2800 Bremen 1
Tel. 04 21/3 49 85 43

1. Vorsitzende

Dr. Anna M. Scholz
Am Ziegelholz 8
8565 Kirchensittenbach
Tel. 0 91 51/9 47 66

Fachbeirätin Literatur

Christa Schmitt
Röttenbacherstr. 7
8520 Erlangen
Tel. 0 91 35/16 30

Autorinnen

Dr. Inge Meidinger-Geise
Schobertweg 1 a
8520 Erlangen
Tel. 0 91 31/4 13 07

Christa Schmitt
Röttenbacher Str. 7
8520 Erlangen
Tel. 0 91 35/16 30

Doris Stößlein
Mörikeweg 56
8510 Fürth
Tel. 09 11/79 13 30

GEDOK Gruppe Freiburg/Brsg.

1. Vorsitzende

Ingrid Wieland-Authenried
Kirchenhölzle 12
7800 Freiburg
Tel. 07 61/5 31 55

Fachbeirätinnen Literatur

Dr. Erika Brandner
Weberstr. 22 a
7802 Merzhausen
Tel. 07 61/40 41 30

Ditta Vetter
Erlenweg 3
7808 Waldkirch
Tel. 0 76 81/70 19

Autorinnen

Dr. Erika Brandner
Weberstr. 22 a
7802 Merzhausen
Tel. 07 61/40 41 30

Dr. Renate Brie-Kölmel
Marienmattenweg 15
7800 Freiburg
Tel. 07 61/49 31 96

Dr. Herta Bruder
Hansjakobstr. 23
7800 Freiburg
Tel. 07 61/70 12 71

Eleonore Glaubitz
Friedrichring 21
7800 Freiburg
Tel. 07 61/28 92 23

Marie Frey-Richter
Karlstr. 61
7800 Freiburg
Tel. 07 61/2 44 13

Margarete Jenne
Bleichestr. 17
7800 Freiburg
Tel. 07 61/3 90 09

Marianne Klaar
Tirolerweg 21
7800 Frb.-St. Georgen
Tel. 07 61/49 20 49

Ute Maria Krasser
Richard-Wagner-Str. 30
7800 Freiburg
Tel. 07 61/5 72 02

Dr. Annelise Mayer
Johanniterstr. 3
7800 Freiburg
Tel. 07 61/2 10 83 86

Ilse Meinck-Goedecke
Talmattenstr. 32
7889 Grenzach
Tel. 0 76 24/55 14

Ingeborg Sulkowsky
Ostlandstr. 8
7767 Sipplingen
Tel. 0 75 51/8 48 44

Ingrid Würtenberger
Beethovenstr. 9
7800 Freiburg
Tel. 07 61/7 27 49

GEDOK Gruppe Freiburg/Brsg.

GEDOK Gruppe Hamburg

1. Vorsitzende

Regina Gibbins
Steilshooper Straße 300
2000 Hamburg 60
Tel. 0 40/6 30 57 44

Fachbeirätin Literatur

Marion Rohr
Feldbrunnenstr. 26
2000 Hamburg 13
Tel. 0 40/44 26 78

Autorinnen

Gerda Altschwager
Bauernvogtkoppel 67
2000 Hamburg 65
Tel. 0 40/6 01 82 88

Sibille Brenner
Hölderlinstraße 35
2085 Quickborn
Tel. 0 41 06/37 98

Alice Ekert-Rotholz
Hoffmann & Campe Verlag
Harvestehuder Weg 42
2000 Hamburg 13
oder
56 A Elsworth Rd.
London NW 3 3 Bn

Geno Hartlaub
Böhmersweg 30
2000 Hamburg 13
Tel. 0 40/41 88 96

Anne de Boufleur
Nagelshof 26
2000 Hamburg 56
Tel. 0 40/81 26 88

Lisa-Marie Blum
Poelchaukamp 23
2000 Hamburg 60
Tel. 0 40/27 30 82

Gerlind Fischer-Diehl
Baurstraße 57
2000 Hamburg 52
Tel. 0 40/8 90 20 15

Irmgard Heilmann
Brahmsallee 26
2000 Hamburg 13
Tel. 0 40/45 06 01

Jutta Heinrich
Papendamm 23
2000 Hamburg 13
Tel. 0 40/45 68 60

Elfriede Szpetecki
Postfach 11 19
2114 Hollenstedt
Tel. 0 41 56/89 31

Christa Wehner-Radeburg
Pappelweg 1
3007 Gehrden

Anna Würth
Schlüterstr. 56
2000 Hamburg 13

Ronnith Neumann
Paul-Sorge-Str. 185
2000 Hamburg 61

Charlotte Ueckert
Beerenwinkel 5
2000 Hamburg 67
Tel. 0 40/6 03 83 62

Ruth Werner
Brandorffweg 14
2000 Hamburg 52

GEDOK Gruppe Hamburg

GEDOK Gruppe Hannover

1. Vorsitzende

Ursula v. Ilten
Hannoversche Str. 32
3257 Springe/ Gestorf
Tel. 0 50 45/82 02

Postanschrift:
Odeonstraße 2
3000 Hannover 1
Tel. 05 11/13 14 04

Fachbeirätinnen Literatur

Eva Korhammer
Röhrichtweg 29 a
3000 Hannover 71

Eva Schultz-Kersten
Körnerstr. 38
3000 Hannover 1

Autorinnen

Susanne Auffarth
Groß Malchau
3119 Stoetze
Tel. 0 58 72/4 21

Erna Donat
Weiße Rose 26
3000 Hannover
Tel. 46 22 44

Gisela Hannes
Meersmannufer 4 a
3000 Hannover 51
Tel. 6 47 76 67

Irma Hildebrandt
Winterbergstr. 90
4973 Vlotho/Weser
Tel. 0 57 33/42 20

Eva Korhammer
Röhrichtweg 29 a
3000 Hannover 71
Tel. 52 32 72

Irmgard v. d. Lühe
Sedanstr. 24
3200 Hildesheim
Tel. 0 51 21/3 89 24

Eva Schultz-Kersten
Körnerstr. 28
3000 Hannover 1
Tel. 32 23 46

Ursula Student
Bernh. Uhdestr. 64
3200 Hildesheim
Tel. 0 51 21/4 12 65

1. Vorsitzende

Dr. Susanne Himmelheber
Steingasse 9
6900 Heidelberg
Tel. 0 62 21/1 32 65

Fachbeirätinnen Literatur

Gudrun Reinboth
Kurt-Lindemann-Str. 38
6903 Neckargemünd
Tel. 0 62 23/36 84

Eva Zeller
Werderstr. 17
6900 Heidelberg
Tel. 0 62 21/47 54 87

Autorinnen

Elisabeth Alexander
Erwin-Rohde-Str. 22
6900 Heidelberg
Tel. 0 62 21/48 05 61

Katharina Billich
Zähringerstr. 3 A
6900 Heidelberg
Tel. 0 62 21/2 96 61

Charlotte Christoff
Ahlhardstr. 6
4400 Münster
Tel. 0 25 33/8 62

Hilde Domin
Graimbergweg 5
6900 Heidelberg
Tel. 0 62 21/1 25 45

Marliese Klingmann
Jahnstr. 5
6925 Eschelbronn
Tel. 0 62 26/4 22 24

Ursula Krambs-Vogelsang
Bildweg 18
6966 Seckach
Tel. 0 62 93/13 39

Helga Levend
Wilhelmstr. 8
6900 Heidelberg
Tel. 0 62 21/16 69 47

Gerhild Michel
Große Mantelgasse 12
6900 Heidelberg
Tel. 0 62 21/1 24 12

Dagmar von Mutius
Klingelhüttenweg 10
6900 Heidelberg
Tel. 0 62 21/80 43 60

Gudrun Reinboth
Kurt-Lindemann-Str. 38
6903 Neckargemünd
Tel. 0 62 23/36 84

GEDOK Gruppe Heidelberg **304**

Elisabeth Sophie Reiprich
Frankenweg 3
6915 Dossenheim
Tel. 0 62 21/86 90 20

Eva Zeller
Werderstr. 17
6900 Heidelberg
Tel. 0 62 21/47 54 87

Ilse Rohnacher
Am Wingertsberg 11
6900 Heidelberg
Tel. 0 62 21/4 69 75

1. Vorsitzende

Elisabeth Stephan-Geißler
7500 Karlsruhe 1
Nelkenstr. 25
Tel. 07 21/84 39 02

Fachbeirätinnen Literatur

Heima Hasters
Zietenstr. 8
7500 Karlsruhe
Tel. 07 21/55 89 14

Petra-Marion Niethammer
Balzenbergstr. 14
7570 Baden-Baden
Tel. 0 72 21/3 12 74

Autorinnen

Irene Fischer-Nagel
Bussardweg 47
7500 Karlsruhe 51
Tel. 07 21/88 71 94

Elfriede Hasekamp
Rastatterstr. 126
7500 Karlsruhe 51
Tel. 07 21/3 26 32

Heima Hasters
Zietenstr. 8
7500 Karlsruhe
Tel. 07 21/55 89 14

Thea Kaarow-Himmelreich
Am Rennbuckel 18
7500 Karlsruhe 21
Tel. 07 21/7 15 52

Doris Lott
Bahnhofstr. 30
7500 Karlsruhe 1
Tel. 07 21/38 78 21

Else Rein
Straße d. Roten Kreuzes 8 B
7500 Karlsruhe 41
Tel. 07 21/47 27 89

Marta Schwarz
Friedenstr. 8 A
7600 Offenburg
Tel. 07 81/3 73 02

Sonya Weise
Georg-Friedrich-Str. 11
7500 Karlsruhe 1
Tel. 07 21/6 97 02

GEDOK Gruppe Köln

1. Vorsitzende

Marianne Dickel
Goethestr. 34
5000 Köln 51
Tel. 02 21/38 81 23

Fachbeirätin Literatur

Jutta Fischer-Zernin
Lärchenweg 14
5060 Bergisch Gladbach 1
Tel. 02 20/45 29 17

Autorinnen

Ingrid Bachér
Niederrheinstr. 235
4000 Düsseldorf 30
Tel. 02 11/3 98 29 06

Inge Diederichs
Nassestr. 22
5000 Köln 41
Tel. 02 21/21 47 36

Hilde Domin
Graimbergweg 5
6900 Heidelberg
Tel. 0 62 21/4 15 45

Petra Fietzek
Borkener Str. 141
4420 Coesfeld

Brunhilde Hoch
Oberer Weg 4
5068 Odenthal
Tel. 0 22 07/14 81

Irma Berzins
Ansbacherstr. 4
5000 Köln 91
Tel. 02 21/87 84 28

Liane Dirks
Försterstr. 17
5000 Köln 30

Anne Dorn
Weissenburgstr. 19
5000 Köln 1
Tel. 02 21/73 11 32

Dr. Astrid Gehlhoff-Claes
Kaiser-Friedrich-Ring 57
4000 Düsseldorf 11

Olly Komenda-Soentgerath
Malmedeyer Str. 17
5000 Köln 41
Tel. 02 21/49 25 97

Ursula Linnhoff
Warendorfer Str. 6
5000 Köln 91

Margot Scharpenberg
Brooklyn 240 E 27th St.
Apt. 23-F
New York 10016
Tel. 02 11/49 13 49

Margarete Schrader
Emmastr. 6
4790 Paderborn

Ulrike Tillich
Birkenstr. 10
4000 Düsseldorf

Krystyna Zywulska
Rembrandtstr. 28
4000 Düsseldorf 1

Hildegard Moos
Kornstr. 22
5060 Bensberg-Lustheide
Tel. 0 22 04/6 24 24

Isa-Irin Schirren-Heitmann
Grafenbergallee 261
4000 Düsseldorf 1

Ingeborg Tetzlaff-Heiderich
Lehmbacher Weg 22
5000 Köln

Eva Zeller
Werderstr. 17
6900 Heidelberg 1
Tel. 0 62 21/47 54 87

GEDOK Gruppe Mannheim-Ludwigshafen

1. Vorsitzende

Ursula Pawlak
Oberdorferstr. 12
6805 Heddesheim
Tel. 0 62 03/4 37 48

Fachbeirätin Literatur

Karin Voigt
Leibnizstr. 3
6800 Mannheim 1
Tel. 06 21/41 66 66

Autorinnen

Ilse Eberhart
Max von Seubert-Str. 43
6800 Mannheim 51
Tel. 06 21/79 36 69

Sigrid Schuster-Schmah
Theodor-Storm-Str. 6
6800 Mannheim
Tel. 06 21/79 66 39

Roswitha Fröhlich
Schützenstr. 27
6800 Mannheim
Tel. 06 21/79 31 00

Karin Voigt
Leibnizstr. 3
6800 Mannheim 1
Tel. 06 21/41 66 66

1. Vorsitzende

Erika Arends
Stefanusstraße 64a
8032 Gräfelfing
Tel. 0 89/85 34 94

Fachbeirätin Literatur

Esther Bloch
Sperberweg 11
8033 Krailling
Tel. 0 89/8 57 11 32

Autorinnen

Gunhild Bohm-Geyer
Etterschlagstr. 73
8031 Wörthsee
Tel. 0 81 53/76 69

Monique Lichtner
Riesstr. 74
8000 München 50
Tel. 0 89/1 49 21 98

Keto von Waberer
Hildegardstr. 5
8000 München 22
Tel. 0 89/29 24 28

Ute Jons
Gut Heft
8201 Riedering
Tel. 0 80 32/50 67

Doris Stepperger-Raila
Georgenstr. 102
8000 München 40
Tel. 0 89/37 45 63

1. Vorsitzende

Monika Märzheuser
Küpperstraße 11
4223 Voerde
Tel. 0 28 55/40 22

Fachbeirätinnen Literatur

Ingeborg von Kaler
Bahnhofstr. 23
4223 Voerde 1
Tel. 0 28 55/39 14

Elke Oertgen-Twiehaus
Nahestr. 24
4100 Duisburg 1
Tel. 02 03/33 30 70

Autorinnen

Ingrid Bachér
Kaistr. 10
4000 Düsseldorf 1
Tel. 02 11/3 98 29 06

Ursula Matenaer
Königsmühlen Weg 26
4290 Bocholt
Tel. 0 28 71/18 20 58

Elke Oertgen-Twiehaus
Nahestr. 24
4100 Duisburg 1
Tel. 02 03/33 30 70

1. Vorsitzende

Dorothea Goltermann
Kantstraße 3
7410 Reutlingen
Tel. 0 71 21/23 03 34

Fachbeirätin Literatur

Arnhild Willasch
Robert-Koch-Str. 87
7412 Eningen u. A.

Autorinnen

Renate Hausmann
Der Schöne Weg 5
7410 Reutlingen
Tel. 0 71 21/4 22 35

Utta Keppler
Am Herbstenhof 15
7400 Tübingen
Tel. 0 70 71/8 57 05

1. Vorsitzende

Margarete Sorg
Rheinallee 12
6500 Mainz 1
Tel. 0 61 31/61 16 02

Fachbeirätinnen Literatur

Margarete Kubelka
Am Kiefernwald 68
6100 Darmstadt-Eberstadt
Tel. 0 61 51/5 52 39

Margarete Sorg
Rheinallee 12
6500 Mainz
Tel. 0 61 31/61 16 02

Autorinnen

Johanna Anderka
Tannenäcker 52
7900 Ulm-Wiblingen
Tel. 07 31/4 21 12

Tonia Damm
Köpfchenweg 8
6200 Wiesbaden-Bierstadt
Tel. 0 61 21/50 16 35

Susanne Faschon
Danziger Allee 89
6203 Hochheim/Main
Tel. 0 61 46/33 37

Sigrid Grabert
Kaiserstr. 45
6500 Mainz 1
Tel. 0 61 31/61 26 34

Angelika Jakob
Ludwigstr. 38
5900 Siegen
Tel. 02 71/744 97

Hanne F. Juritz
Kennedystr. 25
6072 Dreieich 4
Tel. 0 61 03/8 13 47

Olly Komenda-Soentgerath
Malmedyerstr. 17
5000 Köln 41
Tel. 02 21/49 25 97

Margarete Kubelka
Am Kiefernwald 68
6100 Darmstadt-Eberstadt
Tel. 0 61 51/5 52 39

Vera Lebert-Hinze
Am Sonnenhang 24
5912 Hilchenbach 4
Tel. 0 27 33/5 11 96

Dagmar Nick
Kuglmüllerstr. 22
8000 München 19
Tel. 0 89/17 34 32

Ellen Seib-Schaefer
Bierstadterstr. 3
6200 Wiesbaden
Tel. 0 61 21/30 21 39

Lisa Stromszky-Stockhausen
Bliesstr. 6
6630 Saarlouis
Tel. 06 21/1 41 58

Ingrid Wiltmann
Am Damsberg 40
6500 Mainz 43
Tel. 0 61 31/8 79 53

Margarete Sorg
Henkellstr. 3
6200 Wiesbaden-Biebrich
Tel. 0 61 21/69 12 16

Barbara Schwindt
Sonnenbergerstr. 56
6200 Wiesbaden
Tel. 0 61 21/52 73 80

1. Vorsitzende

Margrit Schulz aus dem Kahmen
Pirolweg 11
2400 Lübeck
Tel. 04 51/59 31 96

Fachbeirätinnen Literatur

Hannelore Holl
Nachtigallensteg 35 a
2400 Lübeck
Tel. 04 51/59 73 55

Katharina Wesnigk
Wahmstr. 46/24
2400 Lübeck
Tel. 04 51/7 59 72

Autorinnen

Ilse Behl
Im Dorfe 5 a
2300 Kiel 14
Tel. 04 31/78 25 68

Resi Chromik
Gerhardstr. 49
2300 Kiel
Tel. 04 31/5 73 14

Rosemarie Gosemärker
Straudstr. 63
2270 Wyk/Föhr
Tel. 0 46 18/12 20

Sarah Kirsch
Eiderdeich
2241 Tielenhemme
Tel. 0 48 03/5 10

Gisela Maler
Reinbek
2361 Pronsdorf
Tel. 0 45 06/6 17

Inge Titzck
Rehbenitzwinkel 16
2300 Kiel
Tel. 04 31/33 30 37

1. Vorsitzende

Barbara Heuss-Czisch
Hölderlinstraße 17 (GEDOK)
7000 Stuttgart
Tel. 07 11/29 78 12

Bismarckstr. 53/1 (privat)
7000 Stuttgart
Tel. 07 11/63 13 94

Fachbeirätinnen Literatur

Dorothee Franzius
Hauptmannsreute 40 A
7000 Stuttgart 1
Tel 07 11/29 40 03

Sabine A. Werner
Heinrich-Heine-Str. 14
7050 Waiblingen
Tel. 0 71 51/5 14 84

Autorinnen

Birgit Berg
Schwarenbergstr. 83
7000 Stuttgart 1
Tel. 07 11/28 18 09

Zsuzsanna Gahse
Greutterstr. 21
7000 Stuttgart 31
Tel. 07 11/83 28 88

Margarete Hannsmann
Zur Schillereiche 23
7000 Stuttgart 1
Tel. 07 11/24 20 82

Birgit Heiderich
Hasenbühlsteige 21
7400 Tübingen
Tel. 0 70 71/4 51 02

Anneliese Hölder
Grüneisenstr. 25
7000 Stuttgart 1
Tel. 07 11/24 13 24

Regine Kress-Fricke
Werderstr. 65
7500 Karlsruhe 1
Tel. 07 21/37 84 33

Lore Sporhan
Stossäckerstr. 15
7000 Stuttgart 80
Tel. 07 11/7 35 17 49

Katja Stehli-Christaller
Einsteinstr. 33
7000 Stuttgart 50
Tel. 07 11/53 31 82

Lydia Tews
Wagnerstr. 5
7071 Iggingen
Tel. 0 71 75/54 52

GEDOK Gruppe Wuppertal

1. Vorsitzende

Jose Zaum
Vogelsangstraße 154
5600 Wuppertal 1
Tel. 02 02/75 42 09

Fachbeirätin Literatur

Christa Müller-Schlegel
Mettberg 22 a
4322 Sprockhövel
Tel. 02 02/52 25 26

Autorinnen

Ursula Beseler
Rostockerstr. 12
5600 Wuppertal 1
Tel. 02 02/76 38 36

Ilse Hangert
Am Murbach 5
5653 Leichlingen
Tel. 0 21 75/28 06

Ursula Matenaer
Königsmühlenweg 26
4290 Bocholt
Tel. 0 28 71/1 82 06

Gertrud Hanefeld
Untere Dorfstr. 25
5900 Siegen-Burbach
Tel. 02 71/6 39 46

Marianne Kuhlmann
Amselweg 8
4300 Essen 17
Tel. 02 01/57 96 60

Angelika Zöllner
Emilienstr. 35
5600 Wuppertal 2
Tel. 02 02/59 54 52

1. Vorsitzende

Emma Zeppelzauer
Ottakringer Str. 242/8
A-1160 Wien
Tel. 00 43/2 22/4 67 47 35

Fachbeirätinnen Literatur

Dr. Gertrud Fussenegger
Maierhansenstr. 17/22
A-4060 Leonding/Linz
Tel. 07 32/66 18 94

Mag. Waltraud Lorenz
Bauernfeldg. 5
A-1190 Wien
Tel. 36 46 96

Autorinnen

Dr. Gertrud Fussenegger
Maierhansenstr. 17/22
Leonding/Linz
Tel. 07 32/66 18 94

Dr. Ilse Tielsch
St. Michaelsgasse 68
1210 Wien
Tel. 25 26 94

Geschäftsführender Vorstand

Dr. Renate Massmann
– Präsidentin –
Einern 29
5600 Wuppertal 2
Tel. 02 02/52 46 42

Esther Bloch
– 1. stellv. Vorsitzende –
Sperberweg 11
8033 Krailling
Tel. 0 89/8 57 11 32

Dr. Eva Kühne
– 2. stellv. Vorsitzende –
Austraße 20
5300 Bonn 2
Tel. 02 28/34 33 91

Irmgard Krug-Weichelt
– 1. Schatzmeisterin –
Am Hang 4
5060 Bergisch-Gladbach 1
Tel. 0 22 04/5 29 19

Hella Potthast
– 2. Schatzmeisterin –
Bachemer Straße 312
5000 Köln 41
Tel. 02 21/43 27 75

Gisela Eylert
– 1. Schriftführerin –
Krähenweg 11
5600 Wuppertal 1
Tel. 02 02/43 43 45

Gabriele Vossebein
– 2. Schriftführerin –
Ossietzkystraße 26
5300 Bonn 1
Tel. 02 28/62 32 86

Bildende Kunst

Tremezza von Brentano
Bachemer Str. 264
5000 Köln 41
Tel. 02 21/43 65 25

Alice Choné
Elbtreppe 5
2000 Hamburg 50
Tel. 0 40/39 37 63

Charlotte Dietrich
Lothringer Straße 17
8000 München 80
Tel. 0 89/4 48 25 08

Isabelle Hofmann
Hofweg 22
2000 Hamburg 76
Tel. 0 40/2 29 91 06

Erika Maria Lankes
Simserweg 15
8209 Stephanskirchen
Tel. 0 80 36/71 35

Gisela Weimann
Edinburger Str. 43
1000 Berlin 65
Tel. 030/4 51 76 55

Kunsthandwerk

Mechthild Baumann
Rathenauplatz 24
5000 Köln 1
Tel. 02 21/24 25 92 od. 24 52 92

Martha Kreutzer-Temming
Attendorner Straße 18
5000 Köln 91
Tel. 02 21/89 52 95

Dorothea Reese-Heim
Mainzer Straße 4
8000 München 40
Tel. 0 89/34 95 14

Barbara Stehr
Hörnweg 28
2080 Tornesch-Ahrenslohe
Tel. 0 41 20/3 32

Musik

Hertha Binder
Redtenbachergasse 73/17+18
A-1160 Wien
Tel. 00 43/2 22/46 37 12

Gertrud Firnkees
Kleidorfer Straße 18
8052 Moosburg
Tel. 0 87 61/24 08

Ingrid Koch-Dörnbrak
Mövenstraße 7
2000 Hamburg 60
Tel. 0 40/48 38 94

Adelheid Krause-Pichler
Landauer Straße 12
1000 Berlin 33
Tel. 0 30/8 22 33 13

Leni Neuenschwander
Elisabethstraße 5
6800 Mannheim
Tel. 06 21/44 23 10

Literatur

Irma Hildebrandt
Winterbergstraße 90
4973 Vlotho/Weser
Tel. 0 57 33/42 20

Dr. Elisabeth Meier
Joh.-Michael-Fischer-Str. 14
8021 Hohenschäftlarn
Tel. 0 81 78/71 64

Gudrun Reinboth
Kurt-Lindemann-Str. 38
6903 Neckargmünd
Tel. 0 62 23/36 84

Sprechkunst

Uta Kutter
Rosengartenstraße 21
7000 Stuttgart
Tel. 07 11/42 70 52

Kunstfreunde

Ursula Rasmus
Echternacher Straße 21
5000 Köln 41
Tel. 02 21/49 65 47

Berlin

Christel Wankel
Pücklerstraße 4 B
1000 Berlin 33
Tel. 0 30/8 31 10 86

Bremen

Carla Wagner
Fehrfeld 7
2800 Bremen 1
Tel. 04 21/70 34 06

Freiburg

Ingrid Wieland-Autenrieth
Kirchenhölzle 12
7800 Freiburg
Tel. 07 61/5 31 55

Hannover

Ursula von Ilten
Hannoversche Straße 32
3257 Springe/Gestorf
Tel. 0 50 45/82 02

Karlsruhe

Elisabeth Stephan-Geißler
Nelkenstraße 25
7500 Karlsruhe 1
Tel. 07 21/84 39 02

Bonn

Erika Sebaldt
Matthäistraße 12
5300 Bonn 1
Tel. 02 28/62 69 94

Franken

Dr. Anna M. Scholz
Am Ziegelholz 8
8565 Kirchensittenbach
Tel. 0 91 51/9 47 66

Hamburg

Regina Gibbins
Steilshooper Straße 300
2000 Hamburg 60
Tel. 0 40/6 30 57 44

Heidelberg

Dr. Susanne Himmelheber
Steingasse 9
6900 Heidelberg
Tel. 0 62 21/1 32 65

Köln

Marianne Dickel
Goethestraße 34
5000 Köln 51
02 21/38 81 23

Gruppen und Vorsitzende

Mannheim–Ludwigshafen

Ursula Pawlak
Brückenstraße 2–4
6800 Mannheim
Tel. 0 62 03/4 37 48

Niederrhein–Ruhr

Monika Märzheuser
Küpperstraße 11
4223 Voerde
Tel. 0 28 55/40 22

Rhein-Main-Taunus

Margarete Sorg
Rheinallee 12
6500 Mainz 1
Tel. 0 61 31/61 16 02

Stuttgart

Barbara Heuss-Czisch
Hölderlinstraße 17 (GEDOK)
7000 Stuttgart
Tel. 07 11/29 78 12

Sektion Österreich

Emma Zeppelzauer
Ottakringer Str. 242/8
A-1160 Wien
Tel. 00 43/2 22/46 74 73

München

Erika Arends
Stefanusstraße 64 a
8032 Gräfelfing
Tel. 0 89/85 34 94

Reutlingen

Dorothea Goltermann
Kantstraße 3
7410 Reutlingen
Tel. 0 71 21/23 03 34

Schleswig-Holstein

Margrit Schulz a.d. Kahmen
Pirolweg 11
2400 Lübeck
Tel. 04 51/59 31 96

Wuppertal

Jose Zaum
Vogelsangstraße 154
5600 Wuppertal 1
Tel. 02 02/75 42 09

Register

Autorinnen und Preisträgerinnen alphabetisch geordnet

Ahrens-Boufleur, Anne (siehe Boufleur de, Anne)	121
Alexander, Elisabeth	106
Altschwager, Gerda	107
Anderka, Johanna	108
Anthes, Natalie (siehe Bruder, Herta)	125
Auffahrt, Susanne	109
Ausländer, Rose	56
Bachér, Ingrid	110
Bartling, Ute (siehe Jons, Ute)	182
Behl, Ilse	111
Bentinck, Sofia	112
Berg, Birgit	113
Berzins, Irma	114
Berzina, Irma (siehe Berzins, Irma)	114
Beseler, Ursula	115
Billich, Katharina	116
Binder-Gasper, Christiane	117
Blasinski, Marianne	118
Blum, Lisa-Marie	119
Bohm, Gunhild	120
Boufleur de, Anne	121
Brandner, Erika	122
Brenner, Sibille	123
Brie-Kölmel, Renate	124
Bruder, Herta	125
Buck, Inge	126
Burkart, Erika	44
Christoff, Charlotte	127
Chromik, Resi	128
Chung-cheng, Chow	129
Conrad, Cornelia	130
Conradi-Bleibtreu, Ellen (siehe Schmidt-Bleibtreu, E.)	233
Damm, Tonia (siehe Damm, Toni Käthe)	131
Damm, Toni Käthe	131
Diederichs, Inge	132
Dirks, Liane	133
Domin, Hilde	40, 134
Donat, Erna	136

Dorn, Anne	137
Drewitz, Ingeborg	60
Dreyer, Inge	138
Eberhart, Ilse	139
Eichholz, Marianne	140
Ekert-Rotholz, Alice	141
Eppendorf, Loma (siehe Eberhart, Ilse)	139
Erben, Ingrid (siehe Bachér, Ingrid)	110
Estermann, Felicitas	142
Faschon, Susanne (siehe Stirn, Susanne)	246
Fietzek, Petra	143
Fischer-Diehl, Gerlind	144
Fischer-Nagel, Irene	145
Frey-Richter, Marie	146
Frischmuth, Barbara	66
Fröhlich, Roswitha	147
Frohlinde-Meyer, Gisela (siehe Boufleur de, Anne)	121
Fussenegger, Gertrud	148
Gahse, Zsuzsanna	96, 149
Gehlhoff-Claes, Astrid	150
Gerlach, Rita	151
Gersdorff von, Dagmar	152
Glaubitz, Eleonore	153
Glock, Anne	154
Görler, Ingeborg	92, 155
Gollin, Annegret	156
Gosemärker, Rosemarie	157
Grabert, Sigrid	158
Grohé, Claire (siehe Lebert, Vera)	199
Guhde, Christel	159
Gustas, Aldona	160
Haan-Serck de, Marusja	161
Häsing-Yormulaz, Helga (siehe Levend, Helga)	200
Hagedorn, Ronnith	162
Hanefeld, Gertrud	163
Hangert, Ilse	164
Hannes, Gisela	165
Hannsmann, Margarete	166
Harder, Jutta-Natalie	167
Hartlaub, Geno	168

Hasekamp, Elfriede	169
Hasters, Heima	170
Haugwitz, Eleonora (siehe Mutius von, Dagmar)	214
Hausmann, Renate	171
Heiderich, Birgit	172
Heilmann, Irmgard	173
Heinrich, Jutta	174
Hildebrandt, Irma	175
Hoch, Brunhilde	176
Höcker, Karla	177
Hölder, Anneliese	178
Horch, Veronika	179
Hutten von, Katrine	84
Jablonsky, Hilla	180
Jakob, Angelika (siehe Kreuzer, Ingrid)	197
Jenne, Margarete	181
Jons, Ute	182
Juritz, Hanne F.	183
Kaarow-Himmelreich, Thea	184
Keppler, Utta	185
Kirsch, Sarah	186
Klaar, Marianne	187
Klare, Margaret	188
Kleberger, Ilse	189
Klingmann, Marliese	190
Köppen, Dagmar	191
Komenda-Soentgerath, Olly	192
Korhammer, Eva	193
Krambs-Huber, Ursula	194
Krambs-Vogelsang, Ursula (siehe Krambs-Huber, U.)	194
Krasser, Ute Maria	195
Kress-Fricke, Regine	196
Kreuzer, Ingrid	197
Kronauer, Brigitte	78
Kubelka, Margarete	198
Lebert, Vera	199
Lebert-Hinze, Vera (siehe Lebert, Vera)	199
Levend, Helga	200
Lichtner, Monique	201
Linnhoff, Ursula Irmgard	202

Loock, Isolde	203
Lott, Doris	204
Lühe von der, Irmgard	205
Maler, Gisela	206
Matenaer, Ursula	207
Maurer, Doris	208
Mayer, Anneliese	209
Meidinger, Ingeborg	210
Meidinger-Geise, Inge (siehe Meidinger, Ingeborg)	210
Meinck-Goedecke, Ilse	211
Michel, Gerhild	212
Moos, Hildegard	213
Mutius von, Dagmar	214
Neumann, Ronnith (siehe Hagedorn, Ronnith)	162
Nick, Dagmar	215
Nolte, Verena	100
Oertgen-Twiehaus, Elke	216
Ohl, Petra	217
Ohm, Waltraud	218
Paarmann, Reinhild	219
Perlmutt, Iris (siehe Schrader, Margarete)	236
Poppe, Elisabeth	220
Radziwill, Konstanze	221
Reede, Sofia (siehe Bentinck, Sofia)	112
Rein, Else	222
Reinboth, Gudrun	223
Reiprich, Elisabeth Sophie	224
Rentrop, Elsa	225
Rohnacher, Ilse	226
Rosenkranz, Jutta	227
Ruge, Doris	228
Scharpenberg, Margot	50, 229
Schirmer, Ruth	231
Schirren, Isa-Irin (siehe Schirren-Heitmann, Isa-Irin)	232
Schirren-Heitmann, Isa-Irin	232
Schmidt-Bleibtreu, Ellen	233
Schmitt, Christa	234
Schöne, Rotraud	235
Schrader, Margarete	236
Schultz-Kersten, Eva	237

Schuster-Schmah, Sigrid		238
Schwarz, Alexandra (siehe Schwindt, Barbara)		240
Schwarz, Marta		239
Schwindt, Barbara		240
Seib-Schaefer, Ellen		241
Sorg, Margarete		242
Sporhan, Lore		243
Sporhan-Krempel, Lore (siehe Sporhan, Lore)		243
Stehli-Christaller, Katja		244
Stepperger-Raila, Doris		245
Stirn, Susanne		246
Stockhausen, Lisa		247
Stromszky, Lisa (siehe Stockhausen, Lisa)		247
Stößlein, Doris		248
Streit, Monica		249
Student, Ursula		250
Sulkowsky, Ingeborg		251
Szpetecki, Elfriede		252
Techel, Sabine		253
Tetzlaff-Heiderich, Ingeborg		254
Tews, Lydia		255
Thiede, Heidrun-Hanah		256
Thuja, Aleke		257
Tielsch, Ilse		258
Tillich, Ulrike		259
Titzck, Inge		260
Ueckert, Charlotte		261
Voigt, Karin		262
Waberer von, Keto		263
Wehner-Radeburg, Christa		264
Weise, Sonya		265
Werner, Ruth		266
Wiessner, Katharina		267
Wiltmann, Ingrid		268
Würtenberger, Ingrid		269
Würth, Anna		270
Zeller, Eva		72, 271
Zöllner, Angelika		272
Zydek, Ute		88
Zywulska, Krystyna		273